KB272339

굿모닝
미라클

굿모닝 미라클

펴낸일: 2026년 3월 20일
지은이: 신현복
발행처: 아침영성지도연구원
등 록: 제2014-000031호
홈페이지: www.ccm2u.com
주문전화: 02) 2203-2739
주문팩스: 02) 6455-2798

값은 뒷표지에 있습니다.
ISBN 979-11-956213-6-1 (03230)

폐암 4기, 절망의 끝에서 희망의 끈을 붙잡은 기적의 아침

굿모닝 미라클

신현복

아침영성지도연구원

"여호와의 인자하심과
인생에게 행하신 기적으로 말미암아
그를 찬송할지로다"

(시 107:31)

십자가에
달리신 주님을 묵상하며
상처 입은 치유자가 되기를 소원하는
_______________ 님께
드립니다.

행복아! 행복아! 어디만큼 왔니?

"내가 오늘 네 행복을 위하여 네게 명하는 여호와의 명령과
규례를 지킬 것이 아니냐"(신 10:13)

복동이 엄마는 샘샘샘이 나서
샘표 간장 샘표 간장

혹시 이 선전 기억나세요? 저는 어렸을 때 신물 나게 들었습니다. 초등학교 때는 애향단이란 이름 아래 동네 학생들이 30-40명 깃발을 들고 줄지어 노래를 부르면서 등교를 하곤 했는데, 동네 형들이 저만치서 저만 보면, 일제히 복동이다 하면서 노래를 고쳐 불렀습니다. 제 어렸을 적 이름이 '복동'이였거든요.

복동이 엄마는 샘샘샘이 나서
샘표 간장 샘표 간장

땅끝에서, 그것도 산속에서, 그것도 외딴집에서, 딸 다섯에 아들

하나였으니 엄청 복덩어리였지요.

그런데 문제는 제 이름만 복동이가 아니었습니다. 동네 똥개들까지 복동이였습니다. "복동아! 오요요요~" 어린 나이에 무척 헷갈렸습니다.

하도 놀리는 게 싫어서 이름을 바꾸어 달라 부모님을 졸랐더니, '복'자 앞에 '현'자 항렬을 붙여서 '현복'이라고 지어주셨습니다. 그래서 제 이름이 지금의 현복이가 된 것입니다.

그런데 기가 막힌 건, 아무도 저를 현복이라고 말하지 않는다는 것. 외할머니는 저를 부르실 때 '현'자 발음을 못 하셔서 인자하신 음성으로 "행복아! 행복아!" 그러시는 겁니다.

누나들도 마찬가지였습니다. 어렸을 때, 학교가 끝나면 누나들과 1시간 넘게 집에 돌아오는 길에 했던 놀이가 생각납니다. 누나들은 내 허리춤에 고개를 파묻고 이렇게 리듬을 넣었지요. "행복아! 행복아! 어디만큼 왔니?"

그러면 저는 대답을 했지요. "당당 멀었다!"

그러면 누나들은 계속 내 허리춤을 붙잡고 고개를 파묻은 채, 고개 들면 반칙!, 졸졸 따라오다가 또 묻습니다.

행복아! 행복아! 어디만큼 왔니?

-당당 멀었다!

행복아! 행복아! 어디만큼 왔니?

-중간 정도 왔다!

행복아! 행복아! 어디만큼 왔니?

-거의 다 왔다!

행복아! 행복아! 어디만큼 왔니?

-다 왔다!

그러면, 어느새 집 앞에 도달해 있었습니다. 그것은 지금도 우리 형제자매들의 마음속에 아름다운 추억으로 남아 있습니다.

저는 어렸을 때 기도원에 자주 갔는데, 연세가 지긋하시고 항상 저를 보면 축복기도를 해주시던 할머니 원장님도 그러시는 거예요. "하나님, 이 아이가 장차 이름처럼 행복 목사님 되게 해주세요!"

그때부터 줄곧 제 가슴에는 '행복'이라는 단어가 새겨졌습니다. '내 이름이 행복이라구?' '그렇다면 어떻게 해야 내가 행복한 사람이 될 수 있을까? 어떻게 하면 사람들에게 행복을 주는 사람이 될 수 있을까?' 그런 고민을 계속하게 되었습니다.

그런데 어느 날 성경을 보고, 깜짝 놀랐습니다. 행복이라는 단어가 떡 하니 있는 거예요.

"이스라엘이여 너는 행복한 사람이로다 여호와의 구원을 너 같이 얻은 백성이 누구냐 그는 너를 돕는 방패시요 네 영광의 칼이시로다 네 대적이 네게 복종하리니 네가 그들의 높은 곳을 밟으리로다"(신 33:29)

여기서 행복은 성경 원어 히브리어로는 에쉐르. 충만한 행복, 완전한 행복을 뜻했습니다. 너는 충분히 행복한 사람이로다! 그런 뜻입니다.

이게 어떤 상황에서 나온 말일까 찾아보았습니다. 모세가 비스가 산에 올라가서, 가나안을 바라보고 난 뒤, 임종 직전, 가나안에 못 들어가는 아쉬움을 가지고, 이스라엘을 축복하는 내용이었습니다.

모세는 이스라엘 백성들의 원망과 배신에 열받아, 하나님의 이름이 아닌 자신의 이름으로 지팡이를 들고 바위를 두 번 쳐서 물이 터져 나오게 했습니다. 자신의 분노를 절제하지 못한 이 일로 하나님의 노여움을 사, 젖과 꿀이 흐르는 가나안에 입성할 수 없게 되었습니다.

너무나 애석한 일이었습니다. 모세 심정이 이해되십니까? "나는 이제 이렇게 너희들 때문에 가나안 땅을 밟아보지도 못하고 죽는다. 이 철없고 못된 것들아, 정말 원통하고 분하다. 그러니 이제 나는 모른다. 내가 죽고 나면 너희들 멋대로 해라." 이렇게 말하고 싶었을 것입니다. 그러나 모세는 백성들을 저주하지 않고, 오히려 축복해 주었습니다.

그런데 그 축복의 마무리 압권이 바로 '행복'에 관한 것이었습니다. 여기서 놓치지 말아야 할 것은, 모세가 이렇게 이스라엘을 향하여 너는 행복한 사람이라고 행복 선포를 하고 있는 시점이, 이스라엘이 아직 젖과 꿀이 흐르는 가나안 땅에 들어가기 전이라는 것입니다.

그렇다면, 이렇게 모세가, 이스라엘이여, 너는 행복한 사람이로다, 미리 행복 선언을 한 이유는, 무엇일까요?

여호와의 구원을 나 같이 얻은 사람이 없기 때문입니다.

"이스라엘이여 너는 행복한 사람이로다 여호와의 구원을 너
같이 얻은 백성이 누구냐 그는 너를 돕는 방패시요 네 영광의
칼이시로다 네 대적이 네게 복종하리니 네가 그들의 높은 곳
을 밟으리로다"(신 33:29)

여기서 구원은 성경 원어 히브리어로는 야샤. 구조해 주셨다는
뜻입니다. 주님께서 나를 고난과 역경으로부터, 아픔과 질병으로
부터, 재난 재해와 전염병으로부터, 위험과 대적들로부터, 죄와 사
탄으로부터, 번번이 구조해 주셨다는 뜻입니다. 그 이유는 단 하
나, 저와 여러분의 행복을 위해서!

저는 여기서, 이 말씀에, 정신이 번쩍 들었습니다. 바로 제 이야
기였기 때문입니다.

2022년 4월 29일. 금요치유기도회. 밤 10시. 거의 끝나갈 무렵.
갑자기 말이 꼬이기 시작했습니다. 머리가 핑 돌면서 휘청거렸습
니다. 몸을 제어할 수가 없었습니다. 뛰어나온 아내 손에 이끌려,
설교대에서 내려와, 본당 로비로 나갔습니다.

그렇게 해서, 충남대병원에서 힘들다고 해서 서울대병원으로 가
게 되고, 서울대병원에서도 힘들다고 해서, 두 주 후, 5월 11일, 연
세대 세브란스병원, 신경외과 뇌종양 수술실, 차가운 대기 장소.
천정에는 놀랍게도 큰 글씨로 이렇게 쓰여 있었습니다.

"주께서 나와 함께하심이라"(시 23:4)

시편 23편 4절이었습니다. 저는 마취과 의사 선생님에게 수술시 작기도를 하고 시작할 수 있느냐고 물어보았습니다. 어떻게 된 영문인지, 흔쾌히 기도를 해주셨습니다. 그리고 저는 정신을 잃었습니다.

그 후 6시간. 저는 천사들의 이끌림을 받아 천국의 정원을 다녀왔습니다. 정말 아름다운 곳이었습니다. 생명수의 강. 생명나무. 요한계시록의 새 하늘과 새 땅이 황홀하게 매혹스럽게 펼쳐져 있었습니다.

> "또 그가 수정같이 맑은 생명수의 강을 내게 보이니 하나님과 및 어린 양의 보좌로부터 나와서 (2) 길 가운데로 흐르더라 강 좌우에 생명나무가 있어 열두 가지 열매를 맺되 달마다 그 열매를 맺고 그 나무 잎사귀들은 만국을 치료하기 위하여 있더라"(계 22:1-2)

만국을 치료하는 생명나무 잎사귀. 그 잎사귀로 천사들이 저의 폐와 저의 뇌를 치료해 주었습니다. 순간 모든 고통이 떠나갔습니다. 폐도 뇌도 산들바람 쐬듯 시원해졌습니다.

다시 천사들이 저를 그 정원 한가운데로 이끌고 갔습니다. 그리고, 그리고, 그 한가운데 바로 그분이 계셨습니다.

> "다시 저주가 없으며 하나님과 그 어린 양의 보좌가 그 가운데에 있으리니 그의 종들이 그를 섬기며 (4) 그의 얼굴을 볼 터이요 그의 이름도 그들의 이마에 있으리라"(계 22:3-4)

천사들의 섬김을 받으며 계신 주님, 성도들의 예배를 받으며 계신 주님, 나를 위해 십자가에 죽으시고 나를 위해 부활하신 우리 주님, 그분이 저를 빤히 바라보고 미소 지으셨습니다.

"그래, 현복아, 이번에 많이 놀랐지? 미안하다."

주님이 저를 꼭 껴안아 주셨습니다. 엉엉 울었습니다. 주님 품에서. 그 치료의 품에서.

그런데 바로 그때, 바로 그 자리에서, 환상 중에 제가 주님께 부탁을 드리는 거예요.

"주님, 정원을 조금만 더 넓혀 주시면 안 될까요? 제가 조금 더 구원해 올 영혼들이 있는데요."

"그래, 현복아, 네 소망이 영혼 구원이라면 그렇게 하자!"

할렐루야! 저는 우리 주님께서 제 간청을 들어주셨다고 믿습니다.

폐암 2.2센티미터에서 전이된 뇌종양 6.5센티미터. 이 상태면 4주면 사망입니다. 고개를 절레절레 흔들어대던 의사. 그런데 주님은 왜 날 살려주셨을까?

지난 24년간, 군목으로 입대해서, 하나님의 특별한 소명을 받아 진행했던, 자살예방 비전캠프를 통한 생명사랑 행복플러스, 초급간부 행복플러스, 격오지 찾아가는 행복플러스, 군인가정 행복플러스, 리더십 행복플러스. 주님께서 이 소명을 귀하게 보시고 이렇게 살려주셨구나! 이제는 한국교회 행복플러스, 한국사회 행복플러스, 세계땅끝 행복플러스로 나의 남은 소명, 그 지평을 넓혀 주시기 위하여 다시 살려주셨구나. 이 소명이 끝나지 않는 한, 난 죽지 않겠구나!

지금 생각해 보면, 모든 게 기적입니다. 구원은 성경 원어에서 치유와 어근이 같습니다. 여호와의 구원을, 여호와의 치유를, 나같이 얻은 사람이 누군가! 그래서 감사, 그래도 감사, 무조건 감사, 모든 게 감사뿐입니다.

이런 감사가 터져 나오는 순간, 그래도 나는 참 행복한 사람이구나! 전율이 일었습니다.

사랑하는 성도 여러분, 여러분도 지금 어떤 질병 중에 계십니까? 어떤 역경 중에 계십니까? 그래서 너무나 힘들고 지치시다구요?

그런데도 오늘 이렇게 예배의 자리로 나오시다니! 이것이 기적 아닌가요? 십자가 고통과 죽음을 이기시고 마침내 다시 살아나신 우리 주 예수 그리스도 안에서 누리는 이 일상의 기적! 예수님이 나를 이렇게 기적적으로 살려주셔서, 오늘 내가 이렇게 숨 쉴 수 있다는 것! 예수님이 나를 이렇게 기적적으로 살려주셔서, 오늘 내가 이렇게 사랑하는 사람들과 예배드릴 수 있다는 것!

아, 그렇게 생각하니, 그래도 나는 참 행복한 사람이다! 이 아침, 주님 앞에 그런 감사의 고백을 드릴 수 있기를 주님의 이름으로 축복합니다.

그렇다면, 이렇게 모세가, 이스라엘이여, 너는 행복한 사람이로다, 미리 행복 선언을 한 이유는, 또 무엇일까요?

여호와께서 방패시며 칼이시기 때문입니다.

> "이스라엘이여 너는 행복한 사람이로다 여호와의 구원을 너
> 같이 얻은 백성이 누구냐 그는 너를 돕는 방패시요 네 영광의
> 칼이시로다 네 대적이 네게 복종하리니 네가 그들의 높은 곳
> 을 밟으리로다"(신 33:29)

여기서 방패는 성경 원어 히브리어로 마겐. 하나님께서 방어용 방공망을 펼쳐 적의 화살로부터, 적의 미사일로부터, 적의 핵폭탄으로부터, 다 보호해 주신다는 뜻입니다. 칼은 성경 원어 히브리어로 헤레브. 공격용 검을 휘둘러, 공격용 최첨단 무기를 동원해서, 공격용 벙커버스터를 떨어뜨려서, 공격용 현무-5를 떨어뜨려서, 지하 수백 미터 적들까지, 다 쳐 죽이신다는 뜻입니다. 그 이유도 단 하나, 저와 여러분의 행복을 위해서!

저는 여기서, 이 말씀에, 다시 정신이 번쩍 들었습니다. 바로 제 이야기였기 때문입니다.

이번에 이렇게 암 진단을 받고, 저를 가장 힘들게 한 것은 사탄이 쏘아대는 낙심의 화살들이었습니다. 넌 얼마 못 살 거야! 현대 의학으로는 한계가 있어! 이런 낙심이 찾아올 때마다, 저에게 위로의 말씀들을 해주신 분들이 계셨습니다.

치유상담대학원대학교 정태기 이사장님의 전화. "나 지금 신 목사 살려달라고 죽을 등 살 등 기도한다. 신 목사는 힘만 내라. 기도는 내가 한다." 너무 놀라 기도도 안 나오는 상황에서, 기도할 힘을 잃어버리고 내가 이래도 되나 자책감에 빠져 있는 나에게,

그 말씀이 큰 위로가 되더라구요. "너는 힘만 내라! 기도는 내가 한다!" 너무너무 위로가 되었습니다.

여러분도 이 말씀을 잘 기억해 두셨다가, 병상에 있는 분에게 이 말씀으로 큰 위로를 해 드리시길 바랍니다. 지금 병상에 누워 계신 분이 계십니까? 이 자리, 환난과 역경 중에 계신 분이 계십니까? 부디 힘만 내십시오. 기도는 제가 하겠습니다!

또 어떤 분은 제가 수술을 끝내고 수원 아이들 집에 누워 있는데, 집에까지 찾아오셨어요. 식사하라고 봉투를 놓고 가시더라구요. 얼마 후, 속초에 머물고 있는데, 거기까지 또 찾아오셨어요. "뭐하냐? 밥 먹자!" 그분이 누군지 아세요? 제 친구 목사님이셨어요. 치료 과정이 만만치 않아서, 힘들고, 지치고, 눕고 싶고, 자고 싶고, 죽고 싶고, 자꾸만 숨고 싶은 저를 밖으로 꺼내서 위로를 해 주시는 거예요. 오셔서 그러시더라구요. "너 중학교 때 전라남도 사이클 도대표 선수였다며? 빨리 일어나서, 나랑 사이클 타자." 그 때 그런 생각이 들더라구요. 아, 내가 내 친구랑 사이클을 같이 타기 위해서라도, 이 암 털고 일어서야겠구나! 친구랑 같이 사이클 타는 모습을 상상하니, 너무너무 위로가 되었습니다.

이런 위로의 말씀들이 사탄이 쏘는 낙심의 화살들을 막아주는 소중한 방패가 되어 주었습니다. 정말 감사했습니다.

또 이번에 성경 66권, 1189장을 다시 한번 새롭게 치유의 관점으로 읽어보았습니다. 그런데 정말 깜짝 놀랐습니다. 저 같은 암 환자에게 너무너무 귀한 말씀들이 많았습니다. 그 말씀의 검들은 제 암세포를 뿌리째 쳐 죽이는 공격용 칼, 영광의 칼, 치유의 칼이었습니다.

"친히 나무에 달려 그 몸으로 우리 죄를 담당하셨으니 이는 우리로 죄에 대하여 죽고 의에 대하여 살게 하려 하심이라 그가 채찍에 맞음으로 너희는 나음을 얻었나니"(벧전 2:24)

주께서 채찍에 맞으실 때, 저는 이미 나았다는 말씀에 한 발 더 공격적으로 전진할 수 있었습니다.

"내가 죽지 않고 살아서 여호와께서 하시는 일을 선포하리로다"(시 118:17)

아, 내가 죽지 않고 산다는 말씀이구나! 그래, 살아야겠구나! 그래서 여호와께서 이번에 나를 어떻게 살리셨는지, 이제는 하나님이 하신 일을 선포하며 다녀야겠구나! 하나님이 저를 살리셨습니다, 간증하며 다녀야겠구나! 소중한 공격용 칼을 쥐어주셨습니다.
이렇게 어떤 암세포도 다 쳐 죽이고 사멸시킬 수 있는 공격용 최첨단 무기, 성령의 검, 영광의 칼, 치유의 칼. 정말 감사했습니다. 이런 것을 깨닫게 하시니, 아, 그래도 나는 참 행복한 사람이구나! 전율이 일었습니다.
사랑하는 성도 여러분, 여러분도 지금 어떤 낙심 중에 계십니까? 어떤 역경 중에 계십니까? 그래서 너무나 힘들고 지치시다구요?
그런데 생각해 보십시오. 여러분 곁에 가장 소중한 가족들, 친구들, 교우들이 있지 않습니까? 낙심하지 말아라. 기댈 언덕이 되어준 그 위로의 말씀들. 나를 돕는 방패들.

성경을 펼칠 때마다 참기름 짜듯 철철 흘러나오는 그 말씀의 검들. 어떤 적도, 어떤 낙심도, 어떤 역경도 물리칠 수 있는 공격용 칼들, 영광의 칼들, 치유의 칼들.

그리고 생각해 보십시오. 나를 위하여 이 질병을 대신 짊어지시고 십자가에 죽으셨다가, 나를 다시 살리시려고 죽음을 이기고 다시 살아나신 우리 주 예수 그리스도! 그분이 지금 저와 여러분을 돕는 최첨단 방패시라는 것! 그분이 지금 저와 여러분을 대신해서 싸우시며 모든 낙심과 모든 역경을 물리쳐 버리시는 최첨단 공격용 칼이시라는 것!

아, 그렇게 생각하니, 그래도 나는 참 행복한 사람이다! 이 아침, 주님 앞에 그런 기쁨의 고백을 드릴 수 있기를 주님의 이름으로 축복합니다.

그렇다면, 이렇게 모세가, 이스라엘이여, 너는 행복한 사람이로다, 미리 행복 선언을 한 이유는, 또 무엇일까요?

내가 그들의 높은 곳을 밟을 것이기 때문입니다.

"이스라엘이여 너는 행복한 사람이로다 여호와의 구원을 너 같이 얻은 백성이 누구냐 그는 너를 돕는 방패시요 네 영광의 칼이시로다 네 대적이 네게 복종하리니 네가 그들의 높은 곳을 밟으리로다"(신 33:29)

여기서 복종은 성경 원어 히브리어로 카하쉬. 대적 원수 마귀가 너에게 질병과 고난을 주지만, 끝내는 그 목적을 못 이루고 임무를 실패하게 될 것이라는 뜻입니다. 높은 곳은 히브리어로 바마. 전쟁터에서 저 적진의 가장 높은 고지를 뜻합니다. 밟으리로다는 히브리어로 다라크. 저 적진의 가장 높은 고지를 지근지근 짓밟아버리고 아군이 정복했음을 알리는 승리의 깃발을 꽂는다는 뜻입니다. 그 이유도 단 하나, 저와 여러분의 행복을 위해서!

저는 여기서, 이 말씀에, 다시 정신이 번쩍 들었습니다. 바로 제 이야기였기 때문입니다.

"담배 피우세요?" 이번에 제가 가본 충남대병원, 서울대병원, 연세대 세브란스병원, 3곳 다 첫 질문이 그거였습니다. "아니요." 그런데 3곳 다 의사 선생님들의 공통적인 말씀이, 담배 피우는 사람처럼 폐에 뭐가 보인다는 거예요.

의사 선생님들 말씀은, 담배가 아니면 스트레스 때문이라는 겁니다. 스트레스를 받으면 면역세포가 약화되어, 세포분열 때 일어나는 DNA의 돌연변이 암세포를 고치는 기능을 떨어뜨린다는 것. 또 스트레스를 받으면 NK 자연살상세포도 약화시켜서, 암세포를 죽이는 기능도 떨어뜨린다는 것.

스트레스라! 내가 그렇게 피하고 싶었던 건데! 결국 스트레스 때문에 이 지경이 되고 말다니! 그때부터 필름이 돌아가듯 지난날 스트레스를 받았던 일들이 떠오르고, 아 그때 왜 그랬을까, 좀 더 좋은 방법은 없었을까, 후회가 물밀듯 밀려오기 시작했습니다.

그런 의미에서, 이번에 제가 병상에서 주목한 분이 있습니다. 미국의 노먼 커즌스(Norman Cousins, 1915~1990).

1964년 8월, 50대 초반, 러시아를 여행하고 집으로 돌아왔는데,

미열이 나고 몸살기가 돌았습니다. 일주일이 지나자, 목, 팔, 손, 손가락, 다리도 움직일 수 없는 지경에 이르렀고, 중병에 든 것을 알게 되었습니다.

그가 받아 든 병명은 콜라젠과 강직성 척추염이라는 것이었습니다. 콜라젠이란 조직과 조직을 이어주는 섬유질을 말하는데, 노먼 커즌스의 몸은 여러 조직이 하나로 연결되지 않고 제각기 떨어져 있는 상태였습니다. 손발을 움직일 수도 없었기 때문에, 침대에서 돌아누울 수조차 없었습니다. 강직성 척추염이란 척추의 결합 조직이 붕괴되는 병이었습니다. 류마티스 관절염의 일종으로, 뼈와 뼈 사이에 염증이 생겨, 몸이 시멘트처럼 굳어져서 죽는 병이었습니다. 당시는 완치율이 0.2%, 치명적인 병이었습니다.

그즈음, 자신의 서재에서 책 한 권을 보게 됩니다. <삶의 스트레스>(Stress of the Life). 1954년에 몬트리올대학교 한스 셀리(Hans Selye) 박사가 쓴 책이었습니다. 그러다 그 책 속에 있던 구약성경 한 구절에 무릎을 치게 됩니다.

> "마음의 즐거움은 양약이라도 심령의 근심은 뼈를 마르게 하느니라"(잠 17:22)

'마음의 즐거움은 양약이다!'(Merry heart is good medicine). 그렇다! 마음의 즐거움! 이게 가장 좋은 약이구나! 이거다! 나도 오늘부터 즐겁게 살아야지! 그러면 오늘부터 웃어야지!

우선, 웃기는 영화를 보기로 했습니다. <몰래카메라> 코미디물을 보면서 10분 정도 깔깔깔 배꼽 잡고 웃고 나자, 적어도 2시간은 아픔을 느끼지 않고 잠들 수 있었습니다. 자신의 정서에 부정적인 것, 비극적인 것, 폭력적인 것은 피했습니다. 긍정적인 것, 희망적인 것, 창조적인 것들을 보고 읽었습니다.

8주가 지났습니다. 놀랍게도, 손가락 하나를 움직일 수 있었습니다. "여보, 여보, 이게 웬일이에요? 당신 손가락이 펴지다니!" 아내와 아이들이 감격해서 울었습니다. 몇 개월이 지나자, 목을 4분의 1쯤 돌릴 수 있었습니다. 그리고 1년 뒤, 기적처럼 콜라겐과 강직성 척추염에서 완치되었습니다.

웃음으로 치료된 그는, 너무 신기해서 하버드대학교와 스탠포드대학교를 찾아가, 자신이 체험한 것을 이야기했습니다. 의과대학 교수들은 처음에는 비웃었습니다. 하지만 끈질긴 설득으로 그 대학들도 웃음 연구에 착수했습니다. 의학이 설명하지 못하는 신비의 치유력이 하나님이 주신 웃음 속에 깃들어 있음을 발견하게 되었습니다.

40주 이상이나 <뉴욕 타임스> 베스트셀러 목록에 오른 <질병의 해부>(Anatomy of an Illness)라는 책도 썼습니다. 우리말로는 <웃음의 치유력>이라고 번역이 되어 있더라구요. 그 책 속에 다음과 같은 말이 있습니다. '웃음은 방탄조끼다!' '웃음은 마음의 조깅이다!' '웃음은 내면세계의 깊숙한 마사지다!'

그는 의사들이 진단한 것보다 수십 년을 더 살았습니다. 1990년, 78세로 하나님 품으로 돌아가기 전, 슈바이처 상도 받았습니다. 그분 때문에 전 세계에 '웃음치료'라는 단어가 생겨났습니다.

저는 병상에서 이 노먼 커즌스를 떠올렸습니다. 사실 노먼 커즌스 이야기는 신학교 때 목회상담 시간에 정태기 교수님에게서 처음으로 들었던 기억이 났습니다.

그래서 뇌종양 수술을 마치고 병상에서 바로 정태기 교수님께 전화를 드렸습니다. "교수님, 저도 노먼 커즌스처럼 될 수 없을까요?"

정태기 교수님이 말씀하셨습니다. "신 목사는 이제 한국의 노먼 커즌스다. 그렇게 해주시라고 기도하고 있다. 신 목사는 할 수 있다. 신 목사처럼 다 준비가 되어 있는 사람이 세상에 얼마나 되겠냐?"

그 격려 말씀에 다시 살아야겠다는 용기가 생겼습니다. 그래, 내가 일어서서 병원을 나가게 되면, 내 몸소 그 비결을 보여 주자. "행복해서 웃는 게 아니라, 웃으니까 행복해지더라!" "웃어야 웃을 일이 생긴다!" "내가 웃어야 거울도 웃는다." 그것을 몸소 보여주자.

그때부터 유퀴즈를 보기 시작했습니다. 아내한테 부탁해서, 전부 다운받아 다 봤습니다. 병상에서 깔깔깔 웃었습니다. 웃음 속에 감동도 몰려왔습니다.

이렇게 깔깔깔 웃다 보니, 암이라는 스트레스, 내성과 재발과 전이에 대한 스트레스. 완치에 대한 스트레스. 내 대적 암이 주는 스트레스도 서서히 내게 복종하기 시작했습니다. 지금은 이 치유 과정이 너무나 고달프고 스트레스가 많지만, 이 암이 주는 저 스트레스 산의 높은 고지도 반드시 정복하고 짓밟게 될 것을 확신하게 되었습니다. 그런 확신이 오는 순간, 그래도 나는 참 행복한 사람이구나! 전율이 일었습니다.

"이스라엘이여 너는 행복한 사람이로다 여호와의 구원을 너 같이 얻은 백성이 누구냐 그는 너를 돕는 방패시요 네 영광의 칼이시로다 네 대적이 네게 복종하리니 네가 그들의 높은 곳을 밟으리로다"(신 33:29)

축복한 대로 되었습니다. 이스라엘은 눈앞의 대적들을 차근차근 복종시키고, 마침내 적진의 높은 고지를 짓밟고, 젖과 꿀이 흐르는 가나안 땅을 차지하게 되었습니다.

사랑하는 성도 여러분, 여러분도 지금 저처럼 어떤 스트레스 중에 계십니까? 어떤 역경 중에 계십니까? 그래서 너무나 힘들고 지치시다구요? 그런데 역경을 뒤집어 읽으면 뭐지요? 경력! 아, 이 암도 나중에는 내 경력이 되겠구나!

그러므로, 이런 때일수록 예수를 바라보십시오. 우리 주 예수 그리스도께서는 저와 여러분의 행복, 참 행복을 위해서, 십자가에서 대신 죽어주셨습니다. 그런데 복음은 십자가 복음으로 끝나지 않으셨습니다. 부활의 복음으로 이어졌습니다. 십자가 죽음을 이기시고, 마침내 다시 살아나셨습니다. 최후의 승리자가 되신 예수님! 이 예수님을 저와 여러분이 이 시간 가슴 깊이 모셔 들이면, 저와 여러분도 모든 스트레스, 다 이겨내고, 마침내 적진의 저 높은 고지에 승리의 깃발을 꽂게 될 것입니다. 저와 여러분은 이미 그 축복을 받아놓은 상태입니다. 축복한 대로 된다! 시작! 축복한 대로 된다!

아, 그렇게 생각하니, 그래도 나는 참 행복한 사람이다! 이 아침, 주님 앞에 그런 승리의 고백을 드릴 수 있기를 주님의 이름으로 축복합니다.

신현복 드림

제1부 희망이 나에게 살라고 한다

01
파가니니와 하나의 현

"여러 계시를 받은 것이 지극히 크므로 너무 자만하지 않게 하시려고 내 육체에 가시 곧 사탄의 사자를 주셨으니 이는 나를 쳐서 너무 자만하지 않게 하려 하심이라 이것이 내게서 떠나가게 하기 위하여 내가 세 번 주께 간구하였더니 나에게 이르시기를 내 은혜가 네게 족하도다 이는 내 능력이 약한 데서 온전하여짐이라 하신지라 그러므로 도리어 크게 기뻐함으로 나의 여러 약한 것들에 대하여 자랑하리니 이는 그리스도의 능력이 내게 머물게 하려 함이라 그러므로 내가 그리스도를 위하여 약한 것들과 능욕과 궁핍과 박해와 곤고를 기뻐하노니 이는 내가 약한 그 때에 강함이라"(고후 12:7-10)

역대 최고의 바이올리니스트를 꼽으라 하면 여러분은 누가 생각나세요? 많은 사람들이 말합니다. 니콜로 파가니니.

1782~1840년. 19세기 이탈리아의 거장이었죠. 그 미세한 선율, 어떻게 그토록 풍성하게 소리를 내는지! 그 현란한 연주기법 때문에 악마에게 그 기법을 돈 주고 샀다는 소문까지 납니다. 그래, 나 악마에게 내 연주기법을 돈 주고 샀다, 이제 그만 좀 해라, 해서,

악마의 바이올리니스트라고 불렸던 파가니니. 바이올린 주법에 혁
신을 이루었지요. 현대 바이올리니스트들이 어떻게 바이올린을
연주해야 하는지 그 기준을 세웠지요.

어느 날, 잊지 못할 공연이 있었습니다. 장내를 가득 메운 청중
앞에 서서 파가니니는 매우 어려운 곡을 연주하기 시작했습니다.
모든 세션이 갖추어진 오케스트라가 그를 둘러싸고 우레와 같은
소리로 협연을 했습니다.

그런데 갑자기 사고가 생겼습니다. 파가니니가 그때 사용했다고
해서 지금은 이렇게 박물관에 전시되어 있는 과르네리 델 제수 바
이올린.

1743년산, 203억짜리, 세계에서 150개밖에 없다는 그 과르네리
바이올린, 4개 현 가운데 하나가 툭 끊어져 버린 거예요.

밑으로 축 늘어져 버린 줄. 파가니니 이마에 송골송골 땀방울이
맺혔습니다. 그러나 얼굴을 한 번 찡그렸을 뿐, 연주를 계속하는
게 아니겠습니까. 세 개의 줄, 세 개의 현으로 아름답게 즉석 연주
를 이어간 것입니다.

그런데 잠시 후, 또 사고가 터졌습니다. 과르네리 바이올린 현이
두 개나 더 끊어져 버린 것. 끊어진 세 개의 현이 힘없이 대롱대롱.
그런데도 이 거장은 하나 남은 바이올린 현으로 그 어려운 곡을
끝까지 마쳤습니다. 청중은 기립박수를 보냈습니다. "브라보! 브라
보!"

박수가 가라앉을 즈음, 파가니니가 청중을 자리에 앉게 했습니
다. 청중들은 자리에 앉으면서 전혀 기대하지 않았습니다. 설마 이
런 상황에 앙코르 연주를? 순간, 모두에게 보이도록 바이올린을

높이 쳐든 파가니니. 고갯짓으로 지휘자에게 앙코르 연주를 시작하게 하는 게 아니겠습니까! 그리고 다시 청중을 향했습니다. 눈을 찡긋, 씩 웃었습니다. 그리고 이렇게 외쳤습니다. "파가니니와 하나의 현!"

현이 하나뿐인, 줄이 하나뿐인 과르네리 델 제수 바이올린. 그것을 턱에 끼고 앙코르곡을 연주하는 파가니니. 청중은, 아니 지휘자까지도, 고개를 내저으며 와 찬탄을 했습니다.

사랑하는 성도 여러분, 우리 인생도 얼마든지 이럴 수 있습니다.

하나님은 고장 난 악기도 쓰신다.

지금 여러분의 몸이 고장 났습니까? 하여, 여러분의 마음도 고장 났습니까? 하여, 여러분의 영혼도 고장 났습니까? 하여, 여러분의 바이올린 악기도 고장 났습니까? 얼마든지 고장 날 수 있습니다. 차례만 다를 뿐, 누구라도 고장 날 수 있습니다. 여러분의 그 끊어진 바이올린 줄이 엄마줄 미 E 현일 수도 있습니다. 여러분의 그 끊어진 바이올린 줄이 아빠줄 라 A 현일 수도 있습니다. 여러분의 그 끊어진 바이올린 줄이 할머니줄 레 D 현일 수도 있습니다. 여러분의 그 끊어진 바이올린 줄이 할아버지줄 솔 G 현일 수도 있습니다.

여러분 몸에 끊어진 줄이 어떤 현이든, 여러분이 아셔야 할 것은, 그 나머지 남은 현으로 여전히 얼마든지 아름다운 곡을 연주할 수 있다는 것. 이미 아는 만큼만 집중해서 응용하면 됩니다. 여러분의 고장 난 악기, 거기서 들려오는 음악, 그것은 그 누구도 흉내 낼 수 없는 고유의 음악이 될 것입니다.

중증 장애, 부상, 불치병, 만성 통증, 암, 치매 등. 그런 몸으로 고생하는 사람은 통상적인 바이올린이 아닙니다. 저도 그렇습니다. 지금 제 몸 상태는 관현악단의 표준 악기가 아닙니다. 몸이 성한 악기들은 체력, 기동력, 활력이 좋습니다. 무엇이나 연주할 수 있습니다. 그러나 저처럼 몸이 성치 않은 악기들, 고장 난 악기들은 그렇지 못합니다.

저처럼 고장 난 악기에서 아름다운 선율을 뽑아내려면 특별한 솜씨가 필요합니다. 그 일을 하시는 분은 칭송과 영광을 받으시기에 합당하신 분, 하나님 한 분뿐이십니다. 하나님이 여러분의 그 고장 난 몸으로, 그 고장 난 악기로 연주하시는 방식은, 하여, 전혀 평범하지 않습니다. 하나님은 가장 아닐 것 같은 뜻밖의 몸으로, 뜻밖의 악기로, 비할 나위 없이 아름다운, 그 누구도 흉내 낼 수 없는, 아주아주 특별한 음악을 연주하십니다.

사랑하는 성도 여러분, 그렇다면 성경 속에는 그런 인물이 누구일까요?

사도 바울도 고장 난 악기였다.

사도 바울이 장애인이었다! 여러분, 이 말에 동의하시겠습니까? 해박한 지성, 뛰어난 재능, 깊은 영성, 유능한 리더십, 교회사에서 최고 중의 최고, 배경도 탄탄하고, 계보도 흠잡을 데 없고, 업적도 독보적이고, 교리에 대한 이해도 심오한 사도 바울. 그런데 그가 장애인이었다? 여간해서 들어본 적이 없으실 것입니다. 그렇지만, 사실입니다.

> "여러 계시를 받은 것이 지극히 크므로 너무 자만하지 않게 하시려고 내 육체에 가시"(고후 12:7중반절)

여기서 바울이 쓴 가시라는 말. 성경원어 헬라어로 스콜로프스(skolops). 성경을 통틀어 이곳에 딱 한 번 쓰였습니다. 이 가시는 그 무슨 은유적인 가시가 아닙니다. 실제로 몸을 뚫고 찌르는 고통이었습니다. 다시 말해서, 물리적인 무엇이었습니다.

대다수 성경학자는 이 가시를 몸속에 박힌 물리적인 꼬챙이로 봅니다. 몸 안에 나무못을 때려 박던 고대의 고문이나 처형 방법. 바울이 말한 내 육체에 가시는 실성하게 할 정도로 참기 어려운 통증이었습니다.

한편, 신약학자 윌리엄 바클레이는 이 가시를 이렇게 봅니다. "'가시'라는 단어 자체가 잔인무도한 통증을 가리킨다...전체적으로 물리적 고통을 묘사한다...지중해 동쪽 기슭에 퍼진 독성 말라리아 열병이 만성으로 재발하여 바울을 괴롭혔을 가능성이 가장 크다...이 병을 앓아본 사람은 수반되는 두통을 '시뻘겋게 단 쇠막대기로 이마를 찌르는 것' 같다고 표현했다. 어떤 사람은 '치과의사의 드릴처럼 관자놀이를 뚫어 분쇄하는 통증'이라고 하면서...통증이 심할 때는 '인간으로서 견디기 힘든 극한에 이르렀다'고 말했다."

이렇게 볼 때, 이 가시가 예수 그리스도의 복음을 전하다 몸속에 꼬챙이가 때려 박힌 고문의 흔적이든, 독성 말라리아 열병의 재발이든, 또 다른 학자들이 추정하듯 간질이든 녹내장이든 피부암이든, 성경원어 헬라어로, 내 육체, 사르키(sarki)에 가시, 스콜로프스(skolops)를 주셨다, 이 말을 현대적으로 풀어쓰면, 하나님이 내 육체에 장애를 주셨다는 말이 됩니다.

장애. 국립국어원 표준국어대사전에 보면, 장애는 신체 기관이 본래의 제 기능을 하지 못하거나 정신 능력이 원활하지 못한 상태를 뜻합니다. 미국 웹스터사전에 보면, 장애의 유의어로는 불구, 마비, 기능의 결함, 움직일 수 없음, 무력함 등이라고 되어 있습니다.

가시를 묘사하면서 사도 바울이 덧붙인 말이 있지요. 다시 한번 7절을 보겠습니다.

> "여러 계시를 받은 것이 지극히 크므로 너무 자만하지 않게 하시려고 내 육체에 가시 곧 사탄의 사자를 주셨으니"(고후 12:7 중반절)

가시가 사탄의 사자였습니다. 사탄이 고통을 주는 것처럼 너무 고통스럽다는 뜻입니다. 이 고통이 신체적으로, 정신적으로, 정서적으로, 계속 바울을 고갈시켰습니다. 이런 고통이 얼마나 괴로운지는 직접 겪어본 사람만 압니다. 또 곁에서 만성 질환에 시달리는 남편을 돌보는 아내, 치매에 걸린 아내를 돌보는 남편, 장애인 자녀를 돌보는 부모만 이 말이 뭔 뜻인지 잘 압니다. 끝없는 고생.

긴 병에 효자 없다고, 너무 심하고 너무 오래 가면, 누구라도 무너져 내리기 마련.

사랑하는 성도 여러분, 그렇다면 우리, 이렇게 고장 난 악기로 살아갈 때, 도무지 희망은 없는 걸까요? 있다면, 희망은 어디에 있는 것일까요?

희망은 저 너머를 바라보는 데 있다.

해바라기를 보신 적 있나요?

어렸을 때 길가에, 밭에, 해바라기가 많았어요. 그런데 항상 시선이 해를 바라보고 있습니다. 그래서 해바라기입니다.

이렇게 희망은 해바라기가 해를 바라보듯, 가시를 바라보는 것 저 너머 주를 바라보는 것입니다.

> "무익하나마 내가 부득불 자랑하노니 주의 환상과 계시를 말하리라"(고후 12:1)

주의 환상과 계시. 사도 바울은 자신의 고통스런 삶을 이야기로 풀어가면서 우리가 보기엔 긴가민가한 어떤 환상과 계시를 언급합니다. 그런데 그의 확신은 분명합니다. 그 환상과 계시가 꿈자리 사나운 그 무엇이 아니라, 분명 주님이 보여주시는 환상과 계시라는 것. 살아도 주를 위하여, 죽어도 주를 위하여, 자신이 본 환상과 계시도 주를 위하여, 주님이 주신 것으로 바라봅니다. 그 확신에 흔들림이 없습니다. 오직 주님만 바라는 주바라기, 예수바라기 사도 바울.

> "이러므로 우리에게 구름 같이 둘러싼 허다한 증인들이 있으니 모든 무거운 것과 얽매이기 쉬운 죄를 벗어 버리고 인내로써 우리 앞에 당한 경주를 하며"(히 12:1)

여기서 모든 무거운 것은 가시 때문에 생기는 원망입니다. 얽매이기 쉬운 죄는 가시 때문에 폭발하는 분노입니다. 가시를 주셨다고 원망하거나 분노하지 말고, 그런 건 내려놓고,

> "믿음의 주요 또 온전하게 하시는 이인 예수를 바라보자 그는 그 앞에 있는 기쁨을 위하여 십자가를 참으사 부끄러움을 개의치 아니하시더니 하나님 보좌 우편에 앉으셨느니라"(히 12:2)

믿음의 주요 온전하게 하시는 이인 예수를 바라보는 인생. 일명, 예수바리기, 주바라기 인생. 희망은 이렇게 가시바라기 저 너머 주바라기가 되는 것입니다.

또 하나, 희망은 이 땅 저 너머 셋째 하늘을 바라보는 것입니다.

> "내가 그리스도 안에 있는 한 사람을 아노니 그는 십사 년 전에 셋째 하늘에 이끌려 간 자라 (그가 몸 안에 있었는지 몸 밖에 있었는지 나는 모르거니와 하나님은 아시느니라)"(고후 12:2)

여기서 셋째 하늘은 낙원, 천국을 뜻합니다. 희망은 절대절망의 자리 저 너머 절대희망의 자리, 저 셋째 하늘, 저 낙원, 저 천국을 바라보는 것입니다.

또 하나, 희망은 가시 속에 담긴 세속적인 뜻 저 너머 하나님의 더 깊은 뜻을 바라보는 것입니다.

"여러 계시를 받은 것이 지극히 크므로 너무 자만하지 않게 하시려고 내 육체에 가시 곧 사탄의 사자를 주셨으니 이는 나를 쳐서 너무 자만하지 않게 하려 하심이라"(고후 12:7)

너무 자만하지 않게 하시려고 가시를 주셨다! 늘 나를 겸손하게 다스리시려는 하나님의 더 깊은 뜻. 희망은 이렇게 세속적인 뜻 저 너머 하나님의 더 깊은 뜻을 바라보는 것입니다.

또 하나, 희망은 가시를 물리쳐야 할 적으로 바라보는 것 저 너머 친구로 바라보는 것입니다.

"이것이 내게서 떠나가게 하기 위하여 내가 세 번 주께 간구하였더니 나에게 이르시기를 내 은혜가 네게 족하도다"(고후 12:8-9상반절)

세 번이나 고쳐주세요, 고쳐주세요, 고쳐주세요, 간구했지만, 안 된다, 안 된다, 안 된다, 하셨습니다. 오늘 이 자리에 앉아 계신 한 집사님 심정과 똑같으실 겁니다. 벌써 수술을 세 번이나 했건만 고통이 가시질 않습니다. 가시가 사라지질 않습니다. 오히려 이렇게 말씀하십니다. 내 은혜가 네게 족하도다. 여기서 은혜는 선물입니다. 하나님의 선물입니다. 한 집사야, 그 가시를 네가 물리쳐야 할 적으로 생각하지 말아라. 네가 쓰다듬고 격려해 주어야 할 친구로 생각해라. 김 장로야, 이 가시를 적으로 생각하니 얼마나 힘드니? 성 권사야, 그 가시를 적으로 생각하니 얼마나 두렵니? 김 안수집사야, 그 가시를 적으로 생각하니 얼마나 지치니? 아들아, 그 가시를 내가 특별히 너에게만 주는 선물로 받아들여라. 딸아, 그 가시를 물리쳐야 할 적으로 보는 것 저 너머 친구로 바라보아라. 그런 말씀입니다.

또 하나, 희망은 강함의 신학 저 너머 약함의 신학으로 바라보는 것입니다.

"나에게 이르시기를 내 은혜가 네게 족하도다 이는 내 능력이 약한 데서 온전하여짐이라 하신지라 그러므로 도리어 크게 기뻐함으로 나의 여러 약한 것들에 대하여 자랑하리니 이는 그리스도의 능력이 내게 머물게 하려 함이라 그러므로 내가 그리스도를 위하여 약한 것들과 능욕과 궁핍과 박해와 곤고를 기뻐하노니 이는 내가 약한 그 때에 강함이라"(고후 12:9하반절-10)

역설입니다. 희망은 이렇게 역설, 약한 것이 결코 약한 게 아니고 약한 것이 오히려 역설적으로 더 강한 것이 될 수 있다는, 강함의 신학 저 너머 약함의 신학으로 바라보는 것입니다.

사랑하는 성도 여러분, 저는 이렇게 고통의 가시 저 너머 희망의 내일을 바라보는 한 사람을 보았습니다.

김나윤 자매를 아십니까? 며칠 전, 세상을 바꾸시는 시간, 일명 세바시라는 강연 프로그램에 나와서 이야기하는데 참 예쁘고 명랑 쾌활하더라구요.

그런데 잠깐만, 이 사진, 이 김나윤 자매, 뭐가 좀 이상하지 않나요? 그렇습니다. 한 팔이 없습니다.

그 사연을 들어보니, 참 기가 막히더라구요. 헤어 디자이너가 참 멋있어 보여서 그런 과가 있는 고등학교로 갔습니다. 그리고 12년 간 멋지게 꿈을 펼쳤습니다.

헤어 디자이너 하면 김나윤! 김나윤 하면 헤어 디자이너!

그러던 어느 한여름, 강원도로 피서를 가는데 길이 너무 막혔습니다. 그래서 친구와 오토바이를 몰고 갔습니다. 가는데, 워낙 폭염인지라, 아스팔트까지 이글거리면서 눈에 어질어질 아지랑이가 보인 거예요. 순간 넘어졌고, 달려온 친구가 기겁을 하면서 내뱉은 말, 친구야, 네 팔이 없어!

친구에게 팔을 주워 오라고 했습니다. 그리고 병원으로 옮겨 수많은 수술을 시도했습니다. 하지만, 결국 팔을 붙이는 데 실패합니다.

우울과 좌절, 죽고 싶은 마음. 내 삶을 이대로 끝내고 싶다!

저도 이런 생각을 수없이 되풀이했습니다. 오늘은 살겠다 싶다가도, 또 금방 어두운 밤이 다가옵니다. 차라리 끝내고 싶다! 하루에도 수십 번!

지난주 한 집사님이 유튜브에 댓글을 남기셨을 때, 최근 그런 심정이었다고 하셔서 너무 가슴이 아프고 너무 공감이 되었습니다. 그랬는데 지난주 설교를 듣고, 다시 살아봐야지, 힘을 냈다고 하시는 말씀! 얼마나 감사한지요! 지난주 하나님의 개입하심이 한 집사님에게 있으셨던 것 같습니다.

한 팔을 잃은 김나윤 자매에게도 놀라운 하나님의 개입하심이 있었습니다. 병원을 서울교통재활병원으로 전원을 하게 된 거예요. 이전 병원에서는 옆 환자들은 아무리 아파도 팔은 있지 않니, 나는 팔이 없잖아, 자신이 가장 심각한 환자라고 생각되었습니다.

그러나 병원을 옮겨 여기 와보니, 자기보다 훨씬 더 심각한 환자들이 너무 많은 거예요. 저분들은 척수를 다쳐 움직이질 못하는데, 나는 팔은 없지만 다른 데는 멀쩡하잖니! 목을 다쳤으면 바로 즉사였는데 이렇게 멀쩡하게 살아 있잖니!

그리고 놀라운 통찰! 거울에 비친 자신의 모습 저 너머 비너스상이 보이는 거예요.

너무 예쁘지 않아요? 팔이 있었을 때보다 더 예뻐 보이는 거예요.

마침내 우울 저 너머 희망을 발견합니다. 그녀는 깨닫습니다. 희망, 그것은 내 장애에 집착하는 것을 그만두는 것. 희망, 그것은 내 장애를 하나님의 선물로 여기는 것. 희망, 그것은 친구들과 이전처럼 깔깔깔 웃음을 되찾는 것. 희망, 그것은 원망 저 너머 감사를 발견하는 것. 그 오랜 병원생활, 어머니가 기저귀 찬 자신의 똥오줌을 매일매시매끼 받아주신 것을 상기하고 너무너무 감사하게 됩니다.

그리고 한 가지, 마음속 꿈을 실천합니다. 자신처럼 장애를 지닌 사람들도 자신처럼 희망을 발견할 수 있도록 사랑방을 하나 만들자. 그래서 개설한 게 유튜브 채널, 윤너스TV. 김나윤의 비너스라는 뜻. 너무 멋있지 않아요?

그리고 자신이 먹었던 병원 음식, 장애인들에게는 너무 불편했어요. 너무 먹기가 힘들었어요. 그래서 장애인들에게 맞게 특화한 장애인식을 개발합니다. 장애인식 홍보대사까지 됩니다.

냅다 저지른 게, 피트니스 대회, 한 팔이 없이 4관왕이 됩니다.

김나윤 자매, 그녀는 말합니다. 자신이 한 팔을 잃고도 이렇게 예쁘게 명랑 쾌활하게 살 수 있는 비결, 그것은 내 육체의 가시 저 너머 하나님 주시는 희망을 보았기 때문이라고.

저는 그녀에게서 아름다운 향기를 느꼈습니다. 장미꽃 가시 저 너머 가시 속 향기를.

02
우리는 왜 희망을 말하지 않을까?

"반드시 구원받는다고 하는 이 확고한 희망은 마치 우리 영혼을 이끄는 튼튼하고 믿을 만한 닻과 같아서 우리를 하늘의 지성소 안에 계시는 하나님께 이르게 해줍니다."(히 6:19, 현대어)

아내가 지난주 재미있는 이야기를 하더라구요. 집 앞에 글꽃초등학교가 있는데, 아이들 두 명이 하굣길에 하는 이야기를 뒤에서 들은 거예요.

"너 공중전화 알아?"

"몰라! 아, 공중에서 거는 전화야?"

아내가 뒤에서 그 이야기를 듣고 처음엔 막 웃음이 나오다가, 다시 생각해 보니 진짜 이 아이들은 공중전화가 뭔지 모르겠구나 그런 생각이 들더래요. 그렇습니다. 우리 아이들은 지금 공중전화라는 단어를 잃어버렸습니다.

그러면서 아내가 하는 말이 요즘 아이들은 핸드폰에서 전화기 수화기 표시도 모른대요. 저도 처음엔 설마 했다가, 곰곰이 생각해 보니, 아 그럴 수가 있겠구나 싶더라구요. 요즘 아이들, 전화기 수화기라는 단어도 잃어버렸습니다.

여러분, 하루살이 아세요?

어느 청명한 가을하늘, 하루살이가 너무 심심했습니다. 그런데 옆 나무를 보니 다람쥐가 너무 재미있게 놀고 있는 거예요. 나무를 오르락내리락, 도토리를 물고 여기 놓았다 저기 놓았다, 너무 재미있어 보였습니다. 그래서 다가가 말을 걸었습니다.

"다람쥐야, 나도 같이 놀면 안 돼?"

"그래, 이리 와!"

흔쾌히 자기를 받아주는 거예요. 나무를 오르락내리락, 도토리를 물고 여기 놓았다 저기 놓았다, 하는 다람쥐 옆에서 씽씽 쌩쌩 뒤따르며 장난치며 정신없이 놀았습니다. 그러다 저쪽을 보니 석양이 지는 게 아니겠습니까? 저녁, 헤어질 시간이 된 겁니다. 다람쥐가 말했습니다.

"오늘 진짜 재미있었어. 우리, 오늘은 그만 놀고 내일 보자."

"내일? 내일이 뭐야?"

하루살이는 내일이라는 말을 도무지 이해할 수 없었습니다. 하루살이. 유충에서 3년 만에 성충이 되어 날개를 단 지 딱 하루만 살면 끝. 하루살이는 내일이라는 단어를 한 번도 생각해 본 적이 없었던 것. 하루살이는 내일이라는 단어를 잃어버렸기 때문입니다.

사랑하는 성도 여러분, 우리 인생도 얼마든지 이럴 수 있습니다.

우리는 희망이라는 단어를 잃어버렸다.

저는 고등학교 때 별명이 두 개였습니다.

첫 번째 별명은 신동. 신기한 동물의 줄임말이라나! 친구들이 지어준 거예요. 친구들은 죄다 농사짓고 경운기 몰고 부모님 일 돕다가 학교에 오는데, 학교만 오면 매일아침 제가 민병철 생활영어라는 것을 칠판에 적어놓고 가르친 거예요. 아침마다 텔레비전에서 했는데, 그것을 보고 학교 가면서 외워서 친구들에게 가르친 거예요. 담임선생님이 시키신 거예요. 시골 애들도 생활영어 한마디는 할 줄 알아야 한다고. 친구들은 영어에는 별 관심이 없었습니다. 그건 남의 나라 언어. 오로지 관심은 제가 친구들 앞에 나가서 영어를 막 가르친다는 것. 한 마디로 신기한 동물, 신동이었어요.

그러다 햄버거 가게가 땅끝에 처음 생겼어요. 친구들이 사 먹으면서 저에게도 주는 거예요. 그러면서 제 이름하고 비슷하다고 자꾸만 "햄버거, 햄버거, 아우어 호프!" 하는데, 깔깔깔 웃으면서 너무 재미있어하는 거예요. 그날부터 제 두 번째 별명은 햄버거가 되었습니다.

저는 지금도 그 친구들이 참 고맙습니다. 생각하면 친구들 앞에서 영어를 가르친다는 게 우습기도 하고 두렵기도 하고 창피하기도 했을 것 같은데, 친구들은 항상 저를 격려해 주었습니다. 햄버거, 햄버거, 아우어 호프! 이번에 설교 준비하면서 친구들이 지어준 그 별명이 생각나더라구요.

그런데 이번에 설교 준비를 하면서 깜짝 놀란 게 있어요. 친구들이 저에게 해준 그 말 가운데 저는 그동안 앞 단어, 햄버거만 생각하고 있었던 거예요. 친구들이 저에게 해준 뒷 단어, 아우어 호프는 까맣게 잊어먹고 지낸 거예요. 아우어 호프(our Hope)! 너는 우리들의 희망이야! 저는 깜박하고 지낸 것입니다. 제가 친구들의 햄버거가 아니고, 친구들의 호프, 희망이었던 것을!

여러분은 어떻습니까? 여러분도 지금 호프, 희망이라는 단어를 잃어버리고 살지는 않으십니까?

도대체 희망이 무엇입니까? 국립국어원 표준국어대사전에 보면, 희망은 어떤 일을 이루거나 하기를 바람이라고 되어 있습니다. 비슷한 단어로는 소망이 있습니다.

우리가 손에 들고 있는 한글성경은 대부분 희망을 소망으로 번역하고 있지요.

> "그런즉 믿음, 소망, 사랑, 이 세 가지는 항상 있을 것인데 그
> 중의 제일은 사랑이라"(고전 13:13)

그런데 이렇게 소망으로 모든 성경이 번역을 하고 있다 보니, 우리 그리스도인들이 정작 희망이라는 단어를 잃어버렸습니다. 이것은 심각한 문제입니다. 소망보다는 희망이 더 분명한 단어인데도 그걸 잃어버린 거예요. 그래서 요즘 번역되는 성경은 희망이라는 단어를 다시 회복해 보려는 몸부림을 치고 있습니다.

> "그러므로 믿음, 희망, 사랑, 이 세 가지는 항상 남아 있을 것이
> 며 그 중에 제일 큰 것은 사랑입니다."(고전 13:13, 현대인)

한자로 희망(希望)은 바랄 희, 바랄 망. 바라고 바라는 것. 간절

히 바라는 것이 희망입니다.

라틴어로 희망은 스페스(spes)입니다. "스페로! 스페라!(spero! spera!, 나는 희망한다! 너도 희망하라!)" 유명한 격언이지요. "둠 스피로, 스페로!(Dum spiro, spero!, 숨 쉬는 한, 나는 희망한다!)" 이것도 유명한 말이지요.

그런데 우리는 지금 이렇게 중요한 단어, 희망, 희망이라는 단어를 좀처럼 쓰지 않습니다. 우리는 왜 희망을 말하지 않을까!

그것을 심각하게 접근하고 있는 책이 <희망의 목회상담>입니다.

앤드류 레스터라는 목회상담학자가 쓴 책인데요. 너무 가슴에 와닿아서 번역해서 우리나라에 소개도 해보았습니다. 많은 신학교에서 교재로 쓰고 있다는 이야기를 들었습니다. 이 책의 핵심은 그겁니다. 왜 요즘 목회와 상담에서 우리는 희망을 말하지 않느냐?

이 책 서론에 보면, 로스 피쩨랄드가 <희망의 근원>이라는 책에서 한 말이 나옵니다. "희망은 인간의 삶에 기본적인 요소이다. 우리가 끊임없이 개인으로, 인류로 살아남기 위해서는 빵이나 물 못지않게 희망이 필요하다. 그럼에도 불구하고, 이 희망이라는 주제는 곧잘 무시되고 만다. 특히, 학자들 사이에서는 훨씬 더 그러하다."

제가 이번에 아파보니까, 아프기 전에 번역했던 이 책의 통찰이 더 강하게 다가왔습니다. 혈액 투석, 신체 장애, 정신 장애, 암, 치매 등. 이런 아파하는 교인들, 그들을 돌보는 가족들, 그들을 위한 목회에서 지금 나에게 가장 중요한 단어는 무엇일까? 아니, 어디가 아프지 않더라도 인간의 영혼을 돌보는 것이 목회일 진데, 지금 내가 성도들의 영혼을 돌보는 목회에서 가장 놓치고 있는 게 무엇일까? 그것은 희망, 희망이 아닐까? 희망을 북돋워 주고 절망과 맞서 싸우는 일. 이것이 내 목회의 가장 중요한 책임이요 가장 중요한 특권일 진데, 내가 지금 성도들에게 충분히 희망을 북돋워 주고 있는 걸까?

역사적으로 목회신학자 씨워드 힐트너는 목회에서 중요한 것이 치유, 지도, 격려라고 보았습니다. 거기에 목회신학자 윌리엄 클렙쉬와 찰스 재클이 화해라는 주제도 중요하다고 추가했지요. 또 거기에 목회신학자 하워드 클라인벨이 성장과 전인이라는 주제를 추가합니다. 또 거기에 목회신학자 앤드류 레스터가 추가한 목회의 주제가 있는데, 바로 해방입니다.

이렇게 일곱 가지 주제, 치유의 목회, 지도의 목회, 격려의 목회, 화해의 목회, 성장의 목회, 전인의 목회, 해방의 목회에서 가장 중요한 추동력은 희망입니다.

성도들이 상처 입어 치유가 필요할 때, 가장 중요한 추동력도 희망입니다. 성도들이 영적으로 지도가 필요할 때, 가장 중요한 추동력도 희망입니다. 성도들이 당황하여 격려가 필요할 때, 가장 중요한 추동력도 희망입니다. 성도들이 소원해져 화해가 필요할 때, 가장 중요한 추동력도 희망입니다. 성도들이 과거의 상처를 분석하는 것보다 미래의 성장에 주목할 필요가 있을 때, 가장 중요한 추동력도 희망입니다. 성도들이 몸, 마음, 일, 놀이, 관계, 생태계, 영성, 7가지 주제가 따로따로가 아니라 전인적으로 건강해질 필요가 있을 때, 가장 중요한 추동력도 희망입니다. 성도들이 덫에 걸려

해방이 필요할 때, 가장 중요한 목회신학적 추동력도 희망입니다.

그런데 우리는 왜 이 중요한 단어, 희망, 희망, 희망을 말하지 않을까? 오히려 희망을 경시하는 세태.

영성지도자 헨리 나우웬도 <상처 입은 치유자>라는 책에서 제3장 제목을 '희망 없는 인간을 위한 사목'이라고 기록하고 있습니다.

여기서 사목이라는 말은 우리 종교개혁 전통에서 말하는 목회입니다. 헨리 나우웬이 보기에도, 현대인의 가장 큰 상처는 희망이라는 단어를 잃어버린 데 있다고 본 것입니다.

사랑하는 성도 여러분, 그렇다면 하나님께서는 희망에 대해서 어떤 생각을 갖고 계실까요?

하나님의 생각은 분명하다.

"여호와의 말씀이니라 너희를 향한 나의 생각을 내가 아나니 평안이요 재앙이 아니니라 너희에게 미래와 희망을 주는 것이니라"(렘 29:11)

이것이 여러분을 향한 하나님의 생각입니다. 여러분에게 미래와 희망을 주는 것. 하나님의 생각은 분명합니다. 믿으십니까?

또 우리가 믿는 예수님은 희망에 대해서 어떤 생각을 갖고 계실까요?

"그는 약한 자를 짓누르지 않으며 가장 작은 자의 희망도 억누르지 않으리라. 그는 모든 싸움을 마지막 승리로 끌어가리니 그의 이름이 온 세계의 희망이 되리라.'"(마 12:20-21, 현대어)

온 세계의 희망이 되어 주시겠다. 이것이 예수님의 생각입니다. 예수님의 생각도 분명합니다. 그런데도 우리는 예수님을 이야기할 때 희망이라는 단어를 자꾸만 놓쳐 버립니다. 십자가의 고통만 생각하지, 부활의 희망을 놓쳐 버립니다. 아예 예수 그리스도, 우리의 희망이라는 단어를 잃어버렸습니다.

너무 현실이 암담하기 때문이라구요? 언제 암담하지 않은 때가 한시라도 있었습니까? 예수님 때도 그랬고, 지금도 그렇고, 역사를 보면, 현실은 항상 암담했습니다. 항상 너무 살기가 팍팍하다, 이대로 가면 인류는 끝장이다, 나라가 걱정된다, 늘상 우리 입에 붙은 말들. 10년 전 뉴스도 살기 힘들다, 20년 전 뉴스도 살기 힘들다, 30년 전 뉴스도 살기 힘들다, 300년 전 역사책도 살기 힘들다, 3000년 전 역사책도 살기 힘들다, 사람들은 늘상 못 살겠다, 암울하다, 암담하다, 입에 배어 있습니다. 그게 현실이었습니다. 그래서 예수님이 오신 것입니다. 온 세계에 희망이 되어 주시려고! 그게 복음입니다. 믿으십니까?

그렇다면 또 성령님은 희망에 대해서 어떤 생각을 갖고 계실까요?

"그러므로 나는 희망을 주시는 하나님께서 여러분에게 믿음에서 오는 행복과 평화를 넘치게 베풀어 주시기를 기도합니다. 또 여러분 속에 역사하시는 성령의 능력을 통해 여러분이 희망으로 넘치게 해주시기를 기도합니다."(롬 15:13, 현대어)

성령님의 생각도 이렇게 분명합니다. 여러분을 희망으로 넘치게 해주시겠다는 것.

그러므로 우리는 매일매시매끼 우리 영혼의 식탁에서 희망을 먹고 살아야 합니다. 식물이 태양을 향해 줄기를 구부리는 것처럼, 인간도 발목부터 턱밑까지 희망을 향해 몸을, 마음을, 영혼을 완전히 구부려야 합니다. 영혼에게 희망은, 생명체에게 호흡과 같습니다. 희망이 부족할 때, 영혼은 시들시들 말라죽습니다. 우리가 희망의 근원을 두드릴 수 없다면, 인간의 미래 또한 있을 수 없습니다.

사랑하는 성도 여러분, 그렇다면 우리, 이렇게 고단한 인생길, 지친 일상, 상처 입은 삶에서 이 '희망'이라는 단어를 되찾으려면 어떻게 해야 할까요?

말에 눌리지 마라.

실제로, 여러분 가족 중에 한 사람이 심각한 암에 걸렸을 때, 그것을 당사자에게 알려주는 게 나을까요, 그냥 알려주지 않는 게 나을까요? 우리나라는 보통 어떤가요? 여러분이라면 어떻게 하시겠습니까? 예수님이라면 어떻게 하실까요?

여기에 대해 심각하게 고민해 온 한 의사가 있습니다. 제롬 그루프먼. 하버드 의대 종양학과 교수. 30년간 수많은 죽음과 치료를 지켜보며 쓴 책이 <희망의 힘>. 원서로 The Autonomy of Hope. 희망의 의학적인 치유력. 그런 뜻이지요. 그 책에서 자신이 30년간 임상현장에서 경험한 세 부류의 의사들을 기록하고 있습니다.

첫 번째는, 아주 단도직입적으로 환자들과 가족들에게 말하는 의사들. 당신의 암은 몇 기이고, 잔여 수명은 몇 개월입니다. 아주 냉정합니다. 가장 극단적인 경우를 상정하고 냉정하게 말해주어야 그래야 나중에 탈이 없다는 것, 환자나 가족들도 차분하게 죽음을 준비할 수 있다는 것. 제롬 그루프먼은 그런 의사들을 곁에서 보면서 꼭 저렇게 냉정하게 말을 던져야만 직성이 풀리나 고민을 하게 됩니다.

두 번째는, 끝까지 환자 상태나 잔여 수명을 말해주지 않는 의사들. 그냥 잘될 것이라고 얼버무리며 거짓 희망을 주는 의사들. 그리곤 정작 환자의 죽음이 가까이 다가오면 자꾸 피해버리는 의사들. 그래서 환자나 가족들이 채 죽음준비와 작별인사를 할 시간을 놓치고 마는 안타까움들. 제롬 그루프먼은 그런 거짓 희망도 문제라고 고민을 하게 됩니다.

세 번째는, 자신이 아플 때 다가와 주었던 의사들. 아주 냉정하게 당신은 몇 달 지나 죽을 거요 겁주지도 않고, 아주 얼버무리며 거짓 희망을 남발하지도 않는 의사들. 희망이라는 의학적 실마리를 한 가닥 발견하고, 환자인 자신과 소통하기 위하여 끊임없이 노력해 주었던 의사들. 세상에 이런 의사들도 있구나!

제롬 그루프먼은 자신이 그동안 환자들과 동료 의사들에게 들려주고 보여준 모든 말과 모든 행동을 하나하나 돌이켜 짚어가며 묻고 또 묻습니다. 불가능을 멋지게 배반하며 현대의학의 기적을 일궈내는 저 희망은 과연 무엇인가? 절망적인 현실 앞에 힘없이 무릎을 꿇고 마는 저 파리한 희망은 과연 무엇인가? 죽음마저 평안으로 맞이하는 저 당당한 희망은 과연 무엇인가?

제롬 그루프먼은 희망이란 소통의 문제라고 조심스럽게 꺼내 놓습니다. 노련한 외과의사에서 멈춰 서지 않고, 환자와 소통하는 문제를 붙들고 지난한 싸움을 벌이는 과정. 그런 진정한 소통 없이는 맹목적 절망에 이르기 쉽고, 그런 진정한 소통 없이는 맹목적 낙관에 이르기 쉽다는 것. 환자에 대한 의학적 지식, 환자에 대한 상세한 정보, 환자의 주변 사람들은 어떤 사람들인지, 환자가 믿는 하나님은 어떤 하나님 상인지, 환자가 세상과 교감하는 방식은 어떤 식인지. 그런 것들과 끊임없이 소통하지 않고서는, 정확한 현실 파악이 불가능하고, 믿음과 기대가 자리하지 못한다는 것. 현실이 왜곡되면서 희망의 얼굴도 왜곡된다는 것.

제롬 그루프먼. 그는 하버드 의대에서 현대의학 한가운데를 뚫고 지나면서도, 현대의학의 불완전함을 꿰뚫어 본 의사입니다. 그가 희망이라는 키워드를 붙들고 씨름한 까닭도, 의사로서 자신의 태도를 끊임없이 돌아보고 반성하는 까닭도 바로 그 때문입니다. 그는 현대의학의 불완전함을 채워 줄 열쇠를 '희망'이라는 단어에서 발견합니다. 그리고 과연 현대 최첨단 의학자답게 희망을 첨단 의학으로 풀어내려 합니다. 이 책의 가장 큰 미덕 가운데 하나가 바로 이 점입니다. 관습적인 거짓 희망에 쉽게 기대거나, 세속적인 찬양 일색의 희망 감상문을 써 내려가지 않습니다. 오히려, 현대 최첨단 의학자로서 그 희망의 관점을 더욱 날카롭게 세우고 있습니다. 그 섬세한 바탕에 아주아주 인간적인, 하나님을 믿는 신앙인으로서 아주아주 신앙적인 고뇌가 녹아 있습니다.

이 책을 읽으면서 느낀 것은, 보이는 게 전부가 아니라는 것. 너무도 뻔한 사실인 줄 알면서도 그만큼 또 너무도 쉽게, 자주 외면해 온 게 있었다는 것. 그것이 바로 희망이라는 것. 우리네 사람살이와, 더 나아가선 목숨에까지 손을 뻗치는 그 희망. 그 희망을 우리는 애써 모르는 양, 없는 양 해온 것은 아닌지! 자세하게 치열하게 보려 하지 않았기에, 더 숨어버렸던 내 영혼의 신비. 그것이 바로 희망이 아니런가!

제롬 그루프먼의 책을 만난 것은 이번에 저에게는 하나님의 특별한 섭리였습니다. 제가 잃어버린 단어를 되찾았기 때문입니다. 실낱같은 회복의 기미조차 없어 보이는, 내 인생의 가장 힘겨운 순간에도, 절망과 끝까지 싸워 이겨내게 하는 강인한 힘. 희망! 이 희망이 단순히 마음의 위로를 주는 것으로 끝나는 게 아니라, 불완전한 현대의술을 보완하고, 몸속에서 실제로 강력한 치유 에너지로 작용한다는 것. 제롬 그루프먼의 희망 보고서는 저와 같은 환자는 물론이고, 환자를 치료하는 의사, 환자를 돌보는 가족들, 아니 모든 현대인에게 신선한 생명력을 불어넣는 책이구나 느꼈습니다. 제롬 그루프먼이 세계 최고의 석학들이 모인다는 하버드 의대에서 배우지 못한 것, 희망, 그 희망이 첨단의학적인 근거를 갖고 있음을 하나하나 설명해 들어갈 때, 제 가슴 속에 희망이 다시 꿈틀거렸습니다. 아, 이런 의사도 있구나!

저는 지금 다 나은 게 아닙니다. 아직도 고통의 긴 터널을 지나고 있습니다. 지난주, 항암표적치료 넉 달이 되어, 두 번째 결과를 들으려고 연세대 세브란스병원에 갔습니다. 의사선생님 말씀이 머릿속 암이 하나도 안 보인다는 거예요. 폐 속 암도 지난 두 달 전보다 더 확 쫄아들었다는 거예요. 여러분의 합심기도 덕분입니다. 정말 고맙습니다. 그러나, 아직도 끝이 보이지 않습니다. 언제나 끝날지, 기약도 없습니다. 여전히 어두운 터널을 통과 중입니다.

이런 때, 주변 사람들의 말이 매우 중요하다는 것을 느낍니다. 아프다는 설교 이제 듣기 싫다! 차라리 부목사님 설교가 더 재미있다! 그런 말이 나올까 매우 조심스럽습니다. 그러나 제 설교는 지금 그 어느 때보다 진심입니다. 어디서 베껴 쓸 수도 없습니다. 억지로 웃을 수도, 억지로 울 수도 없습니다. 의사분들이 다 치료에 도움이 된다고 하셔서 일부러 감정 표출을 억누르지 않고 있습니다. 다 진심입니다. 다 진심입니다. 하여, 가슴으로 들어 주시고 아멘으로 화답해 주시고 사랑으로 격려해 주시는, 여러분의 희망적인 말씀 한마디 한마디가 얼마나 힘이 되는지 모릅니다. 정말 감사합니다.

그리고 저는 설교 준비를 하면서 참 중요한 사실을 하나 더 깨달았습니다. 아내는 제가 지금 5개월째지만, 아직까지 한 번도 절망적인 말을 하지 않았다는 것. 아내가 참 고맙다는 생각! 제가 절망적인 말을 내뱉을 때도, 아내는 항상 희망적인 말로 다가와 주었습니다. 제가 기도드릴 힘을 잃었을 때도, 아내는 항상 항암 식탁을 차려주며 희망적인 기도를 해주고 있습니다. 5개월째. 그것은 거짓 희망이 아닙니다. 있는 그대로입니다. 아직 우리 부부에게도 희망이 있음을 바라보게 해주는 영혼의 언어들이었습니다.

희망의 반대는 절망입니다. 절망은 최후의 상황입니다. '한계'에 이르렀다는 뜻. 이 너머로는 더 이상 나아갈 수가 없다는 것. 절망의 본질은 그 단어의 어원을 통해 드러납니다. 절망(切望)은 한자로 끊을 절, 바랄 망. 바라는 것이 끊어져 버렸다는 뜻. 희망이 없다는 뜻입니다.

희망이라는 느낌은 아직도 빠져나갈 길이 있다는 느낌입니다. 반대로 절망이라는 느낌은 빠져나갈 길, 출구가 전혀 없다는 느낌입니다. 미래로 나아갈 수 있는 길이 전혀 없다는 느낌입니다. 완전히 승리했다, 완치했다, 그런 느낌일랑 결코 있을 수 없다는 느낌입니다.

하여, 절망은 죽음에 이르는 병입니다. 키에르케고르의 말이지요. 하여, 절망을 치유하는 명약, 그것은 희망밖에 없습니다. 셰익스피어의 말이지요. 하여, 절망의 겨울은 언제나 희망의 봄이 오면서 끝이 납니다. 카뮈의 말이지요. 하여, 모든 절망의 구름에는 반드시 희망의 은빛 테두리가 있습니다(Every cloud has a silver lining). 실낙원의 작가 존 밀턴의 말이지요. 고단한 인생길, 힘든 일들이 이어지지만, 앞으로도 더 이어질 것이지만, 그래도 희망은 반드시 있다는 뜻이 아니겠습니까?

그러므로 우리는 절망을 선동하는 말에 눌리지 말아야 합니다. 절망을 선동하는 사람들 말 대신, 희망을 주시는 하나님 말씀, 성경 말씀을 붙잡아야 합니다.

"성경 말씀은 우리에게 인내를 가르치고 용기를 주어 장래 큰
     희망을 가지게 하려고 기록된 것입니다."(롬 15:4, 현대어)

사도 바울도 데살로니가 교인들에게 희망을 강력히 촉구합니다.

> "그러나 우리는 빛 가운데서 사는 사람이므로 믿음과 사랑의 갑옷으로 몸을 보호하고 구원과 희망의 투구를 쓰고 침착하게 행동합시다."(살전 5:8, 현대어)

히브리서 기자도 이 희망이라는 단어에 꽂혀 있습니다.

> "반드시 구원받는다고 하는 이 확고한 희망은 마치 우리 영혼을 이끄는 튼튼하고 믿을 만한 닻과 같아서 우리를 하늘의 지성소 안에 계시는 하나님께 이르게 해줍니다."(히 6:19, 현대어)

여기서 반드시 구원받는다고 할 때 이 구원은 치유라는 말과 어근이 같다고 말씀드렸습니다. 그러므로 히브리서의 이 말은, 나는 반드시 치유 받는다고 하는 이 확고한 희망은, 마치 우리 영혼을 이끄는 튼튼하고 믿을 만한 배의 닻과 같아서, 우리를 하늘의 지성소 안에 계시는 하나님께 이르게 해준다는 뜻입니다.

그동안 저는 우리 교회를 어떻게 목회할 것인가, 그 꿈을 '3H의 목회신학'으로 말씀드렸습니다.

예수 안에서 치유(Healing), 예수 안에서 행복(Happiness), 예수 안에서 거룩(Holiness), 이 세 가지를 추구하는 3H의 목회신학.

그런데 이번에 설교 준비를 하면서 주님께서 놀라운 통찰을 하나 주셨습니다. 네 목회신학에 뭐가 하나 빠졌다! 뭐가 빠졌다고 말씀하셨을까요? 그렇습니다. 희망! 네 목회신학에 희망(Hope)이 빠졌다! 아, 내가 그동안 너무 가까이 있기에, 너무 소홀히 한 게 있구나! 희망! 희망이라는 단어를 잃어버리고 살았구나! 이 희망이라는 단어를 되찾아야겠구나! 제 몸이 망가지면서 얻은 피비린내 나는 통찰입니다. 주님이 주신 통찰입니다.

그래서 저는 오늘부터 우리 교회 목회를 어떻게 할 것인가, 그 꿈을 3H의 목회신학에서 4H의 목회신학으로 하나 더 확대 발전시키려고 합니다.

예수 안에서 치유(Healing), 예수 안에서 행복(Happiness), 예수 안에서 거룩(Holiness), 그리고 하나 더, 예수 안에서 희망(Hope)을 추구하는 4H의 목회신학. 희망이 빠진 목회는, 앙꼬 없는 찐빵, 고무줄 없는 팬티! 희망만이 답입니다. 희망만이 우리의 미래입니다. 예수님이 주시는 희망! 치유의 희망! 부활의 희망!

사랑하는 성도 여러분, 저는 어제 이렇게 저에게 최첨단 희망이 날아오는 것을 목격했습니다.

어제 아내가 창밖을 보라고 하더라구요. 요란한 굉음과 함께 막 비행기들이 날아가더라구요. 10월 1일, 제74주년 국군의 날 기념식이었어요. 육군본부에 있을 때는, 2번이나 내빈 안내를 맡아 그 자리에 있었는데, 어제는 저희집에서 창밖으로 또 텔레비전으로 봤어요. 창공을 가로질러 계룡대 연병장을 향해 날던 블랙 이글스. 첫 번째 임무를 마치고 저 계룡산 너머로 사라져 버립니다. 그러다 잠시 후, 아나운서의 멘트. "자, 여러분, 다시 오른쪽 하늘을 바라보십시오. 우리 대한민국의 하늘을 지키는 블랙 이글스입니다." 그때 저 계룡산 너머 구름을 뚫고 점점 더 선명하게 그 웅장한 위용을 드러내는 블랙 이글스 8각 편대.

우리 인생도 마찬가지입니다. 언제부턴지 모르지만, 내 인생에서 저 산 너머 저 구름 속으로 사라져 버린 이름, 희망이여! 그러다 이번에 희망아, 돌아오라, 불렀더니, 놀랍게도 내 인생의 저 짙은 구름을 뚫고 점점 더 선명하게 그 웅장한 위용을 드러내는 희망의 블랙 이글스 8각 편대.

그래서 희망 멘토였던 차동엽 신부가 쓴 책 <희망의 귀환>을 보면, 이런 말이 나옵니다. 희망을 부르면, 희망이 돌아온다! 우리도 한번 크게 불러볼까요? "희망아, 돌아오라!" 어때요, 저기 보이지 않으세요? 저기, 짙은 구름을 뚫고, 점점 더 선명하게, 그 웅장한 위용을 드러내는, 희망의 블랙 이글스 8각 편대.

03
한 번에 한 걸음씩 희망을 선택하라

"그들이 평온함으로 말미암아 기뻐하는 중에 여호와께서 그
들이 바라는 항구로 인도하시는도다"(시 107:30)

강원도 고성으로 영성지도세미나를 다녀왔습니다. 제가 섬겼던
군인교회가 바로 인근에 있어서 감회가 새로웠습니다. 이번 영성
지도세미나에 오신 분들은 특별히 모두 암 환자들이었습니다. 젊
은 청년부터 어르신 장로님, 해외에서 암에 걸려 오신 선교사님도
계셨습니다. 저도 같은 암 환자로서, 서로 이심전심 마음을 나누었
습니다. 함께 울고 함께 웃었습니다. 시간마다 성경말씀을 깊이 묵
상하였습니다. 하나님의 음성을 경청하는 소중한 영성지도 시간
이었습니다. 시간을 낼 수 있도록 배려해 주신 성도 여러분, 감사
합니다.

설악산 대청봉에서 금강산 비루봉까지, 동해안 김일성 별장에서
해금강까지, 강원도 고성 깊은 산속에서 모처럼 주님의 품에 안겨
영적인 안식을 누렸습니다. 여기 대전보다 4도가 낮더라구요. 이
미 겨울이 온 듯 추웠습니다.

아직은 단풍이 채 들지 않았지만, 예쁜 구름, 맑은 하늘, 푸른

산, 푸른 바다, 그리고 그곳에서 담쟁이덩굴을 보았습니다. 벽을 타고 기어오르는 담쟁이덩굴. 그 생명력.

여러분, 이 담쟁이덩굴을 보면서 생각나는 시가 있지 않나요? 도종환 시인의 <담쟁이>라는 시. 사진을 보시면서 시를 묵상해 보시죠.

저것은 벽
어쩔 수 없는 벽이라고 우리가 느낄 때
그때
담쟁이는 말없이 그 벽을 오른다

물 한 방울 없고 씨앗 한 톨 살아남을 수 없는
저것은 절망의 벽이라고 말할 때
담쟁이는 서두르지 않고 앞으로 나아간다

한 뼘이라도 꼭 여럿이 함께 손을 잡고 올라간다
푸르게 절망을 다 덮을 때까지
바로 그 절망을 잡고 놓지 않는다

저것은 넘을 수 없는 벽이라고
고개를 떨구고 있을 때
담쟁이 잎 하나는 담쟁이 잎 수천 개를 이끌고
결국 그 벽을 넘는다

사랑하는 성도 여러분, 여러분도 지금 인생의 벽을 만나셨습니까? 진학과 진로와 진급의 벽, 건강과 물질과 관계의 벽, 부모와 부부와 자녀의 벽, 취업과 직장과 사업의 벽, 만남과 결혼과 노후의 벽. 우리 인생도 얼마든지 이런 벽을 만날 수 있습니다.

그러나, 그 어떤 벽 앞에서도 우리는 결코 절망하지 않습니다. 약속의 말씀이 있기 때문입니다.

"내가 주를 의뢰하고 적군을 향해 달리며 내 하나님을 의지하고 담을 뛰어넘나이다"(시 18:29)

벽을 만난 담쟁이, 어떻게 할 것인가? 바로 그때, 놀랍게도, 그 벽을 타고 담을 뛰어넘는 담쟁이 그리스도인, 바로 저와 여러분의 자화상입니다.

벽을 만나셨습니까? 저도 지금 암이라는 벽을 만났습니다. 그런데 이번에 영성지도세미나에 참석해 보니까, 이게 결코 저만의 문제가 아니겠더라구요. 앞으로 전 세계 인구 2~3명 가운데 한 명이 암 환자가 될 것이라는 학자들의 아주 비관적인 예측이 있다는 것. 특히, 우리나라. 현재 같은 지구환경, 기후위기, 먹거리위기, 설탕소비의 급격한 증가, 농업 목축업 변화 때문에 생기는 식탁의 변화, 1940년 이전에는 볼 수 없었던 수많은 화학물질의 노출, 주거환경, 실내공기, 미세먼지, 생활습관, 일중독, 스트레스, 차례만 다를 뿐, 누구도 암을 피할 수가 없다는 것. 인간의 암적인 삶이 암을 불러일으키고 있다는 것.

그래서 저는 여러분이 저를 반면교사 삼으시기를 바랍니다. 저처럼 똑똑한 바보가 되지 않으셨으면 합니다. 저처럼 암을 낭비하지 않으셨으면 합니다. 미리 이 암의 정체를 이해하고 대비하셨으면 합니다. 혹시라도 암이라는 벽이 여러분 앞에 서성거릴 때, 어떻게 그 벽을 타고 인생의 담을 뛰어넘을 것인가, 그 치유의 로드맵을 주님의 음성을 통해 미리 나누어드리고자 합니다.

암만이 아닙니다. 지금 우리 교회 어르신들의 90퍼센트가 각종 만성질환에 시달리고 계십니다. 어르신들만의 문제가 아닙니다. 중년들도, 청년들도, 자녀들도, 한국사회, 오대양 육대주, 모든 인류의 문제입니다. 그래서 오늘 말씀드리는 내용은 우리 인생이 내 삶의 모든 벽 앞에서 유유히 헤쳐가야 할 치유의 로드맵입니다.

사랑하는 성도 여러분, 치유의 로드맵, 과연 무엇이 가장 먼저 필요할까요?

정확하게 진단하라.

암이든, 만성질환이든, 그 어떤 삶의 위기든, 나에게 왜 이런 벽이, 왜 이런 고난이 찾아왔는가? 무엇보다도 먼저, 정확한 진단이 필요합니다.

"진리를 알지니 진리가 너희를 자유롭게 하리라"(요 8:32)

진리 되신 주님께 묻고 그분께 정확한 진단을 받아야 합니다.

저도 이번 영성지도세미나가 그런 시간이었습니다. 강원도 고성 가장 깊은 산속으로 들어갔습니다. 거기서 내 인생의 벽을 들여다 보았습니다. 주님께 깊은 질문을 드렸습니다. "주님, 제가 어떻게 하다가 이런 벽을 만나게 되었나요?" 그랬더니, 당혹스럽게도 주님께서 이런 말씀을 주셨습니다.

"욕심이 잉태한즉 죄를 낳고 죄가 장성한즉 사망을 낳느니라"(약 1:15)

아, 내 욕심 때문이었구나! 내 욕심이 잉태하여 암을 낳고, 암이 장성한즉 다발성 전이를 낳았구나!

실제로, 누가 암에 많이 걸리는가 연구 결과가 있습니다. 지나치게 꼬장꼬장한 사람. 바로 저였습니다. 밑의 사람들이 저를 어려워합니다. 조그만 실수도 용납지 않기 때문입니다. 이번에 동해안 훈련장에서 우리가 쏜 미사일이 우리 쪽으로 떨어져 가슴을 쓸어내린 적이 있지요. 조그만 오차도 용납할 수 없는 일이 벌어진 것입니다. 그러니 잔뜩 초긴장을 하고 지낼 수밖에요. 그런 군사전문가들과 24년을 같이 지내면서 저 또한 같이 초긴장을 하지 않을 수 없었습니다. 그래서 스스로를 다그치고, 밑의 사람들을 다그쳤던 것 같습니다. 자살예방 프로그램을 진행하다 보니, 사건사고의 우려 때문에 더 꼬장꼬장했던 것 같습니다. 그래서 이렇게 암에 걸린 것 같습니다. 지나치게 감정을 억압하고 있는 사람. 그것도 저였습니다. 지나치게 착한 사람. 저 아니라구요? 지나치게 참는 사람. 바로 저였습니다. 지나치게 거절을 못 하는 사람. 그것도 저였습니다. 폭음, 폭식, 흡연 등 지나치게 무절제한 사람. 지나치게 완벽주의적인 사람. 그것도 저였습니다. 지나치게 성취중심적인 사람. 그것도 저였습니다. 지나치게 자기중심적인 사람. 그것도 저였습니다. 한 마디로 욕심이 지나친 사람. 꼭 주님이 저를 집어서 말씀하시는 것 같았습니다.

강원도 고성에서, 주님께서 주신 말씀이 하나 더 있었습니다.

> "길르앗에는 유향이 있지 아니한가 그곳에는 의사가 있지 아니한가 딸 내 백성이 치료를 받지 못함은 어찌 됨인고"(렘 8:22)

당시 길르앗은 아주 부유한 대도시였습니다. 오늘 같으면, 최첨단 대학병원들이 즐비한 서울 한복판이었습니다. 당시 유향은 환자를 치료하는 방법이었습니다. 오늘 같으면, 수술, 방사선, 항암제들이 즐비했습니다. 당시 의사는 최고로 존경받는 명의였습니다. 오늘 같으면, 환자들이 줄을 서는, 학계에서 논문발표와 임상실험으로 명성이 자자하고 세계 최초라는 이름이 늘 따라다니는, 암 명의들이었습니다. 그런데 그런 것들로도 내 백성이 치료를 받지 못함은 어찌 됨인고! 그런 것들만 가지고는 못 고친다는 말씀이셨습니다.

그러면 주님, 어떻게 해야 합니까? 그때, 강원도 고성 산속에서 주님이 주신 말씀이 하나 더 있었습니다.

> "그러므로 우리는 긍휼하심을 받고 때를 따라 돕는 은혜를 얻기 위하여 은혜의 보좌 앞에 담대히 나아갈 것이니라"(히

4:16)

궁휼하심을 받아야 한다. 네가 잘나서가 아니라, 네가 불쌍해서 고쳐주신다는 것입니다. 때를 따라 돕는 은혜. 현복아, 내 은혜를 얻어야 한다. 그래서 네가 낫는다! 현복아, 내 은혜의 보좌 앞에 담대히 나아와라. 그래야 네가 고침을 받는다! 그런 말씀이셨습니다. 이것이 이번 강원도 고성 산속에서 주신 주님의 정확한 진단이셨습니다.

사랑하는 성도 여러분, 그렇다면 정확한 진단, 그다음 해야 할 일은 무엇일까요?

올바르게 처방하라.

정확하게 진단한 다음, 중요한 것은 올바르게 처방하는 것입니다. 주님, 주님의 처방은 무엇입니까? 저는 주님께 묻고 또 물었습니다. 놀랍게도 주님께서 말씀하신 처방은 열 가지였습니다.

첫 번째 주님의 처방, 결심해라, 현복아!

네가 나보다 앞서서 째고 짜르고 찌르고 허겁지겁 우왕좌왕 이리 흔들 저리 흔들 막 무얼 하려고 하지 않겠다고! 주님이 허락하시지 않으면 그 전엔 아무것도 하지 않겠다고! 이렇게 아무것도 하지 않는 것도 소중한 결심이라는 것!

"내 영혼아, 잠잠히 하나님만 기다려라. 내 희망은 오직 하나

님에게만 있다.”(시 62:5, 새번역)

하나님이 사인을 주실 때까지, 잠잠히 하나님만 기다리는 것. 거기에 치유의 희망이 있다는 말씀이셨습니다.

두 번째 주님의 처방, 수용해라, 현복아!

네가 암이라는 것을! 네가 암 환자라는 것을! 죽을 수도 있다는 것을! 받아들일 건 받아들이고, 암을 낭비하지 말아라.

“그들이 겟세마네라 하는 곳에 이르매 예수께서 제자들에게 이르시되 내가 기도할 동안에 너희는 여기 앉아 있으라 하시고 베드로와 야고보와 요한을 데리고 가실새 심히 놀라시며 슬퍼하사 말씀하시되 내 마음이 심히 고민하여 죽게 되었으니 너희는 여기 머물러 깨어 있으라 하시고 조금 나아가사 땅에 엎드리어 될 수 있는 대로 이때가 자기에게서 지나가기를 구하여 이르시되 아빠 아버지여 아버지께는 모든 것이 가능하오니 이 잔을 내게서 옮기시옵소서 그러나 나의 원대로 마시옵고 아버지의 원대로 하옵소서 하시고”(막 14:32-36)

예수님이 겟세마네 기도에서 그 수용의 본을 보여주셨음을 강원도 고성에서 깨닫게 해주셨습니다.

세 번째 주님의 처방, 경히 여기지도 말고 낙심하지도 말아라, 현복아!

“또 아들들에게 권하는 것 같이 너희에게 권면하신 말씀도 잊었도다 일렀으되 내 아들아 주의 징계하심을 경히 여기지 말며 그에게 꾸지람을 받을 때에 낙심하지 말라 주께서 그 사랑하시는 자를 징계하시고 그가 받아들이시는 아들마다 채찍질하심이라 하였으니"(히 12:5-6)

암을 경히 여기지도 말고, 그렇다고 의사들의 죽는다는 말에 눌려 너무 낙심하지도 말라는 말씀이셨습니다.

네 번째 주님의 처방, 바른 목표를 추구해라, 현복아!

"이스라엘아 네 하나님 여호와께서 네게 요구하시는 것이 무엇이냐 곧 네 하나님 여호와를 경외하여 그의 모든 도를 행하고 그를 사랑하며 마음을 다하고 뜻을 다하여 네 하나님 여호와를 섬기고 내가 오늘 네 행복을 위하여 네게 명하는 여호와의 명령과 규례를 지킬 것이 아니냐"(신 10:12-13)

암을 치유하는 목표가 이전 상태로 돌아가는 것이 아니라, 이전보다 더 건강하고 이전보다 더 행복한 상태로 나아가는 것이 되어야 한다는 말씀이셨습니다.

다섯 번째 주님의 처방, 바른 대상을 신뢰해라, 현복아!

"열두 해를 혈루증으로 앓아 온 한 여자가 있어 많은 의사에게 많은 괴로움을 받았고 가진 것도 다 허비하였으되 아무 효험이 없고 도리어 더 중하여졌던 차에 예수의 소문을 듣고 무리 가운데 끼어 뒤로 와서 그의 옷에 손을 대니 이는 내가 그

의 옷에만 손을 대어도 구원을 받으리라 생각함일러라”(막
5:25-28)

이 여인처럼, 세상 의사들이 아니라 주님을 신뢰해야 한다는 말
씀이셨습니다. 수술, 방사선, 항암제에만 손을 대지 말고, 십자가
피가 뚝뚝 떨어지는 주님의 옷에 손을 대야 네가 산다는 말씀이셨
습니다.

여섯 번째 주님의 처방, 바른 윤리를 지녀라, 현복아!

“돈을 사랑함이 일만 악의 뿌리가 되나니 이것을 탐내는 자들
은 미혹을 받아 믿음에서 떠나 많은 근심으로써 자기를 찔렀
도다”(딤전 6:10)

돈돈돈, 돈을 여기저기 갖다주고 고쳐보려는 것은 바른 윤리가
아니라는 말씀이셨습니다.

일곱 번째 주님의 처방, 바른 방법으로 해라, 현복아!

“하나님을 알되 하나님을 영화롭게도 아니하며 감사하지도 아
니하고 오히려 그 생각이 허망하여지며 미련한 마음이 어두워
졌나니”(롬 1:21)

바른 방법이 아닌 데다 생각을 두지 말라, 그런 데다 마음을 두
지 말라, 치유의 패러다임을 확 바꿔라, 그런 말씀이셨습니다. 증
상을 제거하는 데만 관심이 있는 세상의 넓은 길, 수술 방사선 항

암제에만 우왕좌왕하지 말고, 좁은 문, 주님이 보여주시는 좁은 문으로 들어가라는 말씀이셨습니다.

> "좁은 문으로 들어가라 멸망으로 인도하는 문은 크고 그 길이 넓어 그리로 들어가는 자가 많고 생명으로 인도하는 문은 좁고 길이 협착하여 찾는 자가 적음이라"(마 7:13-14)

생명으로 인도하는 문은 좁다. 길이 협착하다. 그래서 사람들이 좀처럼 잘 찾지 못한다. 허를 찌르는 말씀이셨습니다. 넓은 길만 찾지 말고, 암을 다루는 다양한 방법들, 현대서구의학, 첨단수술기법, 면역치료, 줄기세포, 중입자치료, 항암신약, 한의학, 대체의학, 민간요법, 자연요법, 보완통합의학, 심신의학, 각 치료법의 강점과 약점을 알고, 저마다의 강점을 잘 선용하라는 말씀이셨습니다. 특히, 내 육체적인 증상보다, 문이 좁고 길이 협착하지만, 주님이 주시는 내 생명력에 초점을 더 깊이 두라는 말씀이셨습니다.

여덟 번째 주님의 처방, 깨어진 관계를 회복해라, 현복아!

> "내 백성이 두 가지 악을 행하였나니 곧 그들이 생수의 근원 되는 나를 버린 것과 스스로 웅덩이를 판 것인데 그것은 그 물을 가두지 못할 터진 웅덩이들이니라"(렘 2:13)

이번에 강원도 고성에서 저에게 가장 깨어진 부분은 무엇인지 들여다보게 해주셨습니다. 제 식사방식. 불규칙적으로, 급하게, 과하게. 제 생활방식. 공기와 수면과 배변. 제가 일을 다루는 방식.

격무, 몰아치기, 완벽주의. 제가 제 자신을 대하는 방식. 스트레스를 해소하는 방법을 모르고, 자신을 늘 질책하고, 걱정이 많고, 운동을 안 하고. 제가 다른 사람들과 관계를 맺는 방식. 용서를 못 하고, 표현을 못 하고, 거절을 못 하고, 항상 꽁하고, 삐지고, 욱하고. 마음의 감옥이 만원인 상태. 제가 하나님과 관계를 맺는 방식. 묵상이 부족하고, 맡겨드리지 못하고, 숨겨둔 죄악이 많고. 이 깨어진 관계들을 회복해야 진정 치유가 시작될 것이라는 말씀이셨습니다.

아홉 번째 주님의 처방, 실천해라, 현복아!

"만일 누가 듣기만 하고 실천하지 않는다면 그는 거울에 비친 자기 얼굴을 바라보는 사람과 같습니다. 그 사람은 거울 앞에서 떠나면 곧 자기 모습을 볼 수가 없고 또 자기가 어떻게 생겼는지 잊어버립니다. 그러나 인간을 죄에서 풀어 주시는 하나님의 율법을 계속 착실하게 지켜나가는 사람은 그것을 잊어버리지 않을 뿐만 아니라, 그 율법대로 실천합니다. 이런 사람에게는 큰 복을 내리십니다."(약 1:23-25, 현대어)

이번에 강원도 고성에서 주님께서 아주 구체적인 실천과제를 가르쳐 주셨습니다. 특히, 여러분이나 여러분 자녀들의 암 예방을 위해서, 그리고 저처럼 이미 암 진단을 받은 분들은 그 치유를 위해서 실천해야 할 것이 있다고 주님께서 알려주신 것이 있습니다.

무엇보다, 면역력을 강화하는 것.

이를 위해서는 영양치료로 녹즙, 효소, 식단이 있었습니다. 이제 암 환자로서, 전혀 다른 삶이 살겠다고 결심했다면, 입속으로 들어가는 것부터 전혀 새롭게 시작하지 않으면 안 된다는 주님의 말씀이셨습니다. 과일을 먼저 먹고, 그다음 반찬을 먹고, 밥을 가장 나중에 먹는 것. 꼭꼭 씹어서 액체로 목에 넘기는 것. 천천히 먹어야 한다는 것. 빨리 먹으면 빨리 아프고, 많이 많으면 많이 아프다는 것. 주님이 통절한 말씀이셨습니다.

운동치료로는 등산이 가장 좋은 실천이었습니다. 폐암인 저에게는 특히나 약간의 경사가 있어 헉헉거릴 수 있는 등산이 특효약이었습니다. 저 같은 암 환자에게만이 아니라, 모든 성도들에게, 우리 자녀들에게도, 등산이 사는 길이었습니다.

맨발걷기도 참 좋았습니다. 누죽걸산. 누우면 죽고 걸으면 산다. 우리가 사는 이곳에도 계족산 황톳길이 있어, 아내와 몇 번 걸어 보았는데, 전국에서 가장 좋은 환경이 아닌가, 다시 생각해 보았습니다. 밤이 되면, 아내와 집 앞 초등학교 운동장을 맨발로 걷고 있는데, 그것이 왜 그렇게 좋은지, 다시 알게 되었습니다.

산책도 참 좋았습니다. 고성에 있는 동안, 계속 비가 왔지만, 빗속에서도 산책은 빼지 않았습니다. 그것이 사는 길이었습니다.

EFT, 몸의 경락을 이곳저곳 두드려주는 정서자유기법도 아주 좋았습니다. 얼굴부터, 어깨, 겨드랑이, 가슴, 허리, 고관절, 다리까지, 그냥 두드려주고 가볍게 긁어주기만 해도 치유가 되는 느낌이었습니다.

자율진동운동도 참 좋은 실천이었습니다. 머리부터 발끝까지, 자율적으로 진동을 하도록 몸을 내어 맡기며 목, 어깨, 팔, 다리, 온몸을 흔들어주는 것. 그것 자체가 치유의 특효약이었습니다.

모세혈관을 두르려 주는 모관운동, 붕어처럼 손에 깍지를 끼고 머리에 대고 손발을 좌우로 흔드는 붕어운동, 정자세를 하고 배와 목과 양팔과 고관절을 상하좌우로 쳐주고 마사지해 주고 이완시켜 주는 등배운동, 손바닥 발바닥을 저마다 마주 대고 올렸다 내렸다 하기, 발뒤꿈치를 들었다 내렸다 하기, 양 손바닥을 태권도 품새처럼 좌우로 죽 벌려서 얍 기합을 주고 손가락 양 끝이 저 하늘 끝자락과 내 발끝을 지향하도록 죽 펼친 다음, 좌우로 양팔을 흔들흔들 흔들어주는 것도 아주 좋았습니다.

그리고 마지막, 모두가 서로를 안아주며 희망을 가지라고 격려하고, 사랑합니다, 축복합니다, 아침인사로 마무리하고 나니, 주님께서 내 몸과 마음과 영혼까지 깊이 치유의 은혜로 적셔 주셨습니다.

특히, 냉온욕이 참 좋았습니다. 속초 척산온천에 이틀에 한 번씩 갔는데, 냉탕과 온탕을 1분씩 오가며 10회, 그리고 끝은 반드시 냉탕으로 마쳤는데, 너무너무 개운하고 좋았습니다. 몸이 확 달랐습니다. 본디 1개월이나 4계절에 한 번씩은 냉탕에서 25분 시작해서 입술이 벌벌 떨릴 정도로 설탕 같은 몸속의 독소를 다 빼내는 것으로 시작하는 게 좋으나, 저는 너무 추워 온탕에서 몸을 좀 녹인 다음, 냉온탕을 10회 반복하고 냉탕으로 마쳤는데, 그래도 효과가 짱이었습니다. 항암제 부작용인지, 수술 후 몇 달간 밤마다 계속 다리가 저리고 쥐고 났는데, 그게 다 사라져 버렸습니다. 오랜만에 아주 꿀잠을 잤습니다. 그리고, 보세요, 냉온탕을 하고 나니, 제 얼굴이 뽀하잖아요. 아내 얼굴도 확실히 더 밝고 맑고 하얗고 더 예뻐졌어요. 아, 이게 암 환자만 할 게 아니구나! 우리 교인들 모두에게 알려드려야겠구나!

그리고 또 좋은 게 저에게는 풍욕이었습니다. 매일 아침저녁 해 뜨기 전과 잠자기 전, 온몸을 벗고 담요만 덮었다 벗었다 30분을 하고 나니, 온몸에 치유되는 느낌이 쏙 들었습니다.

심리치료로는 기쁨, 기도, 감사가 중요한 실천이었습니다. 성경말씀에 나와 있는 것이지요. 이 세 가지, 실천이 중요했습니다. 그리고 매일아침 풍욕 후 1시간씩 성경묵상을 하고 나눔을 했는데, 그것 또한 내가 어떤 마음으로 암을 다스려야 하는지, 많은 통찰을 주님께서 쏟아부어 주셨습니다.

물리치료로는 발반사, 주열이 있었습니다. 신기하게도 발은 하나님께서 창조하실 때, 우리 신체 모든 것과 다 연결시켜 놓으셨습니다. 발 어디가 아프면 반드시 몸 어느 곳이 문제가 있었습니다. 치유도 바로 거기서 접근하고 있었습니다.

약리치료로는 약품, 건강보조식품이 있었습니다. 하나님이 주신 좋은 약초들로 가장 효율적인 도움을 받을 수 있었습니다. 문제는 너무 과하게 약에만 의존하면 안 된다는 것.

또 하나는 독소를 제거하는 것.

금식, 효소단식, 청혈, 커피관장. 이런 실천을 통하여 몸 안의 독소를 제거하는 것이 무척 중요하다는 통찰을 주셨습니다.

또 하나는 통증을 관리하는 것.

하루 30분씩 햇빛을 보는 것이 매우 중요했습니다. 우울증 치료에도 하루 30분 햇빛을 보는 것이 아주 효과가 컸습니다. 물을 많이 마시는 것도 아주 중요한 실천이었습니다. 하루에 2리터 이상을 먹어야 한다는 것. 웃음도 아주 중요한 실천이었습니다. 포복절도. 하하하! 하나님, 하실 대로, 하시옵소서! 강력한 항암제 한 방이 바로 웃음이었습니다. 울음도 아주 중요한 실천이었습니다. 울음은 웃음보다 6배나 효과가 더 컸습니다.

아, 이런 것들이 있었구나! 병원에서는 절망적인 이야기만 하는데, 여기서는 뭐라도 실천할 수 있는 게 있다는 게 너무 감사했습니다. 아직 끝난 게 아니구나!

그런데, 그런데, 알면 뭐 하나? 실천을 안 하는데! 제가 아내에게 한 말이 있습니다. 여기서 주님께서 통찰을 주신 대로만 실천하면 살겠다! 교인들에게 알려드리고 내가 설교한 대로만 내가 살면 살길은 반드시 있겠다!

열 번째 주님의 처방은, 삶을 업그레이드해라, 현복아!

"더러운 귀신이 사람에게서 나갔을 때에 물 없는 곳으로 다니며 쉬기를 구하되 얻지 못하고 이에 이르되 내가 나온 내 집으로 돌아가리라 하고 가서 보니 그 집이 청소되고 수리되었거늘 이에 가서 저보다 더 악한 귀신 일곱을 데리고 들어가서 거하니 그 사람의 나중 형편이 전보다 더 심하게 되느니라"(눅 11:24-26)

암세포를 없애는 것으로 끝나서는 안 되고, 내성과 전이와 재발의 위험으로부터 벗어나기 위해서, 명품인생, 전혀 새로운 삶, 예수님이 주시는 새 생명으로 가득 채워야 한다는 통찰을 주셨습니다.

이렇게 주님께서 주신 통찰대로 열 가지 올바른 처방을 했을 때, 주님께서 주시는 약속이 있었습니다.

> "그러나 내가 가는 길을 그가 아시나니 그가 나를 단련하신
> 후에는 내가 순금같이 되어 나오리라"(욥 23:10)

사랑하는 성도 여러분, 그렇다면 올바른 처방, 그다음 해야 할
일은 무엇일까요?

강력하게 치유하라.

올바르게 처방한 다음, 중요한 것은 강력하게 치유하는 것입니
다.

> "내 이름을 경외하는 너희에게는 공의로운 해가 떠올라서 치
> 료하는 광선을 비추리니 너희가 나가서 외양간에서 나온 송아
> 지같이 뛰리라"(말 4:2)

하나님께서 주시는 약속이었습니다. 내 이름을 경외하는 현복이
너에게는 치료하는 광선을 비추어 주겠다! 이 치료하는 광선은 무
엇일까요? 두 가지였습니다.
첫 번째는, 마음을 지키는 것.

> "모든 지킬 만한 것 중에 더욱 네 마음을 지키라 생명의 근원

이 이에서 남이니라"(잠 4:23)

그렇다면, 구체적으로 마음을 지킨다는 것은 무엇일까요? 3박자였습니다.

"항상 기뻐하라 쉬지 말고 기도하라 범사에 감사하라 이것이 그리스도 예수 안에서 너희를 향하신 하나님의 뜻이니라"(살전 5:16-18)

암이라는 인생의 겨울 속으로 들어갈 때, 항상 기뻐하고 쉬지 말고 기도하고 범사에 감사하는 방한복으로 무장하여 마음을 지키면 말기 암도 넉넉히 이길 수 있다는 말씀이셨습니다.

치료하는 광선, 두 번째는, 피를 깨끗하게 하는 것.

"모든 생물은 그 피가 생명과 일체라"(레 17:14상반절)

성경에 이런 말씀이 있다는 게 놀랍지 않습니까? 암을 예방하고 암을 치유하는 데에는 피가 매우 중요합니다. 어떻게 피를 깨끗하게 할 수 있을까요?

무엇보다, 성경의 지침대로 먹는 것.

"하나님이 이르시되 내가 온 지면의 씨 맺는 모든 채소와 씨 가진 열매 맺는 모든 나무를 너희에게 주노니 너희의 먹을거리가 되리라"(창 1:29)

씨째 먹는 채소. 씨째 먹는 열매. 이것이 창조의 기본 먹거리였습니다. 자연식, 전체식, 균형식. 남을 냠냠 씹어먹는 대신, 음식을 꼭꼭 씹어먹어라! 치아 숫자만큼 음식을 꼭꼭 씹어먹으라는 의미가 내포되어 있었습니다.

여기에 홍수심판 이후, 동물이 먹거리로 추가됩니다.

> "모든 산 동물은 너희의 먹을 것이 될지라 채소 같이 내가 이것을 다 너희에게 주노라 그러나 고기를 그 생명 되는 피째 먹지 말 것이니라"(창 9:3-4)

피째 먹지 말라. 우리 현대인들이 간과하는 부분이지요. 우리 하나님이 왜 그렇게 말씀하셨을까 이번에 곰곰이 생각해 보았습니다. 소고기, 돼지고기가 나쁘다는 게 아니라, 마블링이나 피가 철철 나는 것보다 수육이 낫다는 것. 오리고기나 닭고기도 껍질보다는 살로 먹거나 항암에 효능이 좋은 옻닭 같은 것을 먹는 것이 낫다는 것. 너무 모르고 막 먹었구나! 많은 부분, 반성이 되었습니다.

그런데 여러분, 전체 암 환자의 63%가 영양실조 증상을 보이고, 20%는 실제로 암 때문이 아니라 영양실조로 사망한다는 것을 아십니까? 암 환자는 영양을 잘 보충해 주어야 합니다. 암 세포에게 영양을 빼앗기기 때문입니다.

그런데 여기서 한 가지 더 중요한 것은, 영양분으로 무엇을 먹고 무엇을 먹지 말 것인가입니다.

"나는 너희의 하나님이 되려고 너희를 애굽 땅에서 인도하여

낸 여호와라 내가 거룩하니 너희도 거룩할지어다 이는 짐승과
새와 물에서 움직이는 모든 생물과 땅에 기는 모든 길짐승에
대한 규례니 부정하고 정한 것과 먹을 생물과 먹지 못할 생물
을 분별한 것이니라"(레 11:45-47)

먹을 생물과 먹지 못할 생물을 분별할 것. 이것이 암 예방과 암 치유에 매우 중요하다는 통찰을 주셨습니다. 암을 10년 이상 이겨내신 분들을 보면, 이렇게 먹을 것과 먹지 말 것, 할 것과 하지 말 것에 대한 생각이 분명한 분들이었습니다.

가공식품, 배달음식, 햄버거, 치킨, 정크푸드, 정제된 곡물은 먹지 않겠다! 경화유, 식탁용 정제소금, 전자레인지, 디저트, 설탕, 특히 단백질 섭취 후 단것을 먹지 않겠다! 찬 음료, 찬 음식은 먹지 않겠다!

대신 체온을 1도 더 높이기 위하여 일어나자마자 따뜻한 물을 한 잔씩 마시겠다! 과일, 야채, 발아곡류를 다양하게 가능한 한 유기농으로 먹겠다!

그리고, 그리고, 가장 중요한 것, 좌우지간 식사는 즐겁게 먹겠다! 인간은 어차피 죽는다. 암에서 낫더라도 언젠간 죽는다. 어차피 죽을 인생, 좌우지간 즐겁게 먹고 기쁘게 살다 하나님 부르시면 천국으로 뿅 돌아가겠다!

이런 분명한 생각을 주님 앞에서 확정하고 확정한 분들이 암에서도 10년 이상 생존하고 계시고, 다른 만성질환으로부터도 치유를 받아 오래오래 살고 계신다는 것.

저는 이번 영성지도세미나를 내려오면서 어서 우리 교인들에게

알려드려야겠다 싶었습니다. 그래서 설교로 준비를 했습니다. 지금부터라도 늦지 않았습니다. 늦었다고 생각할 때가 가장 빠른 것. 여러분도, 여러분 자녀들도, 서로 알려주면서, 조금이라도 빨리 시작하십시오. 아무리 잘 먹고 잘 벌고 잘 살아도, 죽으면 다 헛것입니다. 다 뻘짓입니다.

어서 성경의 지침대로 먹을 것과 먹지 말 것을 분명히 하십시오. 성경의 지침대로 할 것과 하지 말 것을 분명히 하십시오. 좋은 산소 마시고, 좋은 생각 하고, 좋은 운동 당장 시작하십시오. 장을 깨끗하게 하고, 잠을 제대로 자고, 물을 하루 2리터씩 잘 마시고, 대변과 소변 배설을 잘하십시오. 그러면, 피가 깨끗해집니다. 피가 깨끗해지면 염증이 없어집니다. 몸의 방어군인 백혈구의 전투력이 높아집니다. 그러면, 마침내 면역력이 높아집니다. 이것이 이번에 강원도 고성에서 주신 주님의 절박한 음성이셨습니다.

사랑하는 성도 여러분, 그런데 이 치유의 로드맵들, 이게 과연 쉽겠습니까? 제가 말씀드린 것을 갑자기 한꺼번에 다 하시려고 하다간, 암으로 죽기 전에 과로사로 죽을 거란 말이 있습니다. 매번 엄격하게! 제가 좀 그런 편입니다. 매일 계획한 것은 반드시 자정이 넘더라도 자기 전까지 다 마친다! 제가 좀 그런 편입니다. 그러나 결코 그렇게 한꺼번에 다 할 수 있는 일들이 아닙니다. 금 한번 밟았다고 당장 죽지는 않습니다. 하실 수 있는 만큼, 한 번에 한 걸음씩, 희망을 선택하시면 됩니다.

그런 의미에서, 제가 참 좋아하는 성경구절이 있습니다. 오늘 본문이지요.

> "그들이 평온함으로 말미암아 기뻐하는 중에 여호와께서 그들이 바라는 항구로 인도하시는도다"(시 107:30)

그들이 바라는 항구. 그들이 희망하는 항구. 그 항구로 들어가려면 오랜 기다림이 필요하다는 말씀입니다. 제가 그것을 이번에 영어성경을 보고 다시 느꼈습니다.

> "They rejoiced when the waves grew quiet. Then He guided them to the harbor they longed for."(시 107:30, HCSB)

롱 포. 오랜 기다림이 있어야 희망하는 항구로 마침내 들어갈 수 있다는 것. 그런 의미로 저에게는 다가오더라구요.

암은 돌연변이 세포, 내 세포가 반역을 일으켜 일어난 결과입니다. 꼭 암이 아니라도, 각종 만성질환, 여기저기 문제가 생기고 고장이 난 것은, 다 내가 관리를 잘못한 결과입니다. 나쁜 생활습관, 나쁜 식사습관, 나쁜 스트레스. 내가 자초한 일입니다. 결자해지가 필요합니다. 내 암은 내가 이겨낸다! 내 고난은 내가 이겨낸다! 내 삶의 위기는 내가 이겨낸다! 내 삶의 광풍은 내가 이겨낸다! 그러려면 조급하면 안 된다는 것.

> "부지런한 자의 경영은 풍부함에 이를 것이나 조급한 자는 궁

핍함에 이를 따름이니라"(잠 21:5)

그런 의미에서, 박노해 시인의 <조금씩 조금씩 꾸준히>라는 시
가 있습니다.

사람들은 하루아침에 꽃이 피었다고 말하지만
어느 날 갑자기 떠오른 별이라고 말들 하지만

어느 날 그 사람이 너무 쉽게 변해가고
하루아침에 그가 무너졌다고 말들 하지만

꽃도 별도 나무도 사람도
하루아침에 쉽게 변하지 않는다

조금씩 조금씩 변함없이 변해간다

조금씩 조금씩 꾸준히 나빠지고
조금씩 조금씩 꾸준히 좋아질 뿐

사람은 하루아침에 변하지 않는다
세상도 하루아침에 좋아지지 않는다

우리는 다만 조금씩 조금씩 꾸준히
작은 일을 끈질긴 사랑으로 밀어갈 뿐이다

이 박노해 시인이 인도 인디아를 다녀와서 사진전을 열었습니다. 그런데 그 사진전의 문구가 제 바쁜 발걸음을 붙잡았습니다.

디레 디레. 인도 인디아 말로 천천히 천천히라는 말입니다. 그 사진전 문구는 이렇습니다. 한번 따라 해보실까요?

디레 디레
천천히 천천히
내 영혼이 따라올 수 있도록

인디아 사람들의 정서가 잘 묻어나는 소중한 표현입니다. 한 잔의 차를 급히 마실수록 차는 빠르게 바닥나듯, 빠르게 달려갈수록 주어진 삶은 빠르게 줄어든다! 인디아 사람들의 영성. 그래, 나는 왜 이리도 서둘고 있을까? 한 번에 한 걸음씩, 희망을 선택하면 되는 것을!

04
희망이 나에게 살라고 한다

"또 내가 새 하늘과 새 땅을 보니 처음 하늘과 처음 땅이 없어졌고 바다도 다시 있지 않더라 또 내가 보매 거룩한 성 새 예루살렘이 하나님께로부터 하늘에서 내려오니 그 준비한 것이 신부가 남편을 위하여 단장한 것 같더라 내가 들으니 보좌에서 큰 음성이 나서 이르되 보라 하나님의 장막이 사람들과 함께 있으매 하나님이 그들과 함께 계시리니 그들은 하나님의 백성이 되고 하나님은 친히 그들과 함께 계셔서 모든 눈물을 그 눈에서 닦아 주시니 다시는 사망이 없고 애통하는 것이나 곡하는 것이나 아픈 것이 다시 있지 아니하리니 처음 것들이 다 지나갔음이러라 보좌에 앉으신 이가 이르시되 보라 내가 만물을 새롭게 하노라 하시고 또 이르시되 이 말은 신실하고 참되니 기록하라 하시고"(계 21:1-5)

요즘 밤이면, 집 앞 초등학교 운동장에 나가, 아내와 맨발로 걷고 있습니다. 그런데 며칠 전, 맨발 걷기를 하는데, 갑자기 제 입에서 노래가 튀어나오는 거예요.

사노라면 언젠가는

밝은 날도 오겠지

흐린 날도 날이 새면

해가 뜨지 않더냐

새파랗게 젊다는 게 한밑천인데

째째하게 굴지 말고 가슴을 쫙 펴라

내일은 해가 뜬다

내일은 해가 뜬다

<사노라면>이라는 노래였어요. 제가 군목으로 섬길 때, 자살생각이나 자살시도를 하다가 저에게 왔던 병사들과 매달 3박 4일씩 자살예방 비전캠프를 진행하면서, 항상 마지막 날 밤, 캠프파이어나 촛불을 밝히고 결단예식을 베풀었는데, 그때 마지막으로 모두 두 손 잡고 목청껏 불렀던 노래. 그 외롭고 지친 병사들의 영혼이 그 노래에 많은 희망을 얻더라구요.

죽겠다던 병사들의 눈망울에 한 번 살아보려는 생의 의지가 엿보이던 그 노래. 그런데 이제는 제가 죽음이라는 공포 앞에서, 암이라는 공포 앞에서, 그 노래를 부르고 있는 거예요. 병사들처럼.

내일은 해가 뜬다

내일은 해가 뜬다

그런데 그 노래를 그렇게 다 불렀다 싶을 때쯤, 한 어머니가 우리 부부에게 다가오시는 거예요. "저기요!" 아내랑 저랑 깜짝 놀랐어요. 아, 내가 너무 크게 불렀나? 어두워서 얼굴은 안 보였지만, 따지러 오시는 것 같았어요. 그런데 우리 부부 곁을 싹 지나가시면서, 이러시는 거예요. "노래 정말 잘하시네요. 감동받았어요!" 그리고는 엄지척! 세상에! 노래 잘한다고 캄캄한 밤중에 칭찬을 듣다니!

여러분도, 제가 노래 잘하는 것 같으세요? 그래요? 근데, 왜 첫음 못 잡는다고 자꾸 놀리세요? 이래 뵈도 우리 마을 그 어머니가 인정하신 노래. <사노라면>. 우리 같이 한번 불러보실까요?

사노라면 언젠가는
밝은 날도 오겠지
흐린 날도 날이 새면
해가 뜨지 않더냐
새파랗게 젊다는 게 한밑천인데
째째하게 굴지 말고 가슴을 쫙 펴라
내일은 해가 뜬다
내일은 해가 뜬다

아마 그 어머니도 무슨 사연이 있으셨던 것 같아요. 그러니 갑자기 제가 부른 노래에 울컥하신 것 아닌가! 그 어머니의 엄지척! 정말 감동받았다며 다가오시는 그 모습! 지금도 눈에 선해요. 무엇이 그분의 마음을 움직였던 것일까? 아마도 가사 때문 아닐까?

내일은 해가 뜬다

내일은 해가 뜬다

사랑하는 성도 여러분, 내일은 해가 뜨기를 기다리는 분이, 그 어머니뿐일까요? 저는 어떻구요? 여러분은 어떻구요? 여러분 배우자는 어떻구요? 여러분 자녀들은 어떻구요? 진학과 지로와 진급, 건강과 물질과 관계, 부모와 자녀와 부부, 취업과 직장과 사업, 만남과 결혼과 신혼, 출산과 중년과 노후, 여러분도 내일은 해가 뜨기를 기다리고 있지 않습니까?

누구도 희망 없이는 살 수 없다.

해마다 발표하고 있는데요. 올해도 발표했는데요. 지난 6월 14일, 보건복지부와 한국생명존중희망재단에서 발표한 '2022 자살예방백서'에 따르면, 우리나라 전체 자살률이 인구 10만 명당 25.7명입니다. 경제협력개발기구(OECD) 회원국 가운데 평균 2.2배입니다. 최근 좀 줄어든다고 하지만, 15년 넘게 여전히 세계 최고 수준입니다. 특히, 10대 남성 청소년, 20대 여성, 서비스, 판매직 자살률이 전년 대비 크게 늘어났습니다. 자살률 세계 1위. 코로나19 여파도 있겠지만, 정신적 문제, 경제적 문제, 우울감 등, 우리 사회에 희망이 보이질 않습니다.

쿠팡, 카카오, 홈쇼핑, 999개의 텔레비전 채널, 배달의 민족, 하늘을 나는 택시가 나온다잖아요, 화성탐사선, 우주여행객 모집을 하고 있어요. 역사상 최고로 편리한 생활이 펼쳐지고 있습니다. 조선시대 왕들의 평균수명 46.1세에서, 1970년 평균수명 61.9세로, 2020년 평균수명 83.5세로, 이제는 100세, 120세, 142세로 길어질 것이라는 장수시대가 도래하고 있습니다. 그런데, 그런데, 왜, 왜, 우리 현대인은 더 절망하는 것일까요? 현대인의 삶 속에 희망이 보이질 않습니다.

문학, 특히 현대 소설에서 충분히 다루지 않는 주제는 무엇이라고 생각하십니까? 그 주제는 희망 아닐까요? 오늘의 작가들은 희망을 당혹스러워합니다. 대신 절망과 소외와 암울함이 인간 조건의 가장 의미 있고 가장 흥미로운 술어라고 결정한 듯합니다. 권태와 종말론적 불안 속에서 현대 작가들은 희망으로 충만한 삶을 미심쩍어합니다. 소설 속에 희망이 보이지 않습니다.

블록버스터 영화를 보십시오. 핵 때문에 생기는 세계 종말, 환경의 재앙, 좀비의 침입. 온통 영화관마다 넷플릭스마다 부정적인 측면이 극대화된 미래상. 영화 속에 희망이 보이지 않습니다.

텔레비전 드라마도 보십시오. 불륜, 외도, 살인, 귀신 이야기, 비정상적인 사랑. 말도 안 되는 시나리오. 드라마 속에 희망이 보이지 않습니다.

뉴스와 인터넷과 유튜브를 보십시오. 정치적인 대립, 사회적인 갈등, 경제적인 암울, 생태계의 파괴, 기후환경의 위기, 불확실한 미래, 지구촌 종말의 그림자. 희망이 보이지 않습니다.

러시아와 우크라이나 전쟁에서 푸틴이, 나 장난 아니다, 진짜 핵 쏜다, 협박을 하고 있습니다. 정말 쏜다면 피해가 어느 정도일까요? 요즘 북한이 계속 미사일을 발사하고 있습니다. 거기에 핵을 실어서 우리나라에 쏜다면, 그 피해는 어느 정도일까요? 과연 이 땅에서 살아남는 사람들이 몇이나 있을까요? 몇 명이 살아남는다는 한들, 그 피해복구는 어느 세월에 가능할까요? 핵무기가 떨어진 한반도에서 앞으로 우리가, 아니 우리 자녀들이 산다 한들, 그게 무슨 의미가 있을까요? 한반도에 희망이 보이지 않습니다.

하여, 세계 곳곳에서, 한반도 곳곳에서, 미래에 대한 자신감이 떨어지고 있습니다. 더러운 세상! 잔치는 끝났다! 말세다 말세! 우울한 언어. 위악적인 포즈. 이런 현상을 어떻게 분석하든, 결국은 희망의 상실입니다.

희망의 상실! 이것이 현대사회의 가장 큰 절망입니다. 우리, 희망 없이, 이 현대사회를 살 수 있을까요? 현대사회, 그 누구도 희망 없이는 살 수 없습니다.

희망은 영어로 호프(hope)입니다. 앵글로색슨어 호파(hopa)에서 나온 말이지요. 바라는 것을 얻고자 하는 기대, 그런 뜻입니다.

이 기대와 관련하여, 암 환자들을 연구한 결과가 있습니다. 죽음을 코 앞에 둔 암 환자도 자신의 생일 전에는 거의 죽지 않는다는 것. 그런데 이 암 환자들이 자신의 생일이 지나면 그새 며칠을 못 넘기고 이내 죽고 만다는 것. 왜 이렇게 다를까요? 학자들의 연구 결과는 미래에 대한 기대 때문이라는 것. 내 생일까지는 어떻게든 살아봐야지! 자식들이 내 생일에 찾아올 때까진 어떻게든 버텨봐야지! 미래에 대한 기대, 이름하여 희망, 희망, 희망이 암 환자가 지금 현재를 경험하는 방식까지도 완전히 좌우했던 것. 이러하듯, 우리는 속속들이 희망을 먹고 사는 피조물입니다.

"이것 보아라. 앞날이 있지 않으냐? 희망이 가득 찬 미래 말이

다. 네가 그토록 바라던 일이 어찌 허사로 돌아가겠느냐? 어찌
물거품처럼 사라지겠느냐?"(잠 23:18, 현대어)

희망이 가득 찬 미래. 하나님이 우리 인간을 태초에 그렇게 창조
하신 것입니다. 희망을 먹고 사는 피조물로.
사랑하는 성도 여러분, 그렇다고 우리에게 필요한 게, 그저 쾌활
한 기질, 낙천적인 성격, 그런 희망뿐일까요?

우리에게 필요한 것은 더 깊은 희망이다.

쾌활한 기질. 낙천적 성격. 우리 그리스도교가 말하는 희망은 그
런 정도가 아닙니다. 그런 것들이 대체로 중요하지만, 반드시 우리
그리스도인의 삶을 더 나아지게 하지도 않습니다. 과학적 연구 결
과입니다. 우리 그리스도인에게 필요한 것은 더 깊은 희망입니다.
그 희망은 세상이 말하는 쾌활한 기질, 낙천적 성격, 그런 희망
에서 더 나아가, 더 깊은 희망, 하나님께서 저와 여러분을 위해서
하늘에 마련해 두신 희망입니다.

"여러분의 이러한 믿음과 따뜻한 그 사랑은 하나님께서 여러
분을 위해서 하늘에 마련해 두신 희망에서 나오는 것이 아니
겠습니까? 이 희망은 여러분이 복음을 처음 전해 들었을 때
이미 들었습니다."(골 1:5, 현대어)

이 희망, 하나님께서 여러분을 위해서 하늘에 마련해 두신 더 깊은 희망이 요한계시록에 나옵니다.

"또 내가 새 하늘과 새 땅을 보니 처음 하늘과 처음 땅이 없어졌고 바다도 다시 있지 않더라 또 내가 보매 거룩한 성 새 예루살렘이 하나님께로부터 하늘에서 내려오니 그 준비한 것이 신부가 남편을 위하여 단장한 것 같더라 내가 들으니 보좌에서 큰 음성이 나서 이르되 보라 하나님의 장막이 사람들과 함께 있으매 하나님이 그들과 함께 계시리니 그들은 하나님의 백성이 되고 하나님은 친히 그들과 함께 계셔서 모든 눈물을 그 눈에서 닦아 주시니 다시는 사망이 없고 애통하는 것이나 곡하는 것이나 아픈 것이 다시 있지 아니하리니 처음 것들이 다 지나갔음이러라 보좌에 앉으신 이가 이르시되 보라 내가 만물을 새롭게 하노라 하시고 또 이르시되 이 말은 신실하고 참되니 기록하라 하시고"(계 21:1-5)

다시는 사망도 없고, 애통하는 것이나 곡하는 것이나 아픈 것이 없는 더 깊은 희망, 주님께서 만물을 새롭게, 나를 새 생명으로 새롭게 하시는 더 깊은 희망, 이것이 우리 그리스도인들의 더 깊은 희망입니다.

"하나님께서는 지금까지 여러 세대에 걸쳐 구원의 계획을 비밀로 해오셨습니다. 그러나 이제는 드디어 하나님을 사랑하고 하나님을 위해서 사는 사람들에게 기꺼이 이 계획을 알리셨습니다. 이 영광으로 가득 찬 계획에는 여러분 이방인들까지도 포함되어 있습니다. 이 계획의 깊은 뜻은 ‘너희 마음속에 계시는 그리스도가 곧 영광을 얻을 유일한 희망이시라’는 것입니다.”(골 1:26, 현대어)

이 희망, 영광으로 가득 찬 이 구원의 계획, 치유의 계획에 저와 여러분이 포함되어 있습니다. 저와 여러분 마음속에 계시는 그리스도가 곧 영광을 얻을 유일한 희망, 이 희망이 우리 그리스도인들이 추구하는 더 깊은 희망입니다. 저와 여러분은 지금 이 희망을 가지고 기다리는 것입니다.

“지금 우리는 하나님께서 약속해 주신 구원의 희망을 가지고 기다립니다. 우리는 아무런 의심도 하지 않습니다. 구원이 우리의 것이라는 사실을 누구에게나 말할 수 있습니다. 하나님께서 말씀하신 것을 그대로 실행하시리라는 것은 분명하기 때문입니다.”(히 10:23, 현대어)

하나님께서 약속해 주신 구원의 희망, 곧 치유의 희망을 가지고 기다리는 사람들, 바로 저와 여러분입니다. 구원이 우리의 것이라는 사실, 치유가 저와 여러분의 것이라는 사실, 이것이 세상이 말하지 않는 우리 그리스도인들의 더 깊은 희망입니다. 그렇게 더 깊은 희망이 나에게 살라고 합니다. 그렇게 더 깊은 희망이 나에게, 현복아, 너도 끝끝내 살아라, 명령합니다.

그러므로 저와 여러분이 이제 취해야 할 삶의 자세는 아주 분명해졌습니다.

"그리스도를 죽은 자 가운데서 다시 살리고 영광을 주신 하나
님을 믿고 의지하십시오. 이제 여러분의 믿음과 희망은 하나님
께만 있습니다."(벧전 1:21, 현대어)

그리스도를 다시 살리신 하나님을 믿고 의지하는 것. 바로 그것
입니다. 그런 희망의 자세, 세상이 말하는 희망보다 한 차원 두 차
원 세 차원 더 깊은 희망으로 나아가는 그런 삶의 자세가 저와 여
러분에게 이 시간 절실히 필요합니다.
　사랑하는 성도 여러분, 저와 여러분이 이렇게 세상이 말하는 희
망보다 한 차원 두 차원 세 차원 더 깊은 희망을 추구할 때, 어떤
일이 벌어질까요?

벼랑 끝에도 희망은 있다.

그렇습니다. 저와 여러분이 이렇게 세상이 말하는 희망보다 한
차원 두 차원 세 차원 더 깊은 희망을 추구할 때, 우리 인생의 벼
랑 끝에도 희망은 있음을 간증할 수 있습니다.
　한라산 정상, 바위에 핀다는 돌매화를 보셨습니까? 바위에 붙어
피는 꽃. 참 신기한 일입니다. 함께 바람에 날려가다가 어떤 씨앗
은 기름진 땅에도 떨어지고, 어떤 씨앗은 잘 가꾸어진 숲에도 떨
어지는데, 바위 위에 떨어진 씨앗의 마음은 어떠하였을까. 절망이

라고밖에 달리 더 표현할 말이 없었을 것입니다. 그러나 흙 한 톨 없고 물 한 방울 없는 곳에서 절망하지 않고, 남아 있는 자기 내부의 온 생명을 다해 최초로 실핏줄 같은 뿌리를 내렸을 때의 그 아득한 시간. 가장 험한 곳에 목숨을 던져 가장 아름답게 피어나는 꽃. 한라산 돌매화, 벼랑 끝에도 희망이 있음을 간증하는 꽃입니다.

백두산 정상, 바위틈에 산다는 바위돌꽃을 보셨습니까? 흙 한 줌 없는 곳. 어떻게 뿌리를 내리는지 가상한 일이 아닐 수 없습니다. 돌덩이 위에서 어떻게 꽃을 피울 수 있는지 놀랍기만 합니다. 기름진 흙에다 뿌리를 박은 것도 아니고, 물도 제대로 공급받을 수 없는 바위에다 뿌리를 걸친 채, 잎을 키우고 줄기를 뻗고 꽃을 피워낸다는 것은 그야말로 무에서 유를 창조해 내는 일입니다. 절망에서 희망을 꽃피우는 일에 다름이 아닙니다. 백두산 바위돌꽃, 역시나 벼랑 끝에도 희망이 있음을 간증하는 꽃입니다.

> "내가 새벽 날개를 치며 바다 끝에 가서 거주할지라도 거기서
> 도 주의 손이 나를 인도하시며 주의 오른손이 나를 붙드시리
> 이다"(시 139:9-10)

바다 끝에 가서 거주할지라도, 인생의 벼랑 끝에 가서 거주할지라도, 희망은 아직 있습니다. 하여, 컴컴한 어둠의 나무판 위에다 칼질을 해서 밝은 햇살 하나씩 새겨넣는 일, 저는 결코 포기할 수 없습니다. 앞이 전혀 보이지 않는 들판에서 더듬거리며 논둑길을 찾아가는 일, 여러분은 결코 포기할 수 없습니다. 절망의 바위 위

에다 희망의 들꽃 한 송이 피워올리는 일, 우리는 결코 포기할 수 없습니다.

> "주님의 종인 나에게 하신 약속 잊지 마소서. 이 몸에게는 그 약속이 희망이 되었습니다."(시 119:49, 현대어)

> "주님 약속하신 대로 힘을 주소서. 그리하여야 살아나리이다. 희망 두고 있는 것 꺾이지 말게 하소서."(시 119:116, 현대어)

벼랑 끝이시라구요? 진학과 진로와 진급, 건강과 물질과 관계, 부모와 자녀와 부부, 취업과 직장과 사업, 만남과 결혼과 신혼, 출산과 중년과 노후, 벼랑 끝에 있는 느낌이시라구요? 허나, 벼랑 끝에도 아직 희망은 있는 법. 그 희망이 누구시라구요? 바로 주님이십니다.

> "그러니 이것이 무엇을 바라겠습니까? 주님이여, 나의 희망은 오직 주께만 있습니다."(시 39:7, 현대어)

나의 희망, 오직 주님, 그 희망이 나에게 살라고 하십니다. 현복아, 너는 살아라! 명령하십니다. 아들아, 너는 살아라! 무릎을 일으켜 세우십니다. 내 딸아, 너는 살아라! 어깨를 부둥켜안으십니다. 그 희망이 나에게 살라고 하십니다. 벼랑 끝에도 희망은 있음을 이제 온몸으로 간증하라 하십니다. 여러분도 그렇게 사셔야 하지 않겠습니까?

사랑하는 성도 여러분, 저는 이렇게 벼랑 끝에도 희망이 있음을 온몸으로 간증하신 목사님을 한 분 알고 있습니다.

혹시 김정준 목사님이라고 아십니까? 여러분이 자랑스럽게 여겨도 좋은 분입니다. 우리 교단 한국기독교장로회 목사님이셨기 때문입니다. 그리고 우리 교단 신학생들을 길러내는 한신대학교 구약학 교수님이셨기 때문입니다.

<시편명상> 같은 책은 시편 150편 전체를 천부적인 영적 통찰력과 아름다운 시적 감수성으로 쓰신 책인데, 지금 봐도 당시 한국 구약학계의 거성이셨음을 실감 나게 해주는 명저입니다. 이번에 신학교 때 산 그 책을 다시 살펴보았는데, 제가 그 책갈피에 깨알 같은 글씨로, 나도 김정준 목사님처럼 살아야겠다, 그런 다짐을 써 놓았더라구요.

그런데 그분이 쓰신 책 가운데, 잘 알려지지 않은 아주 작은 책이 하나 있습니다. 제가 신학교 때 1,200원짜리 구내식당 점심을 한 끼씩 굶고 그 돈으로 한 권씩 사 모았던 현대신서라는 작은 책 시리즈들. 그렇게 100여 권을 사 모았는데, 그 속에 들어있는 보물 같은 책입니다. 1972년에 쓰신 책이에요. 책 이름은 <삶에 이르는 병>.

키에르케고르가 1849년에 쓴 책이 <죽음에 이르는 병>이었지요. 그 책에서 죽음에 이르는 병은 다름 아닌 절망이었지요. 그런데 123년 뒤, 우리 학교 김정준 목사님이 그 책에 반대되는 이름으로 <삶에 이르는 병>이라는 책을 쓰신 거예요. 그 책에서 김정준 목사님이 말씀하시는 삶에 이르는 병이란 다름 아닌 희망이었습니다.

그 조그만 책에 이분의 기가 막힌 간증이 기록되어 있습니다. 김정준 목사님은 1914년, 경남 동래, 지금의 부산, 조그만 산골 독실한 기독교 가정에서 태어났습니다. 가난한 산골이었기 때문에, 매일 50리를 길을 걸어서 보통학교를 다녔습니다. 김정준 목사님은, 우리 한신대학교의 또 다른 스승이신 만우 송창근 목사님과 관련이 깊으셨습니다. 송창근 목사님이 조만식 선생님에게 부탁하여, 김정준 목사님이 조만식 선생님 집에서 가정교사로 일을 하셨습니다. 김정준 목사님은 평양 숭실중학교와 숭실전문학교를 다니면서, 송창근 목사님이 시무하시던 평양 산정현교회에서 많은 영향을 받으십니다.

마침내 김정준 목사님도 송창근 목사님처럼 목회자의 길을 걷기로 하고, 1943년 일본 도쿄 아오야마학원 신학부 본과를 졸업한 뒤, 일본 기독교단 교사보 시험, 목사자격시험에 합격합니다. 그리고 경주와 대구에서 목회생활을 시작합니다.

그리고 1945년, 송창근 목사님이 시무하시던 경북 김천 황금동교회 부목사로 부임하는 날, 일제로부터 우리나라가 해방되었다는 소식을 들으십니다. 그러다가 송창근 목사님이 그해 11월경, 교회 시무를 못 하시게 되어, 김정준 목사님 혼자 교회를 이끌어 가시게 됩니다. 그런데 그 목회환경이 얼마나 힘드셨던지, 나중에 "그때 내 짐이 정말 무거웠다."라고 회상하시는 대목이 있습니다.

그러다 1946년, 부활절 설교를 준비하다 각혈을 하며 쓰러지고 맙니다. 그날 설교는 어떤 장로님이 낭독으로 대신했습니다. 결국 김정준 목사님은 폐결핵이라는 진단을 받고, 곧 교회를 사임하고, 홀로 마산요양소로 떠날 수밖에 없었습니다.

　1946년 6월 18일, 김정준 목사님은 마산요양소에 들어가서 자신이 죽을 병에 걸렸다는 것을 비로소 알게 됩니다. 간호사들이 자기를 다른 환자들과 구분해서 6급 환자 병동에 넣었기 때문입니다. 이 병동은 공동묘지, 죽음의 방이라고 불리는 병동이었습니다. 의사들은 김정준 목사님이 3개월을 넘기지 못할 것이라고 말했습니다.

　더구나 장결핵까지 앓았기 때문에, 먹는 것은 다 아래로 쏟아버렸습니다. 결핵환자는 무엇보다 영양을 잘 섭취해야 하는데도 말이지요. 하도 딱해서 어떤 군목이 영양 보충하라고 햄 소시지를 갖다주었는데, 오히려 위경련이 일어나서 아사지경에 이르고 맙니다. 김정준 목사님은 유서를 써 놓고 죽을 날만 기다렸습니다.

　그러던 어느 날, 찬바람이 이는 초겨울, 요양소 옆 논둑길을 걷다가, 문득 논에 벼들이 베어져 스산한 기운마저 감도는데, 유독 한 포기의 벼가 베이지지 않고, 충실한 벼 알을 그대로 매단 채, 머리를 숙이고 있는 것을 목도합니다. 김정준 목사님은 이 벼 한 포기를 통해 자신의 내면세계를 들여다보았습니다. 주변 친구들은 죄다 저만치 앞서가는데, 나만 이 요양소에서 죽음을 기다리며, 이 벼처럼 늦게까지 외롭게 서 있구나! 하지만 늦었어도 충실한 열매를 맺고 있는 이 벼처럼, 나도 그렇게 살아야겠다! 벼 이삭 하나를 보면서, 인생의 벼랑 끝에서 희망을 붙잡고 다시 일어서게 됩니다. 희망이, 주님이, 김정준 목사야, 너는 살아라, 명령하시는 음성을 듣게 된 것입니다.

　그렇게 벼랑 끝에서 희망을 붙잡고, 주님을 붙잡고, 다시 일어선 만수 김정준 목사님. 그래서 자신의 호까지도 늦을 만에 이삭 수,

늦은 이삭, 만수(晩穗)라고 짓게 됩니다.

그리고 그곳 6급 공동묘지 병동에서 의사들과 간호사들의 차가운 시선과 괴로운 대우에도 절망하지 않고, 벼랑 끝에서 오히려 새로운 소명을 발견합니다. 나의 생명을 주심도 하나님이요 가져가심도 하나님이니, 의사가 내린 시한 3개월을 사는 것이 아니라, 하나님이 주신 시한으로 살겠노라, 새로운 결심을 합니다.

그리고 그날부터 주변을 둘러봅니다. 어차피 시한부 생명 3개월이라면, 내 죽기 전까지 남을 위해서 할 일이 무엇인가? 그러고는 죽어가는 사람들을 위해서 변기통을 집어줍니다. 음식을 먹여줍니다. 물수건을 건네줍니다. 죽어가는 17세 소녀에게 변기통을 갖다주고 뒤본 것도 치워줍니다. 일어나지도 못하는 소녀가 악을 쓰며 간호사를 불러도 간호사가 오지 않으니 보고 있을 수가 없었습니다. 자기 몸도 움직일 힘이 없는데, 보통 힘든 일이 아니었습니다.

김정준 목사님은 하루에 세 번씩 자기와 같은 처지의 환자들에게 성경을 읽어주고 해석해 주었습니다. 의사들은 하루라도 더 살려면 힘을 아끼라고 경고했습니다. 그러나 이래 죽으나 저래 죽으나 죽는 건 마찬가지! 3개월 동안, 20명의 장례예식을 집례했습니다. 운명한 시신을 치우고 거들기를 수십 차례, 그러다 보니 어느덧 시한부 생명 3개월이 넘어가고 있었습니다.

놀랍게도, 김정준 목사님의 병은 죽음에 이르는 병이 아니었습니다. 그분의 병은 삶에 이르는 병이었습니다. 그분은 그 병 때문에 오히려 살게 되었습니다. 그분은 말합니다. "사람들이 병을 얻었다고 반드시 죽는 것만은 아닙니다. 나는 병을 얻어서 오히려 절망에서 새로운 힘과 새로운 삶을 얻었습니다. 그러기 때문에, 저는 제 병을 삶에 이르는 병, 희망이라고 부르고 싶습니다."

김정준 목사님은 시한부 3개월을 넘겨, 3년 뒤, 1948년 11월 30일, 퇴원을 하셨습니다. 이날을 제2의 생일로 삼으며 하나님께 감사기도를 드렸습니다. 6급 환자인 그분이 퇴원하여 정상 생활을 한다는 건 실로 기적이었습니다. 그래서 사람들은 김정준 목사님을 '관에서 나온 사나이'라고 불렀습니다.

삶에 이르는 병, 벼랑 끝 희망을 붙잡은 결과, 김정준 목사님의 수명은 의사가 말한 3개월이 변하여, 3년으로 늘어나고, 다시 33년으로 늘어납니다. 예수 그리스도의 새 생명으로 삶을 한 차원 두 차원 세 차원 업그레이드하여, 마침내 한국교회의 큰 나무가 됩니다. 우리 한신대학교 구약학 교수와 학장으로, 또 연세대학교 신학대학 교수와 교목실장, 연세대 연합신학대학원 초대원장으로 섬기시며, 33년을 더 사시다가, 1981년 69세로 천국행 버스를 타고 이사를 가십니다.

마지막 천국으로 떠나시기 전, 그분이 남기신 시가 있습니다. 제목은 <내가 죽는 날>입니다.

내가 죽는 날!
그대들은 "저 좋은 낙원에 이르리니" 찬송을 불러주오
또 요한계시록 20장을 끝까지 읽어주오
그리고 나의 묘패에는 이것을 새겨주오
"임마누엘" 단 한 마디만을!
내가 죽는 날은

비가 와도 좋다
그것은
내 죽음을 상징하는 슬픈 눈물이 아니라
예수의 보혈로 내 죄를 씻음 받은 감격의 눈물!

내가 죽는 날은
바람이 불어도 좋다
그것은
내 모든 이 세상의 시름을 없이 하고
하늘나라 올라가는 내 길을 준비함이라

내가 죽는 날은
눈이 부시도록 햇빛이 비추어도 좋다
그것은 영광의 주님 품에 안긴
내 얼굴의 광채를 보여 줌이라

내가 죽는 시간은
밤이 되어도 좋다
캄캄한 하늘이 내 죽음이라면
저기 빛나는 별의 광채는
새 하늘에 옮겨진 내 눈동자이니라
나를 완전히 주님의 것으로 부르시는 날
나는 이날이 오기를 기다리노라
다만 주님의 뜻이면

이 순간에라도 닥쳐오기를!
번개와 같이 닥쳐와 번개와 함께 사라지기를!

그다음은 내게 묻지 말아다오
내가 옮겨진 그 나라에서만
내 소식을 알 수 있을 터이니
내 얼굴을 볼 수 있을 터이니!

신학교 때, 이 조그만 책에 나오는 이분의 간증은 저에게 매우 신선한 충격을 주었습니다. 그냥 목사가 되는 게 아니구나. 조용기 목사님, 이중표 목사님, 김정준 목사님. 다 폐에 문제가 있어 사경을 헤매신 분들입니다. 다 벼랑 끝에서 희망을 붙잡고 다시 일어서셔서 목회를 하신 분들입니다. 아, 그냥 신실한 목사님들이 되신 게 아니구나! 그러나 그런 생각도 잠시, 바쁜 목회생활에 지쳐 그분의 간증은 까맣게 잊어버렸습니다.

그러다가 이번에 암을 앓으면서, 어떤 사랑하는 후배가 "형, 김정준 목사님도 이겨내셨잖아요!" 그러는 게 아니겠습니까? 정신이 번쩍 들더라구요. 그런데 지난주 또 어떤 목사님을 만났는데, 이분도 김정준 목사님 시무하셨던 경주의 교회에서 한참 뒤 담임목사를 하셨다면서, 저에게 그분처럼 목사님도 꼭 이겨내셔야 해요, 그러시는 거예요.

그래서 참 신기하다 싶어, 김정준 목사님의 전집을 다시 뒤져보며 한 주간 그분 생각을 많이 했습니다. 당시, 3개월밖에 못 산다 했을 때, 얼마나 힘드셨을까. 얼마나 두려우셨을까. 얼마나 외로우셨을까.

지금 많은 분들이 저에게 김정준 목사님처럼 목사님에게도 기적이 일어날 거예요, 격려를 해주시고 있어요. 참 감사합니다. 꼭 그렇게 되도록 이 암이라는 친구와 동행하며 이 암을 밤중에 찾아온 도둑손님처럼 잘 구슬려 차 한 잔 대접하고 잘 내보내려고 합니다. 여러분의 간절한 기도가 그래도 가장 큰 힘이 됩니다. 진심입니다. 기도의 두 손을 모아 주시기를 끝까지 부탁드립니다. 아프신 모든 분들을 위해서도요.

"이르시되 기도 외에 다른 것으로는 이런 종류가 나갈 수 없느
니라 하시니라"(막 9:29)

기도 외에 다른 것으로는 이런 치유의 능력이 나갈 수 없다는 것. 주님 말씀처럼, 오직 기도할 뿐입니다! 오직 주님만 바라봅니다!

여러분, 그런데 우리 한신대학교 김정준 목사님이 지으신 찬송이 우리 찬송가에 들어와 있는 것 아세요? 찬송가 9장이에요.

1절
하늘에 가득 찬 영광의 하나님
온 땅에 충만한 존귀하신 하나님
생명과 빛으로 지혜와 권능으로
언제나 우리를 지키시는 하나님
성부와 성자와 성령 삼위의 하나님

우리 예배를 받아주시옵소서

이 찬송에서 이번 시리즈 주제인 희망과 관련된 것이 4절인데
요. 치유송으로 모두 함께 일어나서 하나님께 올려드리면 좋겠습
니다.

4절
주 앞에 나올 때 우리 마음 기쁘고
그 말씀 힘 되어 새 희망이 솟는다
고난도 슬픔도 이기게 하시옵고
영원에 잇대어 살아가게 하소서
우리의 자랑과 기쁨 생명의 하나님
우리 예배를 받아주시옵소서

05
내가 네게 보여줄 땅으로 가라

"여호와께서 아브람에게 이르시되 너는 너의 고향과 친척과
아버지의 집을 떠나 내가 네게 보여줄 땅으로 가라"(창 12:1)

영국의 성서학자인 폴라 구더가 쓴 대림절 묵상집이 있습니다.
<기다림의 의미>. 이번에 대림절 설교 준비를 하면서, 이 책을 새
롭게 읽어보았습니다. 이분에 따르면, 대림초에는 신구약 성경인물
과 관련하여, 4가지 소중한 의미가 숨어 있습니다.

첫 번째 진보라색 대림초는 희망을 뜻합니다. 여기서 희망은 구
약성경의 족장들, 특히 아브라함의 희망과 연결되어 있습니다.

두 번째 연보라색 대림초는 평화를 뜻합니다. 여기서 평화는 구
약성경의 선지자들, 특히 이사야의 평화와 연결되어 있습니다.

세 번째 분홍색 대림초는 기쁨을 뜻합니다. 여기서 기쁨은 특히
세례 요한의 기쁨과 연결되어 있습니다.

네 번째 흰색 대림초는 사랑을 뜻합니다. 여기서 사랑은 특히 어
머니 마리아의 사랑과 연결되어 있습니다.

그리고 여기 마지막 성탄절에 켜는, 이 다섯 번째 큰 흰색 성탄
초는 치유를 뜻합니다. 여기서 치유는 상처 입은 치유자로 오신 아

기 예수의 치유와 연결되어 있습니다.

오늘은 여기 이 첫 번째 진보라색 대림초를 묵상하는 날입니다. 이 진보라색 대림초가 뜻하는 게 뭐라구요? 그렇습니다. 희망!

그런 의미에서, 여기 이 첫 번째 진보라색 대림초에 불을 밝혀볼까요? 저를 따라합시다. "희망의 주님, 어서 오시옵소서!"

그렇다면, 여기 이 첫 번째 진보라색 대림초에는, 어떤 희망이 담겨 있을까요?

하나님께서 반드시 약속을 지키실 것이라는 희망입니다.

이 첫 번째 진보라색 대림초는 희망을 뜻한다고 말씀드렸지요? 그리고 여기서 희망은 구약성경의 족장들, 특히 아브라함의 기다림과 연결되어 있다고 말씀드렸지요?

성경에서 아브라함의 이야기가 처음 나오는 곳은 창세기 11장입니다. 아브라함이 태어나는 이야기이죠.

그리고 그다음 창세기 12장을 보면, 하나님께서 아브라함에게 2가지를 약속하십니다.

"여호와께서 아브람에게 이르시되 너는 너의 고향과 친척과 아버지의 집을 떠나 내가 네게 보여줄 땅으로 가라 (2) 내가 너로 큰 민족을 이루고 네게 복을 주어 네 이름을 창대하게 하리니 너는 복이 될지라"(창 12:1-2)

내가 네게 보여줄 땅을 주시겠다는 약속. 내가 너로 큰 민족을 이루어주시겠다는 약속. 이 2가지 약속은 어떻게 되었을까요?

신약의 히브리서를 보면, 그 결과를 알 수 있습니다.

> "하나님이 아브라함에게 약속하실 때에 가리켜 맹세할 자가 자기보다 더 큰 이가 없으므로 자기를 가리켜 맹세하여 (14) 이르시되 내가 반드시 너에게 복 주고 복 주며 너를 번성하게 하고 번성하게 하리라 하셨더니 (15) 그가 이같이 오래 참아 약속을 받았느니라"(히 6:13-15)

하나님께서는 아브라함에게 그 2가지 약속을 지키셨습니다. 그런데 눈에 띄는 문구가 있습니다. 오래 참아 약속을 받았다. 시간이 걸렸다는 것입니다. 그 오랜 시간을 아브라함이 잘 기다렸다는 것입니다. 이 첫 번째 대림초를 바라볼 때, 아브라함의 그 오랜 기다림을 깊이 묵상하라는 말씀입니다.

그런데 아브라함의 기다림을 묵상하면서, 한 가지 저는 참 감사한 것이 있었습니다. 오늘 본문을 보면, 내가 네게 보여줄 땅으로 가라, 그렇게 말씀하시지요? 그냥 무턱대고 가라는 말씀이 아닙니다. 그 땅이 어디인지 미리 보여주시겠다는 말씀입니다.

제가 병원을 다녀 보니, 이것은 굉장한 위로의 말씀입니다. 여러분도, 병원에 갔을 때, 제일 답답한 것이 무엇입니까? 무작정 대기해야 할 때입니다. 저는 어떤 때는 2시간을 넘게 멍하니 기다릴 때도 있습니다. 그러다 가장 반가운 순간이 어떤 때인지 아십니까? 대기자 명단에 내 이름이 떴을 때입니다. 아래에서부터 6명 정도

대기자 이름이 뜨죠. 그때부터는 정말 살겠습니다. 조금만 더 기다리면 내 순서구나, 알겠으니까요. 대기자 명단에서 내 이름이 한 칸씩 한 칸씩 올라갈 때, 그때가 가장 짜릿합니다. 대기자 명단에서 3번째로 이름이 올라가면, 복도에 함께 대기하던 임상간호사가 저를 부릅니다. 곧 들어가니까 준비하시라고. 아, 2시간을 기다렸더니, 내 순서가 오긴 오는구나! 그리곤 금방입니다. 진료실 안에 있던 간호사가 문을 열고 나오며, 신현복 님, 들어오세요, 나를 데리고 들어갑니다. 그리곤 일사천리로 의사와 상담이 시작됩니다. 30초도 안 돼, 인사를 드리고 나옵니다. 이게 매주 저의 일상, 저의 루틴입니다.

대기자 명단에 이름이 뜨기 전까지는 너무너무 답답하지만, 일단 대기자 명단에 이름이 뜨면, 그때부터는 안심이 됩니다. 하나님께서 아브라함에게 내가 네게 보여줄 땅으로 가라 하신 것은, 무턱대고 기다리라는 말씀이 아닙니다. 언제 순번이 오는지, 대기자 명단을 보여주시겠다는 말씀입니다. "네가 몇 번째인지 알겠지? 얼마만 기다리면 되는지 이제 끝이 보이지?" 저에게 이 오랜 기다림의 끝을 보여주십니다. 그리고 말씀하십니다. "네 명단 저기 떴지?" "네 대기 순번이 얼마 안 남은 것 알겠지?" "난 약속한 것 반드시 지킨다." "조금만 더 참아라." "정말 얼마 안 남았다." "아브라함아, 조금만 기다려라. 너한테 한 약속을 반드시 지킬 게." "현복아, 조금만 기다려라. 너한테 한 약속을 반드시 지킬 게."

사랑하는 성도 여러분, 이 첫 번째 진보라색 대림초, 바로 그런 의미입니다. 이제 아시겠지요? 우리, 이제 그 의미를 알았으니, 다시 한번 외쳐봅시다. "희망의 주님, 어서 오시옵소서!"

그렇다면, 여기 이 첫 번째 진보라색 대림초에는, 또 어떤 희망
이 담겨 있을까요?

하나님께서 반드시 내 방패가 되어 주실 것이라는 희망입니다.

"이 후에 여호와의 말씀이 환상 중에 아브람에게 임하여 이르
시되 아브람아 두려워하지 말라 나는 네 방패요 너의 지극히
큰 상급이니라"(창 15:1)

여기 보면, 나는 네 방패라는 말씀이 제 가슴을 파고듭니다. 마
귀가 쏘는 모든 불화살을 막아낼 수 있는 건 방패밖에 없습니다.
그런데 하나님께서 그런 방패를 주시겠다는 말씀이 아닙니다. 잘
읽어보세요. 어감이 아주 다릅니다. 그런 방패를 주시겠다는 게
아닙니다. 나는 네 방패다! 하나님께서 친히 내 방패시라는 말씀
입니다. 이것은 놀라운 약속입니다.

어제 뉴스를 보니까, 러시아가 우크라이나로 날려 보낸 자폭드
론 188기 가운데 95기가 우크라이나의 GPS교란으로 다시 러시아
로 돌아가 쾅 터져버렸다는 거예요. 대단한 방패기술입니다. 이스
라엘도 하마스나 헤즈볼라나 이란이 쏘는 미사일을 아이언돔이라
는 촘촘한 방공망을 이용해 격추시키고 있지요. 대단한 방패기술
입니다. 우리나라에 들어와 있는 미군의 사드 방공망도 대단한 방
패기술입니다. 며칠 전, 우리나라가 자체 개발에 성공한 한국판 사
드 방공망, 엘샘(L-SAM)도 적이 쏘는 미사일을 고도 40킬로미터

까지 표적해서 격추시키는 대단한 방패기술입니다.

그러나 아무리 좋은 방공망이라고 하더라도, 허점은 있기 마련입니다. 이스라엘도 아이언돔으로 적 미사일을 다 막아내지는 못하고 있습니다. 뛰는 놈 위에 나는 놈이 있기 때문입니다. 인간의 방패로는 한계가 있습니다.

그러나 여러분, 하나님께서 내 방패시라면, 겁날 게 뭐가 있겠습니까? 마귀가 쏘는 모든 불화살이 뭐가 무섭겠습니까? 하나님께서 못 막아내실 게 뭐가 있겠습니까?

예수님이 말씀하시는 것도 바로 그것입니다.

> "너희 조상 아브라함은 나의 때 볼 것을 즐거워하다가 보고 기뻐하였느니라"(요 8:56)

여기서 나의 때는 예수님 자신의 때입니다. 아브라함이 예수님이 이 땅에 오시어, 마귀가 쏘는 모든 불화살을 다 막아내시는 것을 하늘에서 보고 기뻐했다는 말씀입니다.

이렇듯 우리 예수님은 세상에서 가장 완벽한 방공망이십니다. 질병, 가난, 사업, 직장, 관계, 시험, 노후, 진로, 염려, 문제, 위기, 스트레스, 불안, 우울, 그 모든 것을 다 막아내실 수 있는 전천후 방공망이십니다. 세상에서 가장 뛰어난 방패기술이십니다. 이 예수님이 이번 대림절, 저와 여러분의 방패가 되어 주십니다. 그러니 뭐가 두렵겠습니까!

사랑하는 성도 여러분, 이 첫 번째 진보라색 대림초, 바로 그런 의미입니다. 이제 아시겠지요? 우리, 이제 그 의미를 알았으니, 다시 한번 외쳐봅시다. "희망의 주님, 어서 오시옵소서!"

그렇다면, 여기 이 첫 번째 진보라색 대림초에는, 또 어떤 희망이 담겨 있을까요?

하나님께서 반드시 마침내 웃게 하실 것이라는 희망입니다.

"아브라함이 엎드려 웃으며 마음속으로 이르되 백 세 된 사람이 어찌 자식을 낳을까 사라는 구십 세니 어찌 출산하리요 하고 (18) 아브라함이 이에 하나님께 아뢰되 이스마엘이나 하나님 앞에 살기를 원하나이다 (19) 하나님이 이르시되 아니라 네 아내 사라가 네게 아들을 낳으리니 너는 그 이름을 이삭이라 하라 내가 그와 내 언약을 세우리니 그의 후손에게 영원한 언약이 되리라"(창 17:17-19)

아브라함의 웃음. 피식. 말도 안 돼! 내가 100살인데 무슨 아들이야!

"아브라함이 그의 아들 이삭이 그에게 태어날 때에 백 세라 (6) 사라가 이르되 하나님이 나를 웃게 하시니 듣는 자가 다 나와 함께 웃으리로다"(창 21:5-6)

사라의 웃음. 피식. 기가 막혀! 내가 90살인데 무슨 출산이야!

그런데 아브라함과 사라가 피식피식 웃은 것은 정말 뭘 몰랐기 때문입니다. 뭘 몰랐을까요?

> "이 약속들은 아브라함과 그 자손에게 말씀하신 것인데 여럿
> 을 가리켜 그 자손들이라 하지 아니하시고 오직 한 사람을 가
> 리켜 네 자손이라 하셨으니 곧 그리스도라"(갈 3:16)

하나님께서 약속하신 아들은 단순히 이삭이 아니라, 장차 인류를 구원하실 그리스도를 예표하는 말씀이셨다는 것을 알았더라면, 결코 피식거리지 않았겠지요.

정말 우리 인간은 한 치 앞도 모릅니다. 그래서 하나님 약속이 있는데도 피식거립니다. 설마 그럴 리가! 말도 안 돼! 우리도 아브라함처럼, 사라처럼, 하나님 말씀에 피식거리고 있지는 않는지요? 내가 너를 고쳐준다는데도 너는 피식거리기냐? 내가 네 후손을 번성케 해준다는데도 너는 피식거리기냐? 네가 네 재정에 복을 준다는데도 너는 피식거리기냐?

우리는 피식거리지만, 하나님은 결코 말씀을 가볍게 하실 분이 아닙니다. 보십시오. 하나님께서 마침내 여러분을 웃게 하실 것입니다. 우리는 피식거렸지만, 진짜 진짜 웃게 하실 것입니다.

사랑하는 성도 여러분, 이 첫 번째 진보라색 대림초, 바로 그런 의미입니다. 이제 아시겠지요? 우리, 이제 그 의미를 알았으니, 다시 한번 외쳐봅시다. "희망의 주님, 어서 오시옵소서!"

'사랑아, 사랑해!' 요즘 뉴스에서 핫이슈로 뜨고 있는 제목인데

보셨습니까? 전요셉 목사님 가정의 이야기입니다. 4살 딸 사랑이
는 지금 듀센 근이영양증이라는 희귀병을 앓고 있습니다. 근육이
퇴행하며, 나중에는 스스로 호흡할 힘마저 사라지는 병. 전 세계
에서 치료제는 딱 하나. 미국에서 개발된 유전자 치료제 엘레비디
스. 약값이 46억. 전요셉 목사님은 딸을 살리기 위하여, 부산에서
서울까지 24일간 도보로 걷기 대장정에 나섭니다. SNS에서 화제
를 모으며, 언론보도를 타게 되고, 740킬로미터를 걷는 동안, 13억
7천만 원의 온정이 답지합니다.

저는 같은 목사로서, 사랑이 아빠 전요셉 목사님을 생각해 보았
습니다. 아, 24일간, 어떤 심정으로 걸었을까? 내 딸 사랑이가 치
료받을 수 있는 길이 열릴 수만 있다면! 그날이 속히 오기를. 그
기다림. 그 희망의 기다림.

주님, 사랑이를 고쳐주세요. 주님은 하실 수 있잖아요. 주님, 우
리 성도들을 고쳐주세요. 주님은 하실 수 있잖아요. 주님, 그리고
저도 고쳐주세요. 주님은 하실 수 있잖아요. 이 기다림. 이 희망의
기다림.

06
희망으로 한 걸음 주 예수와 함께

"내 영혼아, 어째서 네가 낙심하며 내 속에서 불안해하는가?
너는 네 희망을 하나님께 두어라. 나는 내 구원이 되시는 하나
님을 찬양하리라."(시 43:5, 현대인)

김 집사님이 계셨습니다. 안타깝게도 의사에게 자궁암 말기라
는 진단을 받습니다. 6개월밖에 못 산다는 의사의 말에 눌려, 6개
월, 5개월, 4개월, 죽을 날만 세고 있었습니다. 난 몇 개월밖에 못
살아! 그 생각에 몰골은 갈수록 초췌해졌습니다. 말할 기력조차
없었습니다.

그러던 어느 날, 같은 교회에 다니는 어떤 권사님이 그 집사님을
위로하기 위해서 병문안을 갔습니다. 준비해 온 예쁜 컵, 정성스레
차를 끓여서 컵에 따라주었습니다. 김 집사님은 "고마워요!"라고
이야기한 후, 힘겹게 컵을 들었습니다. 손은 부르르 떨리기 시작했
습니다. 김 집사님이 입 가까이 컵을 댄 뒤 마시려고 하는 순간, 컵
에 쓰인 매직 글귀가 눈에 확 들어오는 게 아니겠습니까! "Never
Give Up!" 무슨 뜻이죠?

절대 포기하지 마세요! 권사님이 병문안을 오면서 미리 컵에 써

온 글씨였던 것. 김 집사님은 이 글귀를 보는 순간, 마음에 말로 형용할 수 없는 기운이 감돌기 시작했습니다. '그래, 난 한 번도 내 몸속의 암세포가 싹 사라지는 상상을 해보지 않았어! 그저 죽을 날만 기다렸어. 어차피 죽을 거라면, 내 몸속 암세포가 싹 다 사라지는 희망을 한 번은 가져보아야겠어.' 어느새 새로운 용기가 솟아오르기 시작했습니다. 그리고 간절히 기도했습니다. "하나님, 제 몸속 암세포가 싹 다 사라지는 희망을 한 번 가져보려고 해요. 절대 포기하지 않게 해주세요. 끝까지 힘을 주세요!"

김 집사님은 그 뒤부터 아름다운 희망을 머릿속에 그리기 시작했습니다. 좋은 생각만 하려고 노력했습니다. 그러던 어느 날, 창밖을 바라보던 김 집사님은 놀라운 광경을 목격했습니다. 집 마당에서 토끼가 오렌지를 갉아 먹고 있었던 것. 자칫 아무 의미 없는 광경이라고 치부했을 수도 있던 터. 그러나 김 집사님에게는 아주 특별한 의미로 다가왔습니다. 김 집사님은 그 광경을 보면서, '내 몸속 암세포도 저렇게 NK자연살상세포가 다 갉아 먹어서 싹 다 사라질 거야!' 확신이 들었습니다.

그 뒤, 김 집사님은 점점 기운이 나길 시작했습니다. 주변 모든 것을 다, That's good!, 좋은 쪽으로 생각하기 시작했습니다. 사람들의 말도 다, That's good!, 좋은 쪽으로만 생각하기 시작했습니다. 머릿속에도 다, That's good!, 좋은 그림만 그리기 시작했습니다. 그랬더니, 놀랍게도, 변화가 조금씩 감지되었습니다. 얼마 후, 의사를 다시 찾았을 때, 의사도 놀랐습니다. "환자분 몸속의 암세포가 하나도 안 보입니다. 정말 믿기지 않습니다. 이건 기적입니다!"

사랑하는 성도 여러분, 이것이 희망의 힘입니다. 희망! 희망! 그런 의미에서, 우리, 지난주부터 10월에 내딛는 세 걸음이라는 주제로, 세 걸음만 내디뎌보려고 하고 있는데, 지난주는 믿음으로 한 걸음 주 예수와 함께! 오늘은 그 두 번째 시간, 희망으로 한 걸음 한 걸음 주 예수와 함께! 오늘은 그 한 걸음을, 희망으로 내디뎌보시면 어떨까요?

그렇다면, 이 가을, 이 10월, 그 한 걸음을 희망으로 내디딜으려면, 어떻게 해야 할까요?

낙심이 되어도 하나님께 희망을 두어야 합니다.

오늘 본문은 한 시인의 노래입니다. 그런데 가만히 들여다보면, 전체가 시편 42편부터 43편까지 세 부분으로 죽 이어지고 있음을 볼 수 있습니다. 첫 번째 부분은 이렇게 시작됩니다.

> "[고라 자손의 마스길(교훈), 인도자를 따라 부르는 노래] 하나님이여 사슴이 시냇물을 찾기에 갈급함 같이 내 영혼이 주를 찾기에 갈급하니이다"(시 42:1)

성가대가 예배 전 입당 행진을 할 때, 앞에서 인도자가 선창을 하면, 회중들이 따라 부르는 노래였습니다. 그런데 그 노래의 음색이 뭔가에 너무 갈급합니다. 사슴이 시냇물을 찾기에 갈급함 같이. 시인은 자신을 한 마리 사슴에 비유합니다. 그런데 그 사슴이 지금 주를 찾기에 갈급합니다. 하여, 이 시는 목마른 사슴의 노래가 되어, 하늘로 봉헌됩니다.

> "내 영혼이 하나님 곧 살아 계시는 하나님을 갈망하나니 내가
> 어느 때에 나아가서 하나님의 얼굴을 뵈올까"(시 42:2)

그 갈급함은 살아 계신 하나님을 향한 갈망으로 이어집니다. 하나님을 향한 갈망. 그것은 하나님을 향한 목마름. 시인은 생명의 가장 본질적이고 뿌리 깊은 목마름이 무엇인가를, 뼈저리게 느낀, 고독한 인생이었습니다. "내가 어느 때에 나아가서 하나님의 얼굴을 뵈올까?" 그것은 타지 않는 듯이 타고, 불붙지 않은 듯이 불붙는, 하나님을 향한 시인의 그리움.

> "사람들이 종일 내게 하는 말이 네 하나님이 어디 있느뇨 하오
> 니 내 눈물이 주야로 내 음식이 되었도다"(시 42:3)

바벨론 포로로 끌려가, 이방 신을 믿는 그 사람들에게서 "네 하나님이 어디 있느냐? 이제 네 하나님은 죽었으니 우리 신에게 절하라"는 둥, 갖은 수모를 당해야만 했던 시인의 아픈 마음. 진정 이런 때 내 하나님은 어디 계신단 말인가? 하나님, 뵙고 싶어요. 얼굴을 보여주세요. 제발! 제발! 그 목마름이 얼마나 사무쳤으면, 내 눈물이 주야로 내 음식이 되었겠습니까? 시인은 인간의 눈물이 무엇인지를 알았습니다. 눈물 젖은 빵을 먹어보지 않은 사람은 이 시인의 시적 상상력을 헤아릴 길이 없습니다.

“내가 전에 성일을 지키는 무리와 동행하여 기쁨과 감사의 소
리를 내며 그들을 하나님의 집으로 인도하였더니 이제 이 일
을 기억하고 내 마음이 상하는도다”(시 42:4)

내가 전에는 주일을 지키기 위해서 사람들과 동행하며, 기뻐하
며 감사하며 소리높여 찬양하며 예배드리곤 했는데, 지금은 내 곁
에 아무도 없다는 것. 바벨론 포로생활. 어쩌다 이렇게 되어 버렸
을까. 옛날 그 시절이 그립고 자꾸만 기억납니다. 그럴수록 내 마
음이 더 상합니다. 내 마음이 상하는도다.
그것을 5절에서는 낙심이라고 표현합니다.

“내 영혼아, 어째서 네가 낙심하며 내 속에서 불안해하는가?
너는 네 희망을 하나님께 두어라. 나는 내 구원이 되시는 하나
님을 찬양하리라.”(시 42:5, 현대인)

여기서 낙심은 히브리어로 샤하흐, 몸을 구부리다, 그런 이미지
입니다. 몸을 구부린 채, 낙심하고 있는 모습이지요.
그런데 이 샤햐흐라는 히브리어에는 또 하나의 이미지가 들어
있습니다. 몸을 구부린 채, 기도하고 있는 모습.
예수님이 그 모습을 정확하게 언급하십니다.

“예수께서 그들에게 항상 기도하고 낙심하지 말아야 할 것을
비유로 말씀하여”(눅 18:1)

몸을 납작 구부린 채, 항상 기도해라. 그래야 낙심이 물러간단다. 그런 말씀입니다.

이렇게 몸을 납작 구부린 채, 항상 기도함으로 낙심을 물리치는 모습을, 오늘 시인은 이 노래의 후렴구로 이렇게 표현합니다.

"내 영혼아, 어째서 네가 낙심하며 내 속에서 불안해하는가? 너는 네 희망을 하나님께 두어라. 나는 내 구원이 되시는 하나 님을 찬양하리라."(시 42:5, 현대인)

몸을 납작 구부린 채, 하나님께만 희망을 두는 것. 그것만이 인생의 온갖 낙심을 물리칠 수 있더라. 그런 시인의 자전적인 고백입니다.

이렇게 몸을 납작 구부린 채, 하나님께만 희망을 둘 때, 저와 여러분에게는 과연 어떤 일이 일어날까요? 사도 바울이 거기에 대해서 한 말이 있습니다.

"우리는 사방으로 죄어들어도 움츠러들지 않으며, 답답한 일을 당해도 낙심하지 않으며, (9) 박해를 당해도 버림받지 않으며, 거꾸러뜨림을 당해도 망하지 않습니다. (10) 우리는 언제나 예수의 죽임 당하심을 우리 몸에 짊어지고 다닙니다. 그것은 예수의 생명도 또한 우리 몸에 나타나게 하기 위함입니다… (14) 주 예수를 살리신 분이 예수와 함께 우리도 살리시고, 여러분과 함께 세워주시리라는 것을 우리는 알고 있습니다… (16) 그러므로 우리는 낙심하지 않습니다. 우리의 겉사람은 낡아가나, 우리의 속사람은 날로 새로워집니다. (17) 지금 우리가 겪는 일시적인 가벼운 고난은, 비교할 수 없을 정도로 영원하고 크나큰 영광을 우리에게 이루어줍니다. (18) 우리는 보이는 것을 바라보는 것이 아니라, 보이지 않는 것을 바라봅니다. 보이는 것은 잠깐이지만, 보이지 않는 것은 영원하기 때문입니다.”(고후 4:8-18, 새번역)

몸을 납작 구부린 채, 하나님께만 희망을 둘 때, 주 예수를 죽음에서 살리신 아버지 하나님께서 죽을 수밖에 없는 저와 여러분을 살리신다는 이 희망의 말씀. 몸을 납작 구부린 채, 하나님께만 희망을 둘 때, 저와 여러분은 보이지 않는 영원한 것을 바라볼 수 있다는 이 희망의 말씀.

우리, 이 10월, 이 희망의 말씀을 붙잡고, 낙심을 툴툴 털고, 다시 일어나야 하지 않을까요?

그렇다면, 이 가을, 이 10월, 그 한 걸음을 희망으로 내딛으려면, 또 어떻게 해야 할까요?

불안해도 하나님께 희망을 두어야 합니다.

목마른 사슴의 노래, 두 번째 부분은 이렇게 이어집니다.

“내 하나님이여 내 영혼이 내 속에서 낙심이 되므로 내가 요단 땅과 헤르몬과 미살 산에서 주를 기억하나이다”(시 42:6)

포로로 잡혀간 시인. 요단 땅과 헤르몬과 미살 산에서 고국을 향해 흘러가는 구름을 바라봅니다. 내가 어쩌다 이 신세가 되었는 고! 그리고 그 옛날, 나와 함께 하셨던 주님을 기억합니다.

“주의 폭포 소리에 깊은 바다가 서로 부르며 주의 모든 파도
와 물결이 나를 휩쓸었나이다”(시 42:7)

쏴. 쏴. 저 산꼭대기에서 쏟아지는, 공포의 저 폭포 소리. 그 폭포 가 쏟아지면, 그 폭포 소리에 이쪽 깊은 바다가 저쪽 깊은 바다를 서로 부르는 것 같은 저 죽음의 괴성들. 그리고 저기 저만치서 산 더미처럼 밀려오는, 공포의 저 파도와 물결. 그 파도와 물결이 내 온몸을 휩쓸어버리는 것 같은 저 죽음의 사자들. 공황장애처럼, 숨을 못 쉬겠습니다. 그러나, 내가 할 수 있는 거라곤,

“낮에는 여호와께서 그의 인자하심을 베푸시고 밤에는 그의
찬송이 내게 있어 생명의 하나님께 기도하리로다”(시 42:8)

내가 이 이방 땅에서 할 수 있는 건, 낮에는 여호와의 인자하심 을 구하고, 밤에는 나를 다시 살리실 생명의 하나님께 기도하는 것뿐. 그 외에 내가 할 수 있는 건 아무것도 없다. 이 칠흑 같은 어 둠. 내 영혼의 어두운 밤.

“내 반석이신 하나님께 말하기를 어찌하여 나를 잊으셨나이까
내가 어찌하여 원수의 압제로 말미암아 슬프게 다니나이까 하

리로다"(시 42:9)

어찌하여 나를 잊으셨나이까! 내가 어찌하여 원수의 압제로 말미암아, 내가 어찌하여 질병의 압제로 말미암아, 슬프게 다니나이까! 고달픈 영혼의 순례자인 시인, 인생의 깊디깊은 하소연을 지니고, 목숨의 의로운 산길을 홀로 가는, 나그네인 듯도 싶습니다.

"내 뼈를 찌르는 칼같이 내 대적이 나를 비방하여 늘 내게 말
하기를 네 하나님이 어디 있느냐 하도다"(시 42:10)

바벨론 포로로 끌려와 가장 듣기 싫은 소리. 네 하나님이 어디 있느냐? 네 하나님이 살아 있다면, 네가 이렇게 됐겠느냐? 내 뼈를 찌르는 칼같이, 내 영혼을 난도질하는 저 비방의 말들. 하나님, 내가 어쩌다 저런 소리를 듣고 있어야 합니까? 하나님, 내가 언제까지 이런 소리를 듣고 있어야 합니까? 아무리 소리를 쳐보아도, 달라지는 것은 없고. 소리치며 달려드는 저 사악한 세력들. 나는 이제 어찌 될 것인가? 이대로 모든 게 끝나버릴 것인가? 그때마다, 째깍째깍 다가오는 잿빛 그림자.
그것을 11절에서는 불안이라고 표현합니다.

"내 영혼아, 어째서 네가 낙심하며 내 속에서 불안해하는가?
너는 네 희망을 하나님께 두어라. 나는 내 구원이 되시는 하나
님을 찬양하리라."(시 42:11, 현대인)

여기서 불안은 히브리어로 하마, 끙끙거리다, 그런 이미지입니다. 난 이제 어떻게 되는 거지? 밤잠을 설치며 끙끙거리는 모습. 오늘 아침에 일어났더니, 아내가 묻는 거예요? "당신, 어디 안 좋아요?" "왜?" "밤새 끙끙거렸어요!" "내가?" 제가 밤새 끙끙거렸나봐요. 히브리어 하마가 바로 그런 뜻입니다. 끙끙거리다.

그런데 이 하마라는 히브리어에는 또 하나의 이미지가 들어 있습니다. 으르렁거리다. 내가 여기 있다! 내 아들 건들지 말라. 내 딸 건들지 말라. 큰 소리로 으르렁거리시며 포효하시는 주님의 모습. 아까 본문 7절에서 우리가 놓친 모습이 바로 그것입니다.

> "주의 폭포 소리에 깊은 바다가 서로 부르며 주의 모든 파도와
> 물결이 나를 휩쓸었나이다"(시 42:7)

폭포 소리는 폭포 소리인데, 그것은 나를 죽이려고 쏟아지는 사탄의 폭포 소리가 아니었습니다. 주님께서 폭포를 쏟아부으시며, 나 여기 있다, 현복이를 건들지 말라, 죽음의 세력들을 향해 큰 소리로 으르렁거리시며 포효하시는, 주의 폭포 소리였습니다. 주의 그 쩌렁쩌렁한 폭포 소리에, 이쪽 깊은 바다가, 저기 주님이 오신다, 주님을 맞아라, 저쪽 깊은 바다를 서로 부르는 모습이었던 것. 지금 치고 있는 내 인생의 모든 파도와 물결도, 나를 죽이려고 덤벼드는 사탄의 파도와 물결이 아니었습니다. 주님께서 모든 파도와 물결을 출렁이시며, 나 여기 있다, 현복이를 건들지 말라, 죽음의 세력들을 향해 으르렁거리시며 포효하시는, 주의 모든 파도와 물결이었습니다. 주의 그 집채만 한 모든 파도와 물결이, 죽음아

다 비켜나라, 주님이 오신다, 주님을 맞아라, 내 생명을 보호하며 휩쓸고 지나가는 모습이었던 것. 폭포도, 파도도, 물결도, 다 주님의 것. 주님이 완벽하게 통제하고 계셨던 것.

예수님이 그 모습을 정확하게 보여주십니다.

> "그런데 바다에 큰 풍랑이 일어나서, 배가 물결에 막 뒤덮일 위험에 빠지게 되었다. 그런데 예수께서는 주무시고 계셨다. (25) 제자들이 다가가서 예수를 깨우고서 말하였다. "주님, 살려 주십시오. 우리가 죽게 되었습니다." (26) 예수께서 그들에게 "왜들 무서워하느냐? 믿음이 적은 사람들아!" 하고 말씀하시고 나서, 일어나 바람과 바다를 꾸짖으시니, 바다가 아주 잔잔해졌다."(마 8:24-26, 새번역)

큰 풍랑도, 배를 뒤덮는 물결도, 다 주님의 것. 주님이 완벽하게 통제하고 계셨던 것.

그러니 내 인생에 풍랑과 물결이 나를 덮쳐올 때, 어떻게 해야 하겠습니까? 오늘 시인의 후렴구가 두 번째로 다시 한번 더 나오는데요. 그 후렴구에 답이 있습니다.

> "내 영혼아, 어째서 네가 낙심하며 내 속에서 불안해하는가? 너는 네 희망을 하나님께 두어라. 나는 내 구원이 되시는 하나님을 찬양하리라."(시 42:11, 현대인)

내 인생에 풍랑과 물결이 나를 덮쳐올 때, 하나님께만 희망을 두는 것. 저 큰 풍랑도, 저 요동치는 물결도, 완벽히 통제하시는 주님께만 희망을 두는 것. 그것만이 인생의 온갖 불안을 물리칠 수있더라. 그런 시인의 자전적 고백입니다.

우리, 이 10월, 이 희망의 말씀을 붙잡고, 불안을 툴툴 털고, 다시 일어나야 하지 않을까요?

그렇다면, 이 가을, 이 10월, 그 한 걸음을 희망으로 내딛으려면, 또 어떻게 해야 할까요?

여전히 찬송하며 하나님께 희망을 두어야 합니다.

목마른 사슴의 노래, 세 번째 부분은 이렇게 이어집니다. 그것이 오늘 본문, 시편 43편입니다.

> "하나님이여 나를 판단하시되 경건하지 아니한 나라에 대하
> 여 내 송사를 변호하시며 간사하고 불의한 자에게서 나를 건
> 지소서"(시 43:1)

나를 변호하시며 나를 건지실 분, 그러실 수 있는 분은 하나님, 하나님뿐이시잖아요?

> "주는 나의 힘이 되신 하나님이시거늘 어찌하여 나를 버리셨
> 나이까 내가 어찌하여 원수의 억압으로 말미암아 슬프게 다니
> 나이까"(시 43:2)

주는 나의 힘이 되신 하나님이시기 때문입니다. 그런데 어찌하여 나를 버리셨나이까? 시인의 탄원이 저의 탄원입니다. 내가 어쩌다 이런 신세가 되어 버렸는가. 그러나 시인의 가을밤 탄원은 결코 탄원으로 끝나지 않습니다.

"주의 빛과 주의 진리를 보내시어 나를 인도하시고 주의 거룩한 산과 주께서 계시는 곳에 이르게 하소서"(시 43:3)

주의 빛은 생명의 빛으로 오셔서 내 외로운 영혼을 치유하실 오실 예수 그리스도를 예표하는 예언입니다. 주의 진리는 진리의 말씀으로 내 상한 몸과 마음을 치유하실 예수 그리스도를 예표하는 예언입니다. 그 빛과 진리를 보내 주신다면! 그것은 내 인생의 사막에서 나에게 분명 게임 체인저가 될 것입니다. 그 빛과 진리를 보내 주신다면, 나는 주의 거룩한 산과 주께서 계시는 곳에 반드시 이르게 될 것입니다. 그곳에서 주님의 얼굴을 뵙게 될 것입니다. 이 얼마나 가슴 벅찬 일인가요! 그날이 오면!

"그런즉 내가 하나님의 제단에 나아가 나의 큰 기쁨의 하나님께 이르리이다 하나님이여 나의 하나님이여 내가 수금으로 주를 찬양하리이다"(시 43:4)

그날이 오면, 나는 다시 제단에 나아가 복음을 힘 있게 전하며, 큰 기쁨으로 맘 놓고 예배드릴 것입니다. 마음껏 주를 찬양할 것입니다. 찬양. 찬양.

그것을 5절에서는 찬송이라고 표현합니다.

"내 영혼아, 어째서 네가 낙심하며 내 속에서 불안해하는가?
너는 네 희망을 하나님께 두어라. 나는 내 구원이 되시는 하나
님을 찬양하리라."(시 43:5, 현대인)

여기서 찬양은 히브리어로 야다, 화살을 쏘다, 그런 이미지입니
다. 하나님, 자 제가 쏘는 이 화살을 받으세요. 하나님을 향하여
화살을 쏘아 올리는 모습. 그 화살이 무엇이었을까요. 찬양의 화
살이었습니다. 그렇습니다. 지금 우리가 찬양하는 모습은 하나님
을 향해서, 하나님, 자 제가 쏘는 화살을 받으세요, 찬양의 화살을
쏘아 올리는 것입니다.

그런데 이 야다라는 히브리어에는 또 하나의 이미지가 들어 있
습니다. 하나님을 향하여 감사의 화살을 쏘아 올리는 모습입니다.
찬양은 감사를 낳기 때문이지요. 찬양의 화살은 감사의 화살로 직
결되기 때문이지요. 하나님, 제가 지금 이런 고난을 겪고 있지만,
고난을 묵상하지 않고 고난을 마침내 이기게 하실 하나님을 묵상
하겠습니다, 그래서 이 상황도 감사합니다, 그래도 이만한 것도 감
사합니다, 어떤 상황이 펼쳐지든 무조건 감사합니다. 감사의 화살
을 하나님께 쏘아 올리는 저와 여러분의 모습. 하나님이 얼마나 기
뻐하실까요?

그런데 이 시인이 바벨론 포로의 땅에서 살아 계신 하나님을 갈
망하며 목마른 사슴의 노래, 찬송의 화살을, 감사의 화살을, 하나
님께 쏘아 올릴 수 있었던 가장 큰 용기는 어디서 나왔을까요? 후

렴구를 다시 한번 보실까요?

"내 영혼아, 어째서 네가 낙심하며 내 속에서 불안해하는가?
너는 네 희망을 하나님께 두어라. 나는 내 구원이 되시는 하나
님을 찬양하리라."(시 43:5, 현대인)

하나님께만 희망을 두었기 때문입니다. 어떤 희망입니까? 지금
은 무엇 하나 확실하게 손에 잡히는 것이 없지만, 반드시 그가 나
타나 도우실 것이라는 희망. 이 희망이 시인의 가슴속 내밀한 곳
에, 촛불처럼 타오르고 있었기에, 그 촛불의 심지가 여전히 꺼지
지 않고 타오르고 있었기에, 시인은 하나님께 찬송의 화살, 감사
의 화살을, 여전히 쏘아 올릴 수가 있었습니다. 그가 나타나 도우
심으로 말미암아, 내 하나님을 여전히 찬송하리로다. 여기서 방점
은 '여전히'라는 단어에 있습니다. 상황에 따라 이랬다저랬다 하지
않고, 어떤 상황이든, 반드시 그가 나타나 도우실 것을 희망하고,
아니 지금도 그가 나타나 도우시고 있지 않으면 내가 이렇게 살아
있을 수 없음을 영적으로 깊이 분별하고, 오늘도 내일도, 내 하나
님을 여전히 찬송하리로다. 여전히. 여전히.
　히브리서 저자가 그 모습을 정확하게 보여줍니다.

"그러므로 우리는 예수로 말미암아 항상 찬송의 제사를 하나
님께 드리자 이는 그 이름을 증언하는 입술의 열매니라"(히
13:15)

그 어떤 상황 속에서도, 이랬다저랬다 하지 않고, 여전히, 여전히, 항상, 항상, 찬송의 제사를 하나님께 올려드리는 것. 이것이 우리 입술에서 항상 붙어 다니는 고백이요, 간증이요, 열매여야 한다는 말씀이 제 마음을 찌릅니다. 여러분은 어떻습니까?

그래서 이런 상황 저런 상황, 흔들릴 때마다, 제가 애송하는 희망의 기도가 있습니다.

주님,

저를 너무 행복하게 만들지 마옵소서.

행복을 하나님과 바꾸지 않도록

적당한 불행을 주옵소서.

주님,

저를 너무 풍요롭게 만들지 마옵소서.

물질 때문에 정신이 부패하지 않도록

적당한 가난을 주옵소서.

주님,

저를 너무 권세 있는 이로 만들지 마옵소서.

하나님을 두려워하는 이가 되도록

적당한 좌절을 주옵소서.

주님,

저를 너무 건강하게 만들지 마옵소서.

축복인 줄 모르고 퇴폐에 몸을 던지지 않도록
적당한 약함을 주옵소서.

비오니,
스스로 완벽하게 살기보다
주님 뜻 안에서 고난도 달게 받게 하옵소서.

그래서 행복하거나 불행하거나,
건강하거나 병들거나,
늘 주님만을 바라보게 하옵소서.
언제나 주님만을 섬기게 하옵소서.

예수님의 이름으로 기도드립니다. 아멘.

우리, 이 10월, 이 희망의 기도문처럼, 어떤 상황에서도 주님만을 바라보며, 여전히, 여전히, 하나님께 찬송의 화살을 쏘아 올리며, 다시 일어나야 하지 않을까요?

영국. 목공소에서 일하던 한 청년이 전도를 받고 예수님을 영접하게 되었습니다. 갑자기 그에게 인생의 희망이 넘쳐났습니다. 희망을 가지고 열심히 일했습니다.

때로는 시련도 있었습니다. 큰 고비도 있었습니다. 관계가 불편할 때도 있었습니다. 이 일을 해야 하나, 흔들릴 때도 있었습니다.

그래도 예수님이 주시는 큰 희망을 끝까지 가슴에 품고, 10년간, 한 우물을 팠습니다. 드디어 가구 제조업체 사장이 되었습니다. 돈도 명예도 갖게 되었습니다.

어느 날, 공장 뒤편 언덕에 올라, 널찍한 바위에 걸터앉고, 아름다운 마을 전경을 내려다보게 되었습니다. 가슴 속에 소소한 행복이 밀려왔습니다. 내 인생, 어떻게 여기까지 오게 되었을까.

그때, 갑자기 한 가지가 생각났습니다. 내가 지금 이런 소소한 행복을 누릴 수 있는 건, 지금 내가 걸터앉은 이 바위가 나를 편안하게 받쳐주고 있기 때문이라는 것.

그리고 그 순간 깨달았습니다. 지금까지 내 흔들리는 인생을 떠받쳐주신 분, 이 바위와도 같은 분이 바로 예수님이셨다는 것. 내가 지금 이 행복한 가을바람을 쐴 수 있는 건, 돈도 아니고, 명예도 아니고, 지금도 나에게 산 희망이 되어 주시는 예수님 때문이라는 것.

그는 즉석에서 수첩을 꺼내 시를 쓰기 시작합니다. 그 시가 바로 찬송가 488장, 에드워드 모트의 시입니다. <이 몸의 소망 무언가>. 여기서 소망을 오늘의 주제인 희망으로 바꾸면 이렇습니다.

1절
이 몸의 희망 무언가 우리 주 예수뿐일세
우리 주 예수 밖에는 믿을 이 아주 없도다
주 나의 반석이시니 그 위에 내가 서리라
그 위에 내가 서리라

이 찬송시는 춘원 이광수 선생이 번역을 했습니다. 이 시를 본 순간, 깊이 감동을 해서입니다.

이 시를 지은 에드워드 모트의 이야기는 더 있습니다. 그가 천국 희망을 가지고, 욕심 없이 가구 사업을 하다 보니, 기업은 점점 더 융성해졌습니다. 그런데 그럴수록 그는 이 천국 희망을 이웃들에게 더 많이 전하고 싶은 희망이 생겼습니다.

그래서 55세 되던 해, 기업과 재산을 정리합니다. 교회를 짓습니다. 목사가 됩니다. 전임교역자로 22년간, 희망의 근원 되신 예수 그리스도의 복음을 전하다, 77세가 되던 해, 천국으로 이사를 떠났습니다. 평소의 희망처럼, 교회 강단에서 설교하다가, 그가 그렇게 희망하던 천국으로.

이 찬송가의 3절, 4절을 보세요.

4절

바라던 천국 올라가 하나님 앞에 뵈올 때

구주의 의를 힘입어 어엿이 바로 서리라

주 나의 반석이시니 그 위에 내가 서리라

그 위에 내가 서리라

얼마나 아름다운 찬송인지요. 세상에 믿던 모든 것이 끊어질 그 날 되어도, 결코 끊어질 수 없는 우리의 희망, 바라던 천국으로 올라가는 희망, 이 희망으로, 이 10월, 한 걸음 한 걸음 주 예수와 함께, 내디딜 수만 있다면.

07
아직도 희망이 있나요?

"그 날에 그들 중 둘이 예루살렘에서 이십오 리 되는 엠마오라 하는 마을로 가면서 (14) 이 모든 된 일을 서로 이야기하더라 (15) 그들이 서로 이야기하며 문의할 때에 예수께서 가까이 이르러 그들과 동행하시나 (16) 그들의 눈이 가리어져서 그인 줄 알아보지 못하거늘 (17) 예수께서 이르시되 너희가 길 가면서 서로 주고받고 하는 이야기가 무엇이냐 하시니 두 사람이 슬픈 빛을 띠고 머물러 서더라 (18) 그 한 사람인 글로바라 하는 자가 대답하여 이르되 당신이 예루살렘에 체류하면서도 요즘 거기서 된 일을 혼자만 알지 못하느냐 (19) 이르시되 무슨 일이냐 이르되 나사렛 예수의 일이니 그는 하나님과 모든 백성 앞에서 말과 일에 능하신 선지자이거늘 (20) 우리 대제사장들과 관리들이 사형 판결에 넘겨 주어 십자가에 못 박았느니라 (21) 우리는 이 사람이 이스라엘을 속량할 자라고 바랐노라 이뿐 아니라 이 일이 일어난 지가 사흘째요 (22) 또한 우리 중에 어떤 여자들이 우리로 놀라게 하였으니 이는 그들이 새벽에 무덤에 갔다가 (23) 그의 시체는 보지 못하고 와서 그가 살아나셨다 하는 천사들의 나타남을 보았다 함이라 (24) 또 우리와 함께 한 자 중에 두어 사람이 무덤에 가 과연 여자들이 말한 바와 같음을 보았으나 예수는 보지 못하였느니라 하거늘 (25) 이르시되 미련하고 선지자들이 말한 모든 것을 마음에 더디 믿는 자들이여 (26) 그리스도가 이런 고난을 받고 자기의 영광에 들어가야 할 것이 아니냐 하시고 (27) 이에 모세와 모든 선지자의 글로 시작하여 모든 성경에 쓴 바 자기에 관한 것을 자세히 설명하시니라 (28) 그들이 가는 마을에 가까이 가매 예수는 더 가려 하는 것 같이 하시니 (29) 그들이 강권하여 이르되 우리와 함께 유하사이다 때가 저물어가고 날이 이미 기울었나이다 하니 이에 그들과 함께 유하러 들어가시니라 (30) 그들과 함께 음식 잡수실 때에 떡을 가지사 축사하시고 떼어 그들에게 주시니 (31) 그들의 눈이 밝아져 그인 줄 알아 보더니 예수는 그들에게 보이지 아니하시는지라 (32) 그들이 서로 말하되 길에서 우리에게 말씀하시고 우리에게 성경을 풀어 주실 때에 우리 속에서 마음이 뜨겁지 아니하더냐 하고 (33) 곧 그 때로 일어나 예루살렘에 돌아가 보니 열한 제자 및 그들과 함께 한 자들이 모여 있어 (34) 말하기를 주께서 과연 살아나시고 시몬에게 보이셨다 하는지라 (35) 두 사람도 길에서 된 일과 예수께서 떡을 떼심으로 자기들에게 알려지신 것을 말하더라"(눅 24:13-35)

경기도 연천에 있는 5사단 열쇠군인교회를 섬길 때, 하루는 동생이 울면서 전화를 했습니다. 시골에 가봤더니, 어머니가 좀 이상하다는 것이었습니다. 그래서 제가 전화를 드렸더니, 됐다 끊자,

뚝 끊어버리시는 거예요. 외딴 산골에서 두 분만 사시다 보니, 외로우셨던 걸까. 노년기 우울증이 오신 거예요. 그로부터 4년간 밥을 한 숟가락도 못 뜨시고 뼈밖에 안 보이고... 그 4년간, 제 심장은 타는 것 같았습니다. 새벽마다 울부짖었습니다. 그러나, 하나님의 침묵, 차도가 없었습니다. 아니, 더 악화될 뿐이었습니다. 너무 괴로워서 어느 날 새벽 제 입에서 터져 나오는 기도, "주님, 어머니에게 아직도 희망이 있나요?"

그런데 어느 날 동생한테 또 전화가 왔어요. 시골에 내려가 보니, 아버지마저 감나무 가지에 올라가 감을 따다가 가지가 찢어져 떨어지셨다는 거예요. 급히 병원에 가보니 갈비뼈가 부러지셨더라구요. 그런데 또 얼마 후 동생한테 전화가 왔어요. 시골에 내려가 보니, 아버지가 갑자기 눈이 안 보여 집 앞 계단에서 넘어지셔서 또 입원하셨다는 거예요. 두 분이 외딴 산골에서 사시는데, 환자인 아버지가 환자인 어머니를 위해 매일 미음을 해 드리는 것을 지켜보아야 하는 상황. 오빠는 아들이면서 뭐해? 교회가 그렇게 중요해? 동생의 말은 구구절절 옳았습니다. 좋은 옷 하나 못 입으시고, 여행 한번 못하시고. 나는 무엇을 하고 있는가. 지금은 조금 우리가 살 만하니까, 뇌출혈로 요양원에 계시고. 요즘 제 속에서 새어 나오는 기도, "주님, 아버지에게 아직도 희망이 있나요?"

2차 대전 때, 미군 잠수정이 기관고장을 일으켜 가라앉고 말았습니다. 신호도 끊어져 버렸습니다. 고도로 훈련된 전문잠수사들이 바다밑을 뒤졌습니다. 캄캄한 바다속. 찾을 길이 없었습니다. 절망. 절망. 그러다 며칠 만에 더듬거려 무언가를 발견했습니다. 아군 잠수정이었습니다. 그러나 너무 늦은 것 같았습니다. 그래도 전문잠수사들은 잠수정 위에 올라가 망치를 두드려 안으로 신호를 보냈습니다. 따 따다 따다 따따? 모르스 신호였습니다. 그 모르스 신호는 영어로 이런 말이었습니다. Is there any hope? 번역하면, "아직도 희망이 있나요?"

아직도 희망이 있나요? 이 질문은 우리 인생의 가장 근원적인 질문 가운데 하나입니다. 때때로 의사들은 환자나 보호자로부터 이런 애절한 질문을 받습니다. "아직도 희망이 있나요?" 사업가들도 가느다란 의문을 품고 자문합니다. "이 사업, 아직도 희망이 있을까?" 부모들은 자녀의 문제 앞에 동일한 질문을 던집니다. "우리 아이, 아직도 희망이 있을까?" 부부간의 갈등, 건강의 적신호, 중년의 위기, 경제적인 어려움, 불확실한 미래, 답답한 직장생활, 인간관계의 실망... "주님, 아직도 저에게 희망이 있나요?"

오늘 본문도 우리 인생의 이런 가장 근원적인 질문을 던지고 있습니다.

엠마오 마을로 가는 두 제자
절망과 공포에 잠겨 있을 때

엠마오 마을로 내려가는 두 제자. 터벅터벅 터벅터벅. 어깨는 축 늘어졌고, 발걸음은 맥이 풀렸습니다. 석양에 늘어진 긴 그림자만이 너무도 무겁게 그들 뒤로 끌려가고 있었습니다. 한숨과 탄식이 저들의 동행자였습니다. 이슬을 맞으며 들판에서 자더라도, 친구들이 조롱해도, 가족들이 오해해도, 예수님만 바라보고 살았는데. 턱 십자가에 죽어버리신 예수! 너무도 어이없고 너무도 기막히고 너무도 속상하고. 하여, 절망, 절망, 또 절망.

상처 입은 그대여, 여러분도 지금 절망의 엠마오 길을 내려가고 있지는 않습니까? 어떻게 해야 이 엠마오 절망의 길에서 빠져나올 수 있을까요?

희망은 눈이 밝아지는 것이다.

"그들의 눈이 가리어져서 그인 줄 알아보지 못하거늘"(눅 24:16)

불과 사흘 전까지만 해도 곁에 계셨던 주님. 그분을 알아보지 못했다는 것은 그들의 눈에 뭔가 씌워져 있었다는 것. 너무 충격적인 사건을 겪으면 맨붕이 온다 그러잖아요. 우리도 경험해 보셨잖아요. 머릿속이 하얘지고, 밥맛도 없고, 잠도 안 오고, 어떤 말도 위로가 안 되고. 무력감. 상실감. 우울감. 아마도 그런 상태가 아니었을까. 절망이 이리도 큰데, 무슨 부활? 말도 안 되는 소리! 다 끝났어! 그들은 그렇게 절망하며 내려가고 있었던 것입니다.

그런데 감사하게도 엠마오 가는 길의 두 제자 이야기는 이렇게 절망으로 끝나지마는 않습니다. 저녁만찬 때, 예수님이 떡을 가지사 축사하시고 떼어 그 두 제자에게 주셨을 때 그들의 눈이 밝아져 부활하신 주님을 알아보게 되었다고 성경은 기록하고 있기 때문입니다.

유명한 성화가 있습니다. <저녁만찬 때의 부활하신 예수>. 이 성화를 보면, 부활하신 주님이 떡을 떼어 주실 때, 그때 저 두 제자의 눈이 희망으로 밝아집니다.

> "그들의 눈이 밝아져 그인 줄 알아 보더니 예수는 그들에게 보이지 아니하시는지라"(눅 24:31)

눈이 밝아졌다. 그렇습니다. 희망은 눈이 밝아지는 것입니다. 우리도 그러잖아요. 그 절망의 터널에서 뭔가 희미한 불빛이 보이기 시작할 때, 어 갑자기 정신이 번쩍 들고 눈이 초롱초롱해지고 갑자기 세상이 환하게 밝아지지요.

한자로, 희망(希望)이란 바랄 희 자에 바랄 망, "뭔가 기대를 가지고 바란다"는 뜻입니다. 절망의 현실이 문제가 아닙니다. 아직은 눈에 보이는 것 없어도, 아직은 딱히 손에 잡히는 것 없어도, 여전히 절망의 현실 속에서도, 반드시 웃을 날이 올 거야, 반드시 잘될 거야, 이제 바닥을 쳤으니 올라갈 일만 남았어, 뭔가 기대를 갖고 바라볼 수 있는 눈이 있느냐, 그것이 문제입니다.

본디 우리말에는 '어제,' '오늘'이라는 말은 있지만, '내일'이라는 말은 없습니다. 내일(來日)은 한자말입니다. 한반도 주변 강대국. 고래 싸움에 새우 등 터지기. 요즘 남북정상회담, 북미정상회담, 한반도 주변정세가 급물살을 타고 있지만, 천 번에 가까운 외침 속에서 우리 선조들은 내일을 바라본다는 것이 너무나 힘들었을 것입니다. 그러나 놀라운 사실, 우리말에 내일은 없지만, '모레'라는 말이 있다는 것. 암울한 내일을 넘어 희망의 모레를 바라볼 수 있는 눈이 있었던 것.

상처 입은 그대여, 지금 절망하고 계십니까? 내일이 보이지 않는 다구요? 남편의 직장, 자녀의 진학, 아내의 중년, 병상의 부모, 대화의 불통, 관계의 삐거덕거림. 그래서 내일이 보이지 않는다구요? 아닙니다. 우리 그리스도인은 암울한 내일을 넘어, 희망의 모레를 내다보는 영적인 눈을 지닌 사람들입니다. 하여, 고난의 십자가 넘어, 저 멀리 부활의 모레를 내다보는 영안이, 영의 눈이 번쩍 열리시길 온맘다해 축복합니다. 부활주일 이 아침, 제단 위의 이 꽃, 가시면류관을 의미하는 부겐마리아처럼 긴 긴 겨울 이겨내고, 저 꽃 부활을 의미하는 연산홍처럼 마침내 툴툴 털고 희망의 기지개를 켜시기를 예수님의 이름으로 축원합니다.

희망은 마음이 뜨거워지는 것이다.

"이르시되 미련하고 선지자들이 말한 모든 것을 마음에 더디 믿는 자들이여"(눅 24:25)

그들이 예수님의 말귀를 알아듣지 못한 이유는 바로 "미련하고 마음에 더디 믿는 자들"이었기 때문입니다.

그런데 감사하게도 엠마오 가는 길의 두 제자 이야기는 이렇게 절망으로 끝나지만은 않습니다. 비록 그들이 미련하고 마음에 더디 믿는 자들이었지만, 부활하신 예수님이 엠마오 가는 길에 나타나시어 구약성경을 하나하나 풀어 주셨다고 성경은 기록하고 있기 때문입니다.

그 장면을 형상화한 작품이 있습니다. <성경을 풀어 주시는 예수>. 이 성화를 보면, 부활에 대한 예언이 있잖니, 그건 그렇고 이건 이렇고, 찬찬히 성경을 해석해 주실 때, 그들 속에서 다시 마음이 뜨거워집니다.

"그들이 서로 말하되 길에서 우리에게 말씀하시고 우리에게 성경을 풀어 주실 때에 우리 속에서 마음이 뜨겁지 아니하더냐 하고"(눅 24:32)

마음이 뜨거워졌다. 그렇습니다. 희망은 마음이 뜨거워지는 것입니다. 다시 소명으로 불타오르는 것입니다.

본디 인간은 음식 없이는 40일을 살 수 있고, 물 없이는 3일을 견딜 수 있고, 숨을 쉬지 않고는 8분을 버틸 수 있다고 하나, 희망 없이는 단 1초도 견딜 수 없습니다. 절절포, 절대 절대 절대, 이 희망, 포기하지 맙시다. 우리를 절망시키려 호시탐탐 노리는 마귀에게 절절포, 절대 절대 절대 포기하지 맙시다.

상처 입은 그대여, 지금 절망하고 계십니까? 그래도 우리, 절망의 십자가까지도 이겨내시고 온 인류에게 부활의 희망을 주신 주님께서 성경에서 무어라 하시는지 성경으로 돌아갑시다. 그래서 성경을 읽고 성경을 해석해 주는 말씀을 들으며, 이 절망, 툴툴 털고 다시 일어서서, 다시 소명으로, 다시 마음이 뜨거워지시기를 온 맘다해 축복합니다. 부활주일 이 아침, 제단 위의 이 꽃, 가시면류관을 의미하는 부겐마리아처럼 긴 긴 겨울 이겨내고, 저 꽃 부활을 의미하는 연산홍처럼 마침내 툴툴 털고 희망의 기지개를 켜시기를 예수님의 이름으로 축원합니다.

희망은 즉시 돌아가는 것이다.

"그날에 그들 중 둘이 예루살렘에서 이십오 리 되는 엠마오라
하는 마을로 가면서"(눅 24:13)

예루살렘이 어떤 곳입니까? 예수님과 생사고락을 같이했던 희망의 도시, 하나님 나라의 현주소, 천국의 모형이었습니다. 하지만 두 제자는 급히 그 예루살렘을 떠나고 있습니다. 주님께서 부활하신 그 영광의 날에, 희망의 예루살렘을 떠나, 이십오 리 절망의 엠마오로 터벅터벅 내려가고 있습니다.

그런데 감사하게도 엠마오로 가는 두 제자 이야기는 이렇게 절망으로 끝나지만은 않습니다. 그들이 다시 돌아갔다고 성경은 기록하고 있기 때문입니다.

여기 보시면, 엠마오에서 예루살렘으로 돌아가는 실제 길입니다. <엠마오에서 예루살렘으로 돌아가는 길>. 울퉁불퉁. 꼬불꼬불. 절대 만만한 길이 아닙니다. 더군다나 그때는 이미 해가 석양으로 뉘엿뉘엿 저물었을 때입니다. 엠마오에서 예루살렘까지 되돌아가려면, 이십오 리, 12㎞나 걸어가야 합니다. 날이 밝은 다음 날 떠날 수도 있었건만, 두 제자는 부활의 주님을 만난 그 큰 기쁨을 주체할 길이 없어, 예루살렘에 있는 동료 제자들에게 한시라도 빨리 이 기쁜 소식을 전하고 싶어, 절망의 엠마오를 떠나 희망의 예

루살렘으로, 즉시, 곧바로, 돌아갔습니다.

> "곧 그때로 일어나 예루살렘에 돌아가 보니 열한 제자 및 그들
> 과 함께 한 자들이 모여 있어"(눅 24:33)

"곧 그때로," "즉시, 곧바로"라는 뜻입니다. 그렇습니다. 희망은 다시 초심으로, 주님이 주신 소명의 자리로, 지금 이 시간, 지금 이 자리에서, 즉시, 곧바로, 돌아가는 것입니다.

상처 입은 그대여, 지금 무언가에 대해 절망하고 계십니까? 그 무언가는 여러분의 소관이 아닙니다. 주님이 더 좋은 생각을 갖고 계십니다. 주님께 맡깁시다. 지금 누군가에 대해 절망하고 계십니까? 그 누군가는 여러분의 소관이 아닙니다. 주님이 더 좋은 생각을 갖고 계십니다. 주님께 맡깁시다. 그리고 여러분은 이제 그 절망의 길에서 즉시 일어나 생명의 길, 부활의 길, 주님 계신 희망의 길로, 곧바로, 돌아가시기를 온맘다해 축복합니다. 부활주일 이 아침, 제단 위의 이 꽃, 가시면류관을 의미하는 부겐마리아처럼 긴 긴 겨울 이겨내고, 저 꽃 부활을 의미하는 연산홍처럼 마침내 툴 툴 털고 희망의 기지개를 켜시기를 예수님의 이름으로 축원합니다.

저는 어려서부터 달리기에 잼병이었습니다. 항상 꼴등이었습니다. 그런데 제가 꼴등을 면할 때가 가끔 있었습니다. 소아마비 친구가 기분 좋으면 한 번 달려볼까 하면서 나오는데, 그러면 그 친

구가 꼴등을 해주니, 저는 그 친구가 너무 고마웠습니다. 그런데 그 친구가 어쩌다 자기 기분 나쁘면 안 나와 버립니다. 어김없이 꼴등은 제 차지입니다.

그러던 어느 해, 흰 구름 뭉게뭉게 피는 하늘에, 가을운동회가 열렸습니다. '손님 찾기 장애물 경기.' 운동장 트랙에 여러 가지 장애물이 있었습니다. 장애물을 다 통과하면, 마지막으로 밀가루 쟁반 속에 숨겨져 있는 종이쪽지가 기다리고 있었습니다. 그걸 뒷짐 지고 혀로 핥아서 찾아내 가지고 펴보면, 거기에 누굴 찾아서 모시고 와야 할지 그 이름이 적혀 있었습니다. 그게 미션이었습니다.

"땅!" 총소리와 함께 다섯 명의 친구들이 달렸습니다. 육상선수였던 날쌘돌이 친구도 있었습니다. 당연히 선두였습니다. 사다리를 통과하고, 뜀틀을 뛰어넘고, 가마니를 통과하여, 뒷짐 지고 혀를 날름, 가볍게 종이를 물어 올렸습니다. 그런데 순간, 그 육상선수 친구의 얼굴이 울상이 되었습니다. 그 친구는 관중석을 두리번거리다가 외쳤습니다. "할머니!" 안 나온다는 할머니, 억지로 끌어내서, 손잡고 뛰는데, 할머니, 맘대로 뛰어집니까!

그런데 맨 꼴등으로 오던 소아마비 친구. 세월아 네월아 장애물을 통과하더니, 뒷짐 지고 밀가루를 파헤치다 마지막 남은 종이를 물어 올렸습니다. 그런데 순간, 얼굴이 환해지면서 본부석으로 가더니 소리를 질렀습니다. "담임선생님!" 날쌘돌이 담임선생님, 그 소아마비 친구를 들쳐업고 뛰셨습니다. 결과는 뻔했습니다.

상처 입은 그대여, 지금 엠마오로 내려가는 중이시라고요? 희망이 보이지 않는다구요? 그래서 절망이라고요? 그러나 여러분, 기운을 내십시오. 낙심하지 마십시오. 인생은 롤러코스터, 예루살렘으로 올라가는 길이 있다면 엠마오로 내려가는 길도 있는 법. 엠마오 길, 내려가는 게 문제가 아닙니다. 그 엠마오 가는 길, 누가 여러분과 함께 가느냐, 그것이 중요합니다.

엠마오 마을로 가는 두 제자
절망과 공포에 잠겨 있을 때

엠마오 가는 길, 절망하던 두 제자. 부활하신 주님이 함께 걸어가 주셨습니다. 그 부활의 주님이 지금 절망하는 여러분, 그 엠마오 가는 길에 나타나사, 함께 걸어가 주고 계시는 것을 믿으시면 아멘. 그리고 내 처진 어깨 위에 손을 올리십니다. 그리고 따뜻한 시선으로 바라보십니다. 그리고 말씀하십니다. "요새 힘들지? 그래, 나랑 같이 가자."

제2부 굿모닝 미라클, 동터오는 기적의 아침

08
누가 내 옷에 손을 대었느냐?

"열두 해를 혈루증으로 앓아 온 한 여자가 있어 (26) 많은 의사에게 많은 괴로움을 받았고 가진 것도 다 허비하였으되 아무 효험이 없고 도리어 더 중하여졌던 차에 (27) 예수의 소문을 듣고 무리 가운데 끼어 뒤로 와서 그의 옷에 손을 대니 (28) 이는 내가 그의 옷에만 손을 대어도 구원을 받으리라 생각함일러라 (29) 이에 그의 혈루 근원이 곧 마르매 병이 나은 줄을 몸에 깨달으니라 (30) 예수께서 그 능력이 자기에게서 나간 줄을 곧 스스로 아시고 무리 가운데서 돌이켜 말씀하시되 누가 내 옷에 손을 대었느냐 하시니 (31) 제자들이 여짜오되 무리가 에워싸 미는 것을 보시며 누가 내게 손을 대었느냐 물으시나이까 하되 (32) 예수께서 이 일 행한 여자를 보려고 둘러 보시니 (33) 여자가 자기에게 이루어진 일을 알고 두려워하여 떨며 와서 그 앞에 엎드려 모든 사실을 여쭈니 (34) 예수께서 이르시되 딸아 네 믿음이 너를 구원하였으니 평안히 가라 네 병에서 놓여 건강할지어다"(막 5:25-34)

어느 교회가, 건물이 낡아 수리가 불가피한 상황이었습니다. 상당한 비용이 예상되었습니다. 목사님은 그것을 어떻게 교인들에게 말해야 할지 고민하다가 주일을 맞았습니다. 주일날 아침, 엎친 데 덮친 격으로 피아노 반주자가 아파서 예배에 참석하지 못하겠다는 연락이 왔습니다. 그리고 급히 물색한 임시 반주자마저 예배가 시작될 무렵이 되어서야 허겁지겁 나타났습니다. 화가 난 목사님이 임시 반주자에게 퉁명스럽게 말했습니다. "자매님, 내가 오늘 교인들에게 재정문제를 얘기할 텐데, 그때 무슨 곡을 칠지는 자매님이 알아서 하세요!" 드디어 예배가 시작되었습니다. 대표기도가 끝난 다음, 설교에 앞서 목사님은 조심스레 교인들에게 재정문제를 꺼냈습니다. "사랑하는 성도 여러분, 우리 교회는 지금 매우 어려운 상황에 처해 있습니다. 주님의 몸인 교회가 심하게 낡아 수리 비용이 만만치 않게 들어갈 형편입니다. 혹시 여러분들 중에서 100만 원이나 그 이상의 헌금을 하실 분은 지금 자리에서 일어나 주십시오. 하나님께서 매우 기뻐하실 겁니다." 그러나 아무도 일어나지 않았습니다. 잠시 정적이 흘렀습니다. 분위기는 매우 어색해졌습니다. 그런데 바로 그때, 갑자기 피아노에서 장엄한 애국가가 울려 퍼졌습니다. 동해물과 백두산이! 그러자 교인들은 엉겁결에 하나둘 자리에서 일어났습니다. 하나님이 보우하사 우리나라 만세! 어느새, 모두 일어서서 애국가를 부르고 있었습니다. 장엄하게. 임시로 온 반주자가 애국가 한 방으로 모두를 일으켜 세워버린 것입니다. 기적이 일어난 것입니다. 아무도 안 일어날 줄 알았는데. 그날 헌금 액수는 졸지에 예상치의 40배를 넘어섰습니다. 임시 반주자는 그날부터 정규 반주자로 채용되었습니다. 기적을 일으킨 대가로.

그렇다면, 우리도 이 힘들고 지친 인생, 미라클, 예수님이 행하시는 기적을 체험하려면 어떻게 해야 할까요?

예수의 소문을 듣고 믿어야 합니다.

초등학교 때 해남군 교육청에서 웅변대회가 있었습니다. 제 순서가 되었습니다. 저 뒤를 보니 어머니가 지켜보고 계셨습니다. 힘이 났습니다. 어머니를 보면서, 한참 웅변에 몰입해 있는데, 갑자기 저 뒤에서 지켜보시던 어머니가 푹 쓰러지는 게 보였습니다. 순간 멍해졌습니다. 사람들이 놀라는 소리. 누군가의 등에 업혀 나가시는 어머니. 심사위원이 종을 계속 쳤지만, 나는 정신줄을 놓아버렸습니다. 더 계속할 수 없었습니다. 원고도 아무것도 생각이 안 났습니다. 땡, 세 번째 종이 울리고, 나는 그냥 내려와야 했습니다. 끝나자마자 병원으로 달려갔습니다. 어머니는 해남에서는 안 된다고 해서, 구급차도 없던 시절, 택시를 불러서 광주로 급히 옮겨지셨습니다. 그리고 자궁이니 나팔관이니, 속에 있는 것을 다 들어내셨습니다. 그것이 어머니의 하혈이었습니다. 오늘 본문도 바로 그런 이야기입니다.

"열두 해를 혈루증으로 앓아 온 한 여자가 있어"(막 5:25)

혈루증이란 문자 그대로 피가 흐르는 병. 일종의 하혈. 자궁암 내지는 생식기가 썩어 들어가는 병. 당시 이런 병에 걸렸다는 것은 감당할 수 없는 고난의 인생길을 가야 한다는 의미. 하혈을 계속할 경우, 악성빈혈에 시달리게 됩니다. 게다가 조금만 움직여도 숨이 차오르고 손톱이 빠지고 노쇠 현상도 빠르게 진행됩니다.

오늘 본문의 여인도 그런 모습이었을 것입니다. 12년을 혈루증으로 앓았으니, 몰골이 말할 수 없이 초췌했을 것입니다. 12년을 병마와 싸우느라 아름다움도 매력도 잃어버렸을 것입니다. 얼굴은 창백해지고 피골은 상접하고 물이 귀해 씻지도 못하고 심한 냄새가 났을 것입니다. 이 병원 저 병원 안 가본 데가 없었을 것입니다. 12년, 의사들도 이미 손을 놓아 버렸을 것입니다. 사람들이 뭐가 좋다더라, 그러면 귀가 솔깃할 수밖에 없었을 것입니다. 검증 안 된 약에 눈길이 갔을 것입니다. 값비싼 건강보조식품에 많은 돈을 들였을 것입니다. 수백만 원씩 들여 부적을 사거나 굿을 하기도 했을 것입니다. 그런데도 결과는?

"많은 의사에게 많은 괴로움을 받았고 가진 것도 다 허비하였으되 아무 효험이 없고 도리어 더 중하여졌던 차에"(막 5:26)

12년간 아무 효험이 없었습니다. 더 심해지기만 했습니다. 이런 혈루증은 부정한 병이라고 보고 죄인 취급받던 시절, 사람들과 함부로 접촉할 수 없었습니다. 누군가를 만져서도 안 되고 누웠던 자리나 앉은 자리나 만진 물건까지 다 부정하게 취급되었습니다. 성전에도 들어갈 수 없었고 예배도 드릴 수 없었습니다. 십중팔구 남편한테도 이혼당했을 것입니다. 자식들도 나 몰라라 했을 것입니다. 돈도 잃고 몸도 잃고, 이용당하고 버림받고. 배신감. 상실감.

누구도 따뜻한 눈빛을 보내주지 않았습니다. 기댈 사람도, 도움을 청할 사람도 없었습니다. 혐오스러워할 뿐. 언제나 혼자. 얼마나 외로웠을까. 이제는 눈물도 말라버린 여인. 세상에서 가장 불쌍한 여인. 그런데 그러던 차에...

> "예수의 소문을 듣고 무리 가운데 끼어 뒤로 와서 그의 옷에 손을 대니"(막 5:27)

예수의 소문을 들었던 것. 이 소문이 결국은 그 여인을 살렸습니다. 무려 12년간 꽁꽁 얼어붙었던 그 여인의 가슴에 한 줄기 봄 햇살처럼 들려온 소문. 갈릴리에서 온 예수라는 분이 앉은뱅이도 일으키고 오병이어의 기적도 행하고 죽은 나인 성 과부의 아들도 살렸대. 아무개 알지? 날 때부터 벙어리였잖아. 그런데 그분을 만난 뒤로 그 벙어리가 말을 하기 시작했대. 오늘 내가 그 아무개 만나고 기절해 죽는 줄 알았잖아. 세상에 이런 일이...

혈루증 여인은 예수의 소문을 듣고 심장이 터질 것만 같았습니다. 12년간 의사란 의사는 다 찾아다녔는데, 좋다는 약은 다 먹었는데, 그래도 못 고쳤는데, 나보다 더한 사람도 고쳤다고? 아무개가 말을 했다고? 대체 누구기에 죽은 사람도 살린다는 말인가. 수많은 사기꾼들에게 돈을 뜯겨보았기에 이제는 누가 뭐라더라 소문만 들어보아도 감이 왔습니다. 그런데 이번에는 달랐습니다. 예수란 사람은 돈을 받고 병을 고쳐주는 그런 사람이 아니었습니다. 그는 하나님 나라를 말하는 사람이었고, 죄를 회개하라고 선포하는 사람이었고, 가난한 이더러 복이 있다고 말하는 사람이었습니다. 그래, 예수의 소문이 사실이라면, 그분은 내가 만났던 여느 의사와는 달라도 너무 달라. 예수님을 만나면 자신의 병을 고쳐주실 것이라는 믿음이 생겼습니다. 이렇게 예수의 소문은 예수에 대한 믿음으로 이어졌습니다.

그래서 예수님은 이렇게 말씀하셨습니다.

> "예수께서 이르시되 딸아 네 믿음이 너를 구원하였으니 평안히 가라 네 병에서 놓여 건강할지어다"(막 5:34)

네 믿음이 너를 구원하였으니. 내가 기적을 행한다는 소문을 듣고 믿을 건지 말 건지, 긴가민가했을 텐데, 내 소문에 대한 네 믿음이 너를 구원하였으니, 그런 말씀입니다. 그러니 이제 평안히 가라. 네 병에서 놓여 건강할지어다. 예수님의 소문에 대한 여인의 그 절절한 믿음을 보시고, 예수님이 기꺼이 기적을 베풀어 주신 것입니다.

사랑하는 성도 여러분, 여러분도 가정에서, 직장에서, 사업처에서, 기적을 바라고 계십니까? 그렇다면, 무엇보다 먼저 기적을 베풀어 주실 예수 그리스도를 전적으로 믿어야 합니다. 어떻게 그분을 전적으로 믿을 수 있을까요? 예수 그리스도께서 행하신 기적들을 귀 기울여 들어야 합니다. 어디에 있는 무엇을 귀 기울여 들어야 할까요? 바로 여기 성경에 예수 그리스도께서 행하신 기적에 관한 말씀들입니다. 오늘 본문처럼 예수님이 행하신 기적들.

그래서 사도 바울은 이렇게 말합니다.

"그러므로 믿음은 들음에서 나며 들음은 그리스도의 말씀으로 말미암았느니라"(롬 10:17)

믿음은 들음에서 난다. 무슨 뜻일까요? 믿음은 내가 어떤 소문을 듣느냐, 내가 들은 그 소문의 진상이 뭐냐, 내가 들은 그 소문이 도대체 어디서 나온 것이냐, 잘 귀 기울여 들어야 한다, 그런 뜻입니다.

그랬더니 보세요. 들음은 그리스도의 말씀으로 말미암는다. 내가 들은 소문의 근원이 바로 예수 그리스도의 말씀에 있더라는 것입니다. 그러니, 여러분, 예수 그리스도의 기적에 관한 이 성경 말씀을 귀 기울여 잘 들으라는 의미입니다.

부디 예수 그리스도께서 행하신 기적에 관한 생생한 이 성경 말씀을 귀 기울여 잘 들으십시오. 기적은 없다, 그런 마귀의 속삭임에 속지 마시고, 예수님이 행하신 기적에 관한 성경의 그 소문을 100% 전적으로 믿으십시오. 그리고 기적은 지금도 계속된다, 주님만 바라보실 때, 저와 여러분의 고달픈 삶에도 예수님이 행하시는 크고 놀라운 기적이 강력하게 나타나기를, 담임목사로서 아버지의 마음으로 축복하고 축복하고 축복합니다.

그렇다면, 우리도 이 힘들고 지친 인생, 미라클, 예수님이 행하시는 기적을 체험하려면 또 어떻게 해야 할까요?

기적은 있다고 성경 그대로 생각해야 합니다.

예수님의 소문을 들음으로 믿음이 생긴 혈루증 여인. 그때부터 이런 생각을 하게 되었습니다.

"이는 내가 그의 옷에만 손을 대어도 구원을 받으리라 생각함
일러라"(막 5:28)

생각함일러라. 헬라어 성경원어로 엘레겐. 마음속 생각을 반복적으로 계속 중얼거린다는 뜻의 미완료동사. 여인은 혼잣말로 계속 중얼거린 것입니다. "예수님 옷자락만 만져도 나는 구원받을 수 있어. 예수님 옷자락만 만져도 나는 구원받을 수 있어."

여기서 구원은 치유와 어근이 같습니다. 그러니 여인이 중얼거린 말은 이런 뜻입니다. "예수님 옷자락만 만져도 나는 치유 받을 수 있어. 예수님 옷자락만 만져도 나는 치유 받을 수 있어."

하나님은 여러분의 마음속 중얼거림까지도 다 듣고 계십니다. 여러분이 어떤 생각을 하는지 다 알고 계십니다. 그리고 그 중얼거림대로, 그 생각하는 대로 갚으십니다.

유행가 중에는 밝은 노래가 있는가 하면 어두운 노래도 있습니다. 그런데 놀랍게도 어두운 노래는, 그 노래를 부르는 가수까지도 어둡게 만들었습니다. 자살한 가수들을 보면 한결같이 생전에 불렀던 노래들이 어둡습니다. 불행을 노래한 가수들은 다 불행해졌습니다. 계속 불행을 노래하며, 불행을 곱씹으며, 불행을 중얼거리며, 불행한 생각에 빠졌으니, 그 생각대로 사탄이 틈탄 것입니다.

지금 여러분은 무슨 생각에 빠져 있나요? 불현듯 길을 멈추고 지금 여러분이 무엇을 중얼거리고 있는지 생각해 보십시오. 그 생

각대로 하나님이 갚으십니다. "남편 복 없는 년이 무슨 자식 복 있겠어?" 입버릇처럼 중얼거리면, 자식들 모두가 부모 속을 썩입니다. 여러분이 그렇게 중얼거렸잖습니까? "아이고, 죽겠다!" 그것도 좋은 중얼거림이 아닙니다. 따라합시다. "아이고, 살겠다!" 그러면 살길이 생깁니다. 저와 여러분의 중얼거림, 그 내용이 바뀌어야 합니다.

제가 2015년 육군본부교회 담임목사로 섬길 때, 전교인 행복축제를 기획했습니다. 주일낮예배를 마치고 교회 앞 잔디밭에서 하는 행사였습니다. 육군해군공군 본부교회는 3,000명이 부대 안과 밖에서 나누어져 주일낮예배를 드리는데, 9시 30분에 일찍 드렸습니다. 그래서 예배 마치면 다들 일찍 가버리니까, 점심식사 할 교인은 한 300명 정도 참석할 거라 예상했습니다. 더 와도 350명 정도겠지. 해마다 그랬으니까. 그런데 교구장들이 사전 조사한 결과, 600명도 더 올 것 같다는 것. 출장뷔페 때문일까? 아니면 내가 행복플러스, 행복플러스 외치니, 그래 가서 온가족 행복한 시간 보내자 기대하고 오려는 것일까? 아무튼 교인들이 배나 온다면 좋은 것 아닌가? 부정적인 이야기를 하는 사람들은 조사결과 600명이 올 것 같다고 해도 못 믿었습니다. 구시렁구시렁. 오지도 않을 텐데! 뭐 한다고 식수 인원을 이렇게 많이 잡냐? 그러다 남으면 그 돈은? 불평한다는 소리들도 들려왔습니다. 25명의 장로님들과 지혜를 모았습니다. "목사님, 600명이 온다면 얼마나 좋은 일입니까?" 너무나 흔쾌히 재정투자를 해주시는 거예요. 잔디밭 출장뷔페 600명분을! 역시, 우리 장로님들 짱! 그래, 나도 좋은 생각만 하자. 그랬더니 실제로 몇 명이 왔는지 아세요? 630명! 300

명만 준비했으면 큰일 날뻔했습니다. 잔디밭 전교인 행복축제. 여신도들도 그날만은 주방 봉사에서 해방. 자녀들과 온 가족 마음껏 즐기고 갔습니다. 기적이 따로 없었습니다. 너무나 행복해했습니다.

우리 교회도 기적의 연속입니다. 해마다 전교인 행복여행 숫자가 늘고 있어요. 보통 40~50명 갔다는데, 작년에 80명이 갔어요. 버스 두 대가 꽉 찼어요. 보셨잖아요. 그리고 이번에 전교인 윷놀이 대회도 보세요. 그날 예배에 40명이 더 왔어요. 아, 생각한 대로 되는구나! 생각, 생각, 생각. 기적은 일어난다는 생각. 이번에 수요오전 행복학교도 기적은 일어난다는 생각. 전교인 세대통합 성경공부 가스펠 프로젝트도 기적은 일어난다는 생각.

생각함일러라. 엘레겐의 기도. 여인은 계속 생각했습니다. '예수님 옷자락만 만져도 나는 치유 받을 수 있을 거야.' 여인은 계속 그 생각을 입으로 중얼거렸습니다. "예수님 옷자락만 만져도 나는 치유 받을 수 있어. 아니, 이미 나는 치유 받았어! 여기까지 온 것만 해도 기적은 이미 시작된 거야!" 그 생각은 믿음으로 이어졌습니다. 그리고 그 믿음이 여인을 살렸습니다.

예수님이 뭐라고 하셨습니까? 다시 본문을 봅시다.

> "예수께서 이르시되 딸아 네 믿음이 너를 구원하였으니 평안히 가라 네 병에서 놓여 건강할지어다"(막 5:34)

네 믿음이 너를 구원하였으니. 예수님의 이 말씀은 네 생각이 너를 구원하였으니, 그런 뜻입니다. 그러니 이제 평안히 가라. 네 병에서 놓여 건강할지어다. 여인의 그 확고한 생각을 높이 평가하시고, 예수님이 기꺼이 기적을 베풀어 주신 것입니다.

사랑하는 성도 여러분, 여러분도 가정에서, 직장에서, 사업처에서, 아니 이 교회에서, 지금 기적을 바라고 계십니까? 그렇다면, 기적은 나한테도 일어난다, 위대한 생각을 하십시오. 아니, 이미 기적은 나에게 일어났다, 과거완료형으로 기적을 선포하십시오. 문제와 상황과 질병에 묶이지 말고, 암만 묵상하지 말고, 현재와 사건과 통계라는 허상만 생각하지 마시고, 이미 주께서 이루어 놓으신 기적의 실상을 생각하십시오. 그 실상이 무엇입니까?

"친히 나무에 달려 그 몸으로 우리 죄를 담당하셨으니 이는 우리로 죄에 대하여 죽고 의에 대하여 살게 하려 하심이라 그가 채찍에 맞음으로 너희는 나음을 얻었나니"(벧전 2:24)

주께서 십자가 나무에 달리시고 채찍에 맞으심으로 우리 죄, 우리 병을 사셔가시고, 저와 여러분은 그때 이미 나음을 얻었습니다. 과거에 이미 끝난 승부입니다.

영어성경에 보면, 더 분명합니다.

""He himself bore our sins" in his body on the cross, so that we might die to sins and live for righteousness; "by his wounds you have been healed.""(벧전 2:24, NIV2011)

by his wounds, 그분이 십자가에서 피를 흘리시고 상처를 입으심으로, you have been healed. 너희는 이미 병으로부터 치유를 받았다! 이것이 실상입니다. 이것이 실제 상황입니다. 저와 여러분의 생각이, 나는 아프다는 허상이 아니라, 나는 이미 나았다는, 이 실상으로 가득 차야 합니다. 이것이 믿음입니다.

히브리서 저자가 말하는 것도 이 실상을 붙잡으라는 호소입니다.

> "믿음은 바라는 것들의 실상이요 보이지 않는 것들의 증거니"(히 11:1,)

이것을 영어성경에는 이렇게 번역합니다.

> "Now faith is confidence in what we hope for and assurance about what we do not see."(히 11:1, NIV2011)

faith is confidence in what we hope for. 믿음은 우리가 희망하는 것을 확신하는 것이다. 믿음이 무엇이냐고 묻거든, 나는 이미 나았다!, 내가 희망하는 것이 이미 이루어졌다는 대담한 확신이라는 뜻입니다.

그런 의미에서, 이 질병, 재발과 전이와 내성의 공포에 사로잡혀 있습니까? 그것은 허상입니다. 실상은 무엇일까요? 실상은 바로 이것입니다.

> "너희는 여호와께 대하여 무엇을 꾀하느냐 그가 온전히 멸하

시리니 재난이 다시 일어나지 아니하리라"(나 1:9)

영어성경에는 이렇게 되어 있습니다.

"Whatever they plot against the Lord he will bring to an end; trouble will not come a second time."(나 1:9, NIV2011)

he will bring to an end, 하나님께서 나를 완치시키실 것이다. 이것을 미래형이 아니라, 과거완료형으로 확신을 가지고 담대히 선포하라는 말씀입니다. 하나님께서 나를 이미 완치시키셨습니다! 이것이 저와 여러분이 선포해야 할 실상입니다.

또 다음 영어성경 말씀이 뭡니까? trouble will not come a second time. 질병이 재발되지 않을 것이다. 이것도 미래형이 아니라, 과거완료형으로 확신을 가지고 담대히 선포하라는 말씀입니다. 내 질병의 재발과 전이와 내성이 다시는 일어나지 않았습니다! 이것이 저와 여러분이 선포해야 할 실상입니다. 이것이 오늘 주님이 주시는 좋은 소식, 복음입니다.

이제 난 어떡하지, 주님 고쳐주시옵소서, 안 고쳐주시면 난 죽습니다, 이렇게 내가 걱정하면 내가 책임져야 하지만, 주님께서 고쳐주셨습니다, 난 이제 완치되었습니다, 나는 이제 진리이신 예수님 안에서 질병으로부터 완전히 자유케 되었습니다, 이렇게 담대히 선포하면 주님께서 책임지십니다.

인생의 공을 예수님께 넘기십시오. 그래야 저와 여러분이 사탄과 싸우는 이 절체절명의 인생 경기장에 예수님께서 훅하고 개입해 들어오십니다. 예수님이 개입하시면, 기적은 현실이 됩니다.

12년 혈루증 여인에게 베푸신 예수님의 기적. 저와 여러분의 고달픈 삶에도 예수님이 행하시는 그 크고 그 놀라운 기적이 회오리바람처럼 강력하게 나타나기를, 담임목사로서 아버지의 마음으로 축복하고 축복하고 축복합니다.

그렇다면, 우리도 이 힘들고 지친 인생, 미라클, 예수님이 행하시는 기적을 체험하려면 또 어떻게 해야 할까요?

뭐라도 시도해야 뭐라도 일어납니다.

엘레겐의 기도를 드리던 혈루증 여인. 마침내 그녀에게 기회가 찾아왔습니다. 그녀가 기회를 찾아 나선 것이기도 합니다. 그녀는 예수님이 계시는 현장으로 달려갑니다. 그리곤 덥석 예수님의 옷에 손을 댑니다.

> "예수의 소문을 듣고 무리 가운데 끼어 뒤로 와서 그의 옷에
> 손을 대니"(막 5:27)

그런데 우리는 그녀가 예수님의 옷에 손을 댄다는 게 얼마나 엄청난 일이었는지를 쉽게 간과해선 안 됩니다. 당시 정결법에 따라, 혈루증 여인은 사람들 곁에 가면 안 되었습니다. 설사 간다 해도, 힘센 장정들을 밀치고 예수님께 가까이 다가서기란 가녀린 여인의

힘으로는 역부족이었을 것입니다. 하지만 여인은 하늘이 준 절호의 기회 앞에서 머뭇거리지 않았습니다. 잘못하면 돌에 맞아 죽을 수도 있었습니다. 예수님께 다가가다가 쓰러져 죽을 수도 있었습니다. 그러나 그 무엇도 두려워하지 않았습니다. 여인은 자신이 생각한 대로, 자신의 믿음대로, 가장 좋은 시도를 행동으로 옮겼습니다. 조금도 주저함이 없이 즉각 시도했습니다.

> "예수께서 그 능력이 자기에게서 나간 줄을 곧 스스로 아시고 무리 가운데서 돌이켜 말씀하시되 누가 내 옷에 손을 대었느냐 하시니"(막 5:30)

누가 내 옷에 손을 대었느냐? 그렇습니다. 혈루증 여인처럼, 우리도 예수님 옷에 손을 대야 합니다. 시도해야 합니다. 아무것도 시도하지 않으면 아무 일도 일어나지 않습니다. 절망의 끝에서 희망을 만져야 합니다. 생각만 하고 있어서는 안 됩니다. 생각이 믿음으로, 믿음이 행동으로, 즉각 시도되어아 힙니다. 하늘이 준 일생일대 둘도 없는 절호의 기회 앞에서 머뭇거리지 않아야 합니다. 즉각 시도해야 합니다.

즉각 시도했더니, 예수님이 뭐라고 하셨습니까? 다시 본문을 봅시다.

> "예수께서 이르시되 딸아 네 믿음이 너를 구원하였으니 평안히 가라 네 병에서 놓여 건강할지어다"(막 5:34)

네 믿음이 너를 구원하였으니. 예수님의 이 말씀은 네 시도가 너를 구원하였으니, 그런 뜻입니다. 그러니 이제 평안히 가라. 네 병에서 놓여 건강할지어다. 여인의 그 담대한 시도를 귀히 보시고, 예수님이 기꺼이 기적을 베풀어 주신 것입니다.

사랑하는 성도 여러분, 여러분도 가정에서, 직장에서, 사업처에서, 지금 기적을 바라고 계십니까? 그렇다면, 이 혈루증 여인처럼, 예수님 옷자락을 만지십시오. 담대히 시도하십시오. 안 그럼 나 죽습니다! 울부짖으며 주님의 옷자락을 붙들고 늘어지십시오. 뭐라도 시도해야 뭐라도 일어납니다.

그래서 사도 야고보는 이렇게 말합니다.

"영혼 없는 몸이 죽은 것 같이 행함이 없는 믿음은 죽은 것이니라"(약 2:26)

행함이 없는 믿음, 좋은 생각만 있고 시도하지 않는 믿음은 죽은 것이라는 말씀입니다.

<바보는 항상 결심만 한다>는 책이 있습니다. 하나님을 위하여 위대한 일을 시도하십시오. 즉각 시도하십시오.

12년 동안 혈루증을 앓던 여인은 자신의 생각, 자신의 결심, 자신의 믿음을 행동으로 즉각 시도하였고, 마침내 놀라운 축복을 받았습니다.

"이에 그의 혈루 근원이 곧 마르매 병이 나은 줄을 몸에 깨달으니라"(막 5:29)

혈루 근원이 말랐다. 근원치료가 되었다는 것. 곧 마르매. 즉각
치료가 되었다는 것. 근원치료, 즉각치료. 여인이 생각만 하고 있
었더라면 어떻게 되었을까요?

저는 이 혈루증 여인을 부르시는 예수님의 마지막 말씀이 참 놀
랍습니다.

"예수께서 이르시되 딸아 네 믿음이 너를 구원하였으니 평안
히 가라 네 병에서 놓여 건강할지어다"(막 5:34)

여인아, 부르실 수 있었는데, 딸아, 부르십니다. 돈 날리고 몸 버
리고 다 피하고 다 죄인 취급하고 남편마저 자식들마저 떠나버린
이 열두 해 혈루증 여인을 향하여, 딸아, 부르시는 예수님. 그 말
씀 한마디에 12년 혈루증을 앓았던 여인은 가슴이 뛰었을 것입니
다. 아무도 나를 그렇게 불러주지 않았는데, 우리 엄마도 나를 그
렇게 불러주지 않았는데, 딸아, 불러주신 예수님, 그 말씀 한마디
에 여인은 육신만이 아니라 영혼까지 치유되었습니다. 딸아, 불러
주시는 예수님이, 그래서 저는 너무너무 좋습니다.

사랑하는 성도 여러분, 지금 여러분에게도 예수님이 그렇게 부
르십니다. 딸아! 그동안 너무너무 외로웠지? 아들아! 그동안, 너무
너무 힘들었지?

아직도 희망이 보이지 않으신다구요? 절망의 끝자락, 대롱대롱
매달려 있는 느낌이시라구요? 그러나, 기억합시다. 그 절망의 끝자

락에서, 예수님 옷자락 붙잡았던 그 여인을! 그 여인이 어떻게 되었는지를! 기적은 오늘도 계속됩니다! 여러분을 통해서! 아니, 저를 통해서!

09
가라! 가라! 가라!

"또 예수께서 건너편 가다라 지방에 가시매 귀신 들린 자 둘
이 무덤 사이에서 나와 예수를 만나니 그들은 몹시 사나워 아
무도 그 길로 지나갈 수 없을 지경이더라 (29) 이에 그들이 소
리 질러 이르되 하나님의 아들이여 우리가 당신과 무슨 상관
이 있나이까 때가 이르기 전에 우리를 괴롭게 하려고 여기 오
셨나이까 하더니 (30) 마침 멀리서 많은 돼지 떼가 먹고 있는
지라 (31) 귀신들이 예수께 간구하여 이르되 만일 우리를 쫓
아 내시려면 돼지 떼에 들여 보내 주소서 하니 (32) 그들에게
가라 하시니 귀신들이 나와서 돼지에게로 들어가는지라 온 떼
가 비딜로 내리딸아 바다에 들어가시 물에시 몰사하거늘 (33)
치던 자들이 달아나 시내에 들어가 이 모든 일과 귀신 들린 자
의 일을 고하니 (34) 온 시내가 예수를 만나려고 나가서 보고
그 지방에서 떠나시기를 간구하더라"(마 8:28-34)

　　어떤 교회 목사님이 경제적으로 어려움을 겪게 되었습니다. 아
내를 불러서 당부했습니다. "여보, 우리 형편이 좀 나아질 때까지
당분간 모든 비용은 줄이도록 합시다. 특히, 옷이라든가 외식 같은

건 자제하는 게 좋겠소.” 그로부터 며칠 후, 외출했던 아내가 멋진 옷을 한 벌 사 입고 집으로 돌아왔습니다. 그걸 본 목사님이 못마땅해서 한마디 했습니다. “아주 멋지구려! 그런데 당신, 내가 당분간 옷 같은 건 사지 말자고 부탁한 거 기억나요?” 그러자 아내가 대답했습니다. “기억나죠. 하지만 백화점에서 제가 이 옷을 보는 순간, 글쎄 사탄이 저를 막 유혹하지 뭐예요.”

목사님이 어이가 없어서 말했습니다. “아니, 그럴 땐 당신도 어떻게 해야 하는지 잘 알고 있잖소. 예수님이 하신 대로 소리쳤어야지요. ‘사탄아, 내 뒤로 물러가라!’ 그렇게!” 그러자 아내가 대답했습니다. “저도 그렇게 했죠. 그런데 사탄이 제 뒤로 물러가더니, ‘어머, 사모님, 뒤에서 봐도 너무 아름다우시네요!’ 그러잖아요!” 따라합시다. “뒤에서 봐도 아름다우시네요!”

사랑하는 성도 여러분, 사탄의 존재를 어떻게 생각하십니까? 정말 있을까요? 요즘 같은 첨단 과학문명시대에 무슨 사탄 마귀냐구요? 그런데 그렇게 무시할 일이 아닙니다. 여러분도 느끼시겠지만, 신앙생활이라는 게 정말 내 마음대로 안 되거든요. 언행심사, 내 마음대로 안 됩니다. 갑자기 내가 포악해지고, 마음은 안 그러려고 하는데 감정조절이 잘 안될 때가 있습니다. 갑자기 눈이 돌아가고, 갑자기 뚜껑이 열리고, 갑자기 밤에 돌아다니고, 갑자기 물건을 집어 던집니다. 갑자기 우울해지고, 갑자기 질투가 나고, 갑자기 살아서 뭐 하나 싶고, 갑자기 죽고만 싶습니다. 아, 내가 내 마음대로 안 됩니다. 오호라, 내 안에 또 다른 내가 있습니다. 불화와 불평, 불행과 고통, 질병과 유전, 반목과 갈등, 스트레스와 트라우마, 상처와 낙심, 실패와 아픔, 고난과 고통, 이런 것들이 다 설명이 안 될 때가 있습니다. 상담으로도 답이 없을 때가 있습니다. 그럴 때 우리는 영적인 분별이 필요합니다. 잠시 멈춰서서 내면의 거울을 보고 질문을 던져볼 필요가 있습니다. 이것은 혹시 사탄의 역사 아닌가? 마귀의 계략 아닌가?

예수님도 광야에서 그런 경험이 있으셨기 때문입니다.

"이에 예수께서 말씀하시되 사탄아 물러가라 기록되었으되 주 너의 하나님께 경배하고 다만 그를 섬기라 하였느니라 (11) 이에 마귀는 예수를 떠나고 천사들이 나아와서 수종드니라"(마 4:10-11)

영어성경에는 이렇게 기록되어 있습니다.

"Jesus said to him, "Away from me, Satan! For it is written: 'Worship the Lord your God, and serve him only.'" (11) Then the devil left him, and angels came and attended him."(마 4:10-11, NIV2011)

여기 보면, 사탄은 세이턴이라고 번역되어 있고, 마귀는 데블이라고 번역되어 있습니다. 그런데 예수님은 이 사탄과 마귀를 같은 의미로 사용하고 계십니다. 핵심은 사탄과 마귀는 반드시 있으니, 너도 조심하라는 말씀입니다.

예수님이 이렇게 말씀하셨다면, 우리도 영적으로 깨어 있어야 합니다. 예수님도 타락한 천사장, 사탄 마귀의 유혹을 받으셨는데,

우리도 얼마든지 사탄 마귀의 먹잇감이 될 수 있기 때문입니다.

오늘은 지난주일에 이어, 미라클, 예수님이 행하신 기적, 두 번째 시간입니다. 오늘 예수님이 행하신 기적은 이렇게 시작됩니다.

> "또 예수께서 건너편 가다라 지방에 가시매 귀신 들린 자 둘이 무덤 사이에서 나와 예수를 만나니 그들은 몹시 사나워 아무도 그 길로 지나갈 수 없을 지경이더라"(마 8:28)

영어성경에는 이렇게 번역되어 있습니다.

> "When he arrived at the other side in the region of the Gadarenes, two demon-possessed men coming from the tombs met him. They were so violent that no one could pass that way."(마 8:28, NIV2011)

귀신을 디먼이라고 번역하고 있습니다. 이렇게 볼 때, 하나의 계보가 형성되는데요. 여기서 귀신은 바로 이 사탄 마귀의 하수인이라는 것입니다. 예수님이 바로 이 사탄 마귀의 하수인인 귀신을 쫓아내신 것입니다.

그렇다면, 우리도 미라클, 예수님이 행하신 기적처럼, 내 안에서, 우리 가정에서, 우리 교회에서, 귀신을 쫓아내는 기적을 체험하려면 어떻게 해야 할까요?

예수님을 만나야 기적이 시작됩니다.

"또 예수께서 건너편 가다라 지방에 가시매 귀신 들린 자 둘
이 무덤 사이에서 나와 예수를 만나니 그들은 몹시 사나워 아
무도 그 길로 지나갈 수 없을 지경이더라"(마 8:28)

오늘 예수님의 기적 사건이 일어난 곳은 가다라 지방입니다. 갈
릴리 호수 건너편 동남쪽, 10킬로미터 떨어진 곳에 열 도시라는
뜻의 데가볼리가 있었는데, 거기 있는 지방이었습니다.
　마태복음을 쓴 마태는 가다라 지방이라고 적고 있지만, 마가복
음을 쓴 마가는 똑같은 기적 사건을 쓰면서 지명을 좀 다르게 표
기합니다.

"예수께서 바다 건너편 거라사인의 지방에 이르러"(막 5:1)

누가복음을 쓴 예수님 제자 누가도 예수님이 행하신 이 기적 사
건을 목격했는데 지명을 이렇게 기억합니다.

"그들이 갈릴리 맞은편 거라사인의 땅에 이르러"(눅 8:26)

그렇게 보면, 거라사나 가다라나 같은 지명입니다. 우리 교회 주
소를 옛날에는 문화동이라고 했는데, 요즘에는 서문로라고 하는
것이나 마찬가지이지요. 그게 그겁니다.
　그런데 오늘 예수님이 행하신 기적 사건 기록을 보면, 제자들의

기억이 조금씩 다릅니다. 귀신 들린 사람이 몇 명입니까?

"또 예수께서 건너편 가다라 지방에 가시매 귀신 들린 자 둘
이 무덤 사이에서 나와 예수를 만나니 그들은 몹시 사나워 아
무도 그 길로 지나갈 수 없을 지경이더라"(마 8:28)

마태 기억에는 귀신 들린 사람이 두 명이었습니다. 그래서 영어
성겨에도 이렇게 기록되어 있습니다.

"When he arrived at the other side in the region of the
Gadarenes, two demon-possessed men coming from
the tombs met him. They were so violent that no one
could pass that way."(마 8:28, NIV2011)

분명 두 명입니다. 그런데 마가의 기억을 보세요.

"배에서 나오시매 곧 더러운 귀신 들린 사람이 무덤 사이에서
나와 예수를 만나니라"(막 5:2)

몇 명이었나요? 잘 모르시겠다구요? 영어성경을 보면 마가의 기
억은 이렇습니다.

"When Jesus got out of the boat, a man with an impure
spirit came from the tombs to meet him."(막 5:2,

NIV2011)

귀신 들린 사람은 두 명이 아니라 한 명이었어요. 또 누가의 기억도 보세요.

"예수께서 육지에 내리시매 그 도시 사람으로서 귀신 들린 자 하나가 예수를 만나니 그 사람은 오래 옷을 입지 아니하며 집에 거하지도 아니하고 무덤 사이에 거하는 자라"(눅 8:27)

몇 명이었나요? 분명 한 명이었습니다. 영어성경도 보세요.

"When Jesus stepped ashore, he was met by a demon-possessed man from the town. For a long time this man had not worn clothes or lived in a house, but had lived in the tombs."(눅 8:27, NIV2011)

한 명이었습니다. 이럴 수가! 여기서 우리는 당황하게 됩니다. 어떻게 일점일획도, 성경은 토씨 하나도 틀린 게 없다고, 주일학교 때부터 배웠는데, 어떻게 이렇게 기억이 다를 수 있단 말인가? 이런 성경을 믿을 수 있을까? 여러분, 어떻게 생각하십니까? 이런 오락가락 성경을 여러분은 믿을 수 있습니까? 갑자기 성경에 대한 신뢰도 확 떨어지신다구요?

사랑하는 성도 여러분, 그래서 저는 성경이 더 진실하게 다가옵니다. 우리들 기억도 이렇게 한계가 많으니까요. 지난주 내가 무슨 설교를 했는지 일주일 전 설교제목도 기억이 가물가물한데, 마태복음은 주후 60년, 마가복음은 주후 65년, 누가복음은 주후 60년경에 기록되었으니, 예수님 돌아가신 지 적어도 30-40년이 지나서, 기억을 더듬고 더듬어 쓴 것입니다. 그러니 어떻게 몇십 년 전 사건을 모두가 똑같이 기억할 수 있겠습니까? 우리는 신이 아닙니다. 제자들도 신이 아니었습니다. 그렇다고 거짓말로 짜맞추는 건 더 나쁩니다. 그래서 서로 기억의 차이 있는 그대로 쓴 것입니다. 마태는 귀신 들린 사람이 둘이었다고, 마가와 누가는 한 명이었다고. 기억에 약간 차이가 있는데, 성경은 후대에 누구 기억이 맞느냐 시시비비를 가려 뜯어고치려고 하지 않았습니다. 그 기억의 차이를 있는 그대로 두고 있습니다. 있는 그대로 두고 우리 한계를 인정하자고 한 것입니다. 그게 순리 아니겠습니까? 우리가 신이 되려고 하면 안 됩니다. 하나님은 하늘에 계시고, 인간은 땅에 있습니다. 이것이 우리의 근본적인 한계입니다. 이 한계를 겸허히 인정하는 것이 그래서 더 아름답습니다.

아무튼 이 귀신 들린 사람들이 지금 어디서 나옵니까?

"또 예수께서 건너편 가다라 지방에 가시매 귀신 들린 자 둘이 무덤 사이에서 나와 예수를 만나니 그들은 몹시 사나워 아무도 그 길로 지나갈 수 없을 지경이더라"(마 8:28)

무덤 사이에서 나왔다. 저는 이 구절을 읽으면서 가슴이 울컥했습니다. 무언가 지금 내 영혼의 상태랄까! 평상시 이 두 사람이 무덤에서 지내고 있었다! 무덤은 죽음을 상징합니다. 이 귀신 들린 두 사람 처지가 그랬다는 것입니다. 살았으나 죽은 것과 매한가지. 아무도 사람 취급을 안 해줍니다. 병든 닭 쳐다보듯, 다들 혐오스런 눈길로 바라볼 뿐. 아니, 아무도 제대로 바라보려고 하지 않습니다. 이미 인간이 아닙니다. 그래서 무덤에 살면서 밤중에만 몰래 돌아다닙니다. 그러니 사람들이 더 무서워하지요. 밤중에 귀신 들린 사람 둘이 무덤에서 돌아다니니.

누가는 조금 더 적나라하게 묘사합니다.

> "예수께서 육지에 내리시매 그 도시 사람으로서 귀신 들린 자 하나가 예수를 만나니 그 사람은 오래 옷을 입지 아니하며 집에 거하지도 아니하고 무덤 사이에 거하는 자라"(눅 8:27)

옷도 걸치지 않고 나체 바람으로 돌아다닙니다. 상상해 보세요. 집도 없습니다. 그러니 무덤에서 살지요.

그런데 귀신이 가끔 요동을 부리면, 눈이 뒤집어집니다. 귀신이 역사하면, 힘이 너무 세져서 아무도 못 말립니다.

> "이는 예수께서 이미 더러운 귀신을 명하사 그 사람에게서 나오라 하셨음이라 (귀신이 가끔 그 사람을 붙잡으므로 그를 쇠사슬과 고랑에 매어 지켰으되 그 맨 것을 끊고 귀신에게 몰려 광야로 나갔더라)"(눅 8:29)

그래서 마태는 이렇게 기록합니다.

"또 예수께서 건너편 가다라 지방에 가시매 귀신 들린 자 둘이 무덤 사이에서 나와 예수를 만나니 그들은 몹시 사나워 아무도 그 길로 지나갈 수 없을 지경이더라"(마 8:28)

귀신이 역사하면, 갑자기 눈이 뒤집히고 몹시 사나워져서 아무도 그 무덤 주변길로 지나갈 수가 없었다는 것입니다.

제가 1994년 경기도 파주 25사단 71연대 철책 군목이었을 때, 그런 경험을 했습니다. 하루는 철책 대대장님이 긴급하게 전화를 주셨어요. 목사님, 빨리 좀 오셔서 도와주세요. 목사님밖에 도와주실 분이 없어 전화드렸습니다. 가보니 소대장 한 명이 대대장실에 손발과 온몸이 묶여 있었어요. 대대장님 말씀이 갑자기 이 소대장이 소대에서 눈이 뒤집히면서 쓰러져 난리법석을 피웠다는 거예요. 얼마 전, 그 소대에서 한 병사가 자살을 했는데, 그 병사가 근무 섰던 곳에 아무도 총 들고 가려고 하지 않아 소대장을 보냈더니 소대장마저 이렇게 됐다는 거예요. 그 대대장님은 가톨릭 신자였어요. 그래도 군목인 제가 생각나서 도와달라고 전화를 하셨다는 거예요. 그래서 그 소대장에게 가서 기도를 해주려고 했더니, 막 저를 보고 기겁을 하며 악 소리를 지르는 거예요. 그 악 소리에 저도 놀라 자빠졌어요. 누가 귀신인지 모르겠더라구요. 정신을 차리고, 기도를 해주었어요. 잠시 조용해지더라구요. 도저히 이 철책에 두면 안 되겠다 싶어, 제 짚차에 태워 데리고 내려오는데, 잘 있다가도 갑자기 짚차를 발로 차며 발악을 하는 거예요. 어찌나 힘이 센지 짚차가 부서져 넘어질 것 같았어요. 그때 생각이 이번에도 나더라구요. 귀신이 들리면 그렇게 힘이 세지는 것이구나.

예수님 때도 그랬구나.

그런데 이 귀신 들린 사람들이 어떻게 치유되었나요? 먼저 보세요.

> "또 예수께서 건너편 가다라 지방에 가시매 귀신 들린 자 둘
> 이 무덤 사이에서 나와 예수를 만나니 그들은 몹시 사나워 아
> 무도 그 길로 지나갈 수 없을 지경이더라"(마 8:28)

예수님을 만나니, 기적이 시작된 것입니다. 여러분 스스로 예수님께 나아오셨든지, 누구의 전도를 받아 이곳에 나아오셨든지, 저와 여러분이 예수님을 탁 만난 이 시간, 이 순간, 예수님이 행하신 기적이 저와 여러분에게도 시작합니다. 예수님을 만나야 기적은 시작된다! 시작! 이것이 오늘 주님이 주시는 좋은 소식, 예수 그리스도의 복음입니다.

예수님을 만나면 어떤 현상이 뒤따를까요?

> "그러므로 너희가 회개하고 돌이켜 너희 죄 없이 함을 받으라
> 이같이 하면 새롭게 되는 날이 주 앞으로부터 이를 것이요"(행
> 3:19)

예수님을 만나면, 내 죄가 드러납니다. 내가 왜 그렇게 인생의 밤, 영혼의 어두운 밤, 귀신에 씌어 거리를 헤맸는지! 아, 그게 귀신의 역사였구나! 저와 여러분에도 그런 통찰을 주님께서 주시기를 바랍니다. 그리고 이제 이 시간 회개하고 돌이킵시다. 다시는

그렇게 밤거리를 귀신에 씌어 돌아다니지 않겠다고. 회개의 눈물을 흘리며 예수님 쪽으로 돌이킵시다. 그러면 주님의 약속이 있습니다. 이같이 하면 새롭게 되는 날이 주 앞으로부터 이를 것이다!

사랑하는 성도 여러분, 저와 여러분에게도 이런 새롭게 되는 기적의 날이 오늘 이 시간 주 앞으로부터 이르기를 담임목사로서 아버지의 마음으로 축복하고 축복하고 축복합니다.

그렇다면, 우리도 미라클, 예수님이 행하신 기적처럼, 내 안에서, 우리 가정에서, 우리 교회에서, 귀신을 쫓아내는 기적을 체험하려면 또 어떻게 해야 할까요?

예수님께 제발 살려달라 싹싹 빌며 간구해야 합니다.

귀신 들린 사람들이 예수님을 만나, 단번에 그분이 누구신지를 알아봅니다. 우리도 그런 이야기를 많이 듣지요. 흔히 굿할 때 우리 그리스도인들이 구경이라도 할라치면 막 가라고 하지요. 굿이 안 된다고. 어떻게 알까요? 내가 예수 믿는 그리스도인인 걸? 귀신들이 예수 믿는 사람을 더 잘 알아본다는 뜻입니다. 그러니 귀신들이 예수님을 현장에서 보았으니, 난리가 났겠지요.

> "이에 그들이 소리 질러 이르되 하나님의 아들이여 우리가 당신과 무슨 상관이 있나이까 때가 이르기 전에 우리를 괴롭게 하려고 여기 오셨나이까 하더니"(마 8:29)

저분 예수님이 하나님의 아들이시라는 것을 귀신 들린 사람들이 알아본 거예요. 아니, 그 불쌍한 사람들 속에 들어가 있던 그 귀신들이 하나님의 아들 예수님을 알아보았다고 해야 더 정확한 거겠지요.

그러자 귀신들이 아우성을 칩니다.

"귀신들이 예수께 간구하여 이르되 만일 우리를 쫓아내시려면 돼지 떼에 들여보내 주소서 하니"(마 8:31)

간구했다. 성경원어 헬라어로, 파레칼룬, 귀신들이 예수님께 싹싹 빌었다는 뜻입니다.

그래서 영어성경에서는 정확히 그 뜻을 함축합니다.

"The demons begged Jesus, "If you drive us out, send us into the herd of pigs.""(마 8:31, NIV2011)

베기드. 싹싹 빌었다는 뜻입니다. 예수님께 귀신들이 싹싹 빌었다는 것입니다. 귀신들도 예수님께 이렇게 싹싹 빌었다면, 우리도 예수님께 제발 살려달라 더 싹싹 빌어야 하지 않겠습니다. 그게 진정성 있는 간구 아니겠습니까? 귀신을 얕보아서는 안 됩니다. 타락한 천사들입니다. 본디부터 힘이 세다는 뜻입니다. 그러니 우리 힘만으로는 타락한 천사, 저 귀신들을 절대 이길 수 없습니다.

하루는 대장 마귀가 자신의 살림살이들을 내다놓고 경매에 부친다는 광고를 냈습니다. 신기하고 재미있는 경매에 졸개 귀신들이 구름떼처럼 몰려들었습니다. 그런데 귀신들이 보니, 그 많은 물건 속에 '비매품'이라고 적힌 게 있었습니다. 귀신들이 자신들의 대장 마귀에게 물었습니다. "왜 이것만 비매품입니까?" 그랬더니 대장 마귀가 답했습니다. "음 이건 내게 둘도 없이 귀중한 물건이라 안 파는 거야." "그게 뭔데요?" 대장 마귀가 그 비매품을 살짝 귀신들에게 보여주었습니다. 그 물건에는 이렇게 써 있었습니다. "두려움!" 그리고 대장 마귀가 설명을 덧붙였습니다. "이 두려움을 그리스도인들 마음속에 집어넣으면, 목사든지 장로든지 안수집사든지 권사든지 집사든지 성도든지, 그 누구라도 내 마음대로 조종할 수 있거든!"

사랑하는 성도 여러분, 저와 여러분에게는 이렇게 두려움이 가장 깊은 곳에 자리하고 있습니다. 앞날에 대한 두려움, 질병에 대한 두려움, 먹고 사는 것에 대한 두려움, 죽음에 대한 두려움. 두려움 없는 인생이 어디 있겠습니까? 그래서 사탄 마귀는 저와 여러분에게 이 두려움이라는 무기로 365일 매일매일 공격을 해오는 것입니다. 내 미래, 잘할 수 있을까? 이 질병, 나을 수 있을까? 오늘도 애들, 별일 없을까? 이 두려움은 사탄 마귀가 주는 것임이 분명해졌습니다. 그래서 성경에서는 두려워하지 말라는 말씀이 놀랍게도 365번이나 나옵니다. 매일매일 두려움을 이겨내는 게 가장 중요한 영성이라는 뜻이겠지요. 어떻게 이 두려움을 이겨낼 수 있을까요? 어떻게 이 사탄 마귀가 주는 두려움, 그 졸개 귀신들이 파고드는 두려움을 물리쳐버릴 수 있을까요? 오늘 귀신들을 보세요. 귀신들도 예수님께 싹싹 빌며 간구했습니다. 우리는 더 절실한 마음으로 더 절박하게, 예수님, 제발 살려주세요, 싹싹 빌며 간구해야 되지 않겠습니까?

　어렸을 때, 저는 캄캄한 밤, 외딴 산속, 변소에 갈 때 가장 두려웠습니다. 창고도 아니고 저쪽 헛간 한쪽 구석에 어마어마한 똥간. 널빤지 뚜껑으로 덮어놓은 푸세식 화장실. 신문지 종이도 없을 땐 옆에서 호박잎을 따서 닦았습니다. 그래서 지금도 여기가 그렇게 가려운가? 기억에 똥통에 한 번 빠진 적도 있었던 같아요. 어두운 데 발을 헛디뎌서. 몇 날 며칠 몸을 씻어도 냄새가 안 가시더라구요. 밤중에 혼자 후레쉬 들고 가서, 앉아서 일 보면, 똥통 밑에서 누가 나를 아래로 잡아당기는 것 같았습니다. 귀신인가? 소름이 쫙! 밤마다 정말 두려웠습니다. 밤중에 똥이 급하면 누나나 동생들한테 부탁을 합니다. 누구 나랑 똥 누러 같이 갈 사람? 아무도 안 따라나섭니다. 한번은 밖에서 서 있어 달라고 여동생을 데리고 갔습니다. "밖에 있냐?" 그런데 답이 없는 거예요. 지 무섭다고 먼저 들어가 버린 거예요. 순간 얼마나 두렵던지! 그래도 내 두려움을 가장 잘 아시는 건 아버지셨습니다. 막 졸랐습니다. "아빠, 나랑 같이 똥 싸러 가자!" "뭐가 무섭다고 그러냐?" "아냐, 무섭다니까!" 막 살살 빌며 아빠를 조릅니다. "나랑 똥 싸러 가자! 잉? 잉?" "허허, 그럼, 내가 밖에 있을 테니, 가자!" 그렇게 아빠랑 같이 똥 싸러 그 밤에 나갑니다. 외딴 산속, 짐승들의 울음소리. "낑낑, 아빠, 씨, 가버리면 안 돼!" "알았다!" 그런데 계속 확인합니다. "낑낑, 아빠, 밖에 있지?" "응, 아빠 여기 있다!" "어디 가면 안 돼!" "알았다!" 물어보는 것도 한두 번이지, 잠시 그 캄캄한 밤, 홍시 먹고 잘 안 나오는 똥, 낑낑대는 나, 그리고 찾아드는 정적. 갑자기 두려워집니다. 그런데 그때 소리가 들립니다. "으음!" 아빠의

헛기침 소리. 전 압니다. 그건 아빠가 나한테 보내는 신호라는 걸. "아빠 여기 있다! 맘 놓고 똥 싸라!" 그런 신호였던 것. 역시 아빠는 내 편! 지 무섭다고 도망친 고년하곤 확실히 다른 우리 아빠!

사랑하는 성도 여러분, 여러분도 두려움이 압도해 오신다구요? 어찌 할 바를 모르시겠다구요? 그 두려움은 사탄 마귀 귀신들이 심어주는 것입니다. 이때 중요한 것은, 이 두려움의 밤, 누구와 함께 동행하느냐입니다. 지 무섭다고 도망쳐버린 고년하고 동행하는 건 말짱 꽝. 으음! 헛기침 소리로 나 여기 있다고 안심시켜 주시는 아빠 같은 분과 동행해야 하지 않겠습니까? 그분이 바로 하늘에 계신 우리 아빠, 하나님 아버지이십니다. 그리고 그 아버지 하나님께서 이천 년 전, 아들 예수 그리스도의 몸을 입고 이 땅에 내려오셨습니다. 그리고 그 예수님께서 오늘도 저와 여러분에게 성령님으로 동행하고 계십니다. 우리가 제발 살려달라고 살살 빌며 간구해야 할 대상은, 하여, 분명해졌습니다. 이것이 오늘 주님 주시는 좋은 소식, 천국의 복음입니다.

그렇다면, 우리도 미라클, 예수님이 행하신 기적처럼, 내 안에서, 우리 가정에서, 우리 교회에서, 귀신을 쫓아내는 기적을 체험하려면 또 어떻게 해야 할까요?

예수님의 이름으로 강력하게 명령하며 귀신을 쫓아내야 합니다.

산림청에서 제일 싫어하는 찬송은? 산마다 불이 탄다 고운 단풍에. 등산가들이 가장 좋아하는 찬송은? 저 높은 곳을 향하여 날마다 나아갑니다. 백수들이 가장 좋아하는 찬송은? 공중 나는 새를 보라 농사하지 않으며. 로또복권 당첨 노리는 사람들이 가장 좋아하는 찬송은? 주여, 지난밤 내 꿈에 뵈었으니, 그 꿈 이루어 주옵소서. 며느리들이 가장 좋아하는 찬송은? 예수가 함께 계시니 시험이[시어미] 오나 겁 없네. 밤늦게 집에 들어온 남편이 아내에게 변명할 때 부르는 찬송이 무엇인지 아세요? 뜻 없이 무릎 꿇는 그 복종 아니요. 부부싸움 후 집 나간 아내를 애타게 기다리는 남편이 부르는 찬송은? 어서 돌아오오, 어서 돌아만 오오. 혼자 사는 분들이 울컥하며 부르는 찬송은? 외롭게 사는 이 그 누군가.

그럼, 제가 어렸을 때 가장 목 터지게 불렀던 찬송이 뭔지 아세요?

원수마귀모두 쫓겨가기는
예수이름듣고 겁이남이라

외딴 산속이라, 학교에서 자율학습까지 끝나고 막차를 타고 내리면 밤중에 혼자 산속을 걸어가야 하는데, 어찌나 무섭던지! 그때 가장 큰 무기는 찬송을 부르는 것이었습니다.

원수마귀모두 쫓겨가기는
예수이름듣고 겁이남이라
우리찬송듣고 지옥떨리니
형제들아주를 찬송합시다
믿는사람들은 주의군사니

놀랍게도, 여러분도 경험하셨나요? 이 찬송을 부르면, 그 무서움이 순간 싹 사라졌습니다. 그리고 담대하게 외쳤습니다. 예수님의 이름으로 명하노니, 사탄아, 물러가라! 마귀야, 물러가라! 귀신아, 물러가라! 가라! 가라! 가라! 그러면, 여러분도 경험하셨나요? 갑자기 사탄 마귀 귀신들이 물러가는 것을 보게 됩니다. 그 순간, 그 자리, 그 누구도 나를 이길 자 없습니다.

지금 예수님이 그렇게 귀신들에게 명령을 하고 계십니다.

"그들에게 가라 하시니 귀신들이 나와서 돼지에게로 들어가는 지라 온 떼가 비탈로 내리달아 바다에 들어가서 물에서 몰사 하거늘"(마 8:32)

귀신들에게 가라! 하시니 돼지 떼 속으로 들어가 몰사했다는 거예요. 저와 여러분도 이렇게 담대하게 귀신들을 향해서 명령할 수 있어야 합니다.

우리는 믿는 자들입니다. 예수님이 직접 주신 약속이 있습니다.

"믿는 자들에게는 이런 표적이 따르리니 곧 그들이 내 이름으로 귀신을 쫓아내며 새 방언을 말하며 (18) 뱀을 집어올리며 무슨 독을 마실지라도 해를 받지 아니하며 병든 사람에게 손을 얹은즉 나으리라 하시더라"(막 16:17-18)

저와 여러분에게 주신 약속이 무엇입니까? 너희가 내 이름으로 귀신을 쫓아낼 것이다. 그런데 귀신들을 쫓아낼 때 그 귀신들이 가장 무서워하는 무기로 쫓아내라고 하셨습니다. 그 무기가 무엇이라구요? 내 이름으로! 예수님의 이름으로! 그러니 이제 무기 장착 완료! 따라합시다. 예수님의 이름으로 명령하노니, 귀신들아, 나에게 떠나가라! 예수님의 이름으로 명령하노니, 귀신들아, 우리 가정에서 떠나가라! 예수님의 이름으로 명령하노니, 귀신들아, 우리 자녀들에게서 떠나가라! 예수님의 이름으로 명령하노니, 귀신들아, 우리 교회에서 떠나가라! 예수님의 이름으로 명령하노니, 귀신들아, 우리 직장에서 떠나가라! 예수님의 이름으로 명령하노니, 귀신들아, 우리 사업처에서 떠나가라! 예수님의 이름으로 명령하노니, 귀신들아, 우리 한반도에서 떠나가라!

그런데 오늘 말씀을 보면, 한 가지 팁을 더 알려주십니다. 그 팁이 뭐냐구요?

"예수께서 내 이름이 무엇이냐 물으신즉 이르되 군대라 하니 이는 많은 귀신이 들렸음이라"(눅 8:30)

직접 귀신들에 물어보신 거예요. 귀신아, 네 이름이 무엇이냐? 그러니까 자기는 군대귀신이라고 대답을 하는 것 보세요. 우리도 이렇게 예수님 방법대로 귀신을 내쫓아야 합니다. 이것을 예수님의 귀신축출 사역이라고 말합니다. 예수님께서 하신 대로 우리도 그대로 따라 하는 것이 가장 바람직한 귀신축출 사역입니다. 귀신축출 사역의 핵심이 뭐라구요? 저와 여러분을 힘들게 하는 그 귀신이 어떤 귀신인지, 그 귀신의 정체를 분명히 하고, 과녁을 정확히 정조준하고, 귀신에게 담대하게 명령하라는 말씀입니다.

그렇다면, 지금 여러분이 내쫓아야 할 귀신은 어떤 귀신입니까?

어느 날, 시골에 사는 아버지에게 서울에서 친구분이 찾아오셨습니다. 어린 아들에게 물었습니다. "애야, 아버지 어디 가셨니?" "아버지 시장 가셨는데요." "그래? 시장이 얼마나 머니?" 그 더니 그 집 아들이 대답합니다. "가는 길은 5리고요, 오는 길은 10리에요." 그 말이 하도 이상해서 친구분이 물었습니다. "왜 가는 길과 오는 길이 그렇게 다르지?" 그러자 아들이 뭐라고 했는지 아세요? "우리 아버지가 시장 가실 때는 맑은 정신으로 곧장 가시니까 5리구요, 오실 때는 술에 취해 갈 지(之) 자로 비틀거리며 오시니까 10리가 넘어요."

세상에 그렇게 좋은 분이 술만 들어가면 180도 달라지는 분 있지요? 뭐라고 설명이 안 됩니다. 영적인 분별이 필요합니다. 설마 그럴까 싶지만, 귀신들이 중독을 타고 들어옵니다. 지금은 마지막 때입니다. 사탄 마귀가 졸개귀신들 부하귀신들을 시켜, 저와 여러분에게 파고드는 방법이 바로 중독입니다. 술중독, 담배중독, 도박중독, 섹스중독, 문신중독, 성형중독, 포르노중독, 폭력중독, 언어폭력중독, 일중독, 돈중독, 주식중독, 부동산중독, 쇼핑중독, 텔레비전중독, 인터넷중독, 핸드폰중독, 유튜브중독, 분노중독, 우울중독, 질투중독, 시기중독, 허무중독, 자살중독, 심지어 종교중독까지 있습니다. 이 중독을 통하여 각종 귀신들이 비집고 들어옵니다. 어떻게 해야 할까요? 오늘 예수님이 하신 대로 하면 됩니다. 네 이름이 무엇이냐? 여러분을 괴롭히는 그 귀신의 정체를 분명히 밝히

게 하십시오. 그리고 그 귀신의 이름을 구체적으로 호명하며 담대히 꾸짖어 내쫓으십시오. 예수님의 이름으로 명령하노니, 나를 괴롭히는 이 유튜브중독 귀신아, 나에게서 떠나가라! 가라! 가라! 가라! 예수님의 이름 앞에서 귀신들을 벌벌 떨며 달아납니다. 그것이 오늘 성경의 증언입니다.

오늘 미라클, 예수님이 행하신 기적 사건은 결국 어떻게 끝나고 있습니까?

"집으로 돌아가 하나님이 네게 어떻게 큰일을 행하셨는지를
말하라 하시니 그가 가서 예수께서 자기에게 어떻게 큰일을
행하셨는지를 온 성내에 전파하니라"(눅 8:39)

하나님이 내게 어떻게 이런 큰일을 행하셨는지! 예수님이 나에게 어떻게 이런 큰일을, 이런 큰 기적을 행하셨는지! 담대히 간증하라는 말씀입니다. 걸어 다니는 기적이 되라는 말씀입니다.

걸이 다니는 기적! 저는 지금 이렇게 걸어 다니는 기적입니다. 이미 죽었어야 할 몸입니다. 의사는 한 달이라고 했습니다. 그러니, 제가 지금 이렇게 살아있다는 것 자체가 모두 기적입니다. 여러분은 안 그렇게 생각하십니까? 여러분이 이렇게 살아계시는 것도 결코 우연이 아닙니다. 모두가 기적입니다. 기적 아닌 것은 하나도 없습니다. 성경은 이런 기적들도 가득 차 있습니다.

우찌무라 간조를 아십니까? 일본의 기독교 사상가입니다. 종교

개혁 전통에 선 독실한 영성지도자입니다. 하루는 그에게 어떤 대학생이 찾아와 심각하게 질문합니다. "우찌무라 선생님, 저는 성경에 나오는 기적들을 믿을 수 없습니다. 예수님께서 물 위를 걸으셨다는 이야기, 부활하셨다는 이야기. 그런데 오늘은 귀신을 내쫓으셨다는 이야기까지. 정말로 제 이성으로 도무지 이해할 수 없습니다. 그런 황당한 이야기나 이해할 수 없는 기적은 빼고 납득이 될 수 있는 다른 내용으로만 성경공부를 하면 안 될까요?" 우찌무라의 대답은 이랬습니다. "학생, 성경에서 사람의 이성으로 받아들이기 어려운 기적들을 다 제하고 성경공부를 한다면, 성경에 딱 두 가지가 남네. 성경의 앞표지와 뒤표지뿐이지."

10
안심하라, 네 죄 사함을 받았느니라!

"예수께서 배에 오르사 건너가 본 동네에 이르시니 (2) 침상에 누운 중풍병자를 사람들이 데리고 오거늘 예수께서 그들의 믿음을 보시고 중풍병자에게 이르시되 작은 자야 안심하라 네 죄 사함을 받았느니라 (3) 어떤 서기관들이 속으로 이르되 이 사람이 신성을 모독하도다 (4) 예수께서 그 생각을 아시고 이르시되 너희가 어찌하여 마음에 악한 생각을 하느냐 (5) 네 죄 사함을 받았느니라 하는 말과 일어나 걸어가라 하는 말 중에 어느 것이 쉽겠느냐 (6) 그러나 인자가 세상에서 죄를 사하는 권능이 있는 줄을 너희로 알게 하려 하노라 하시고 중풍병자에게 말씀하시되 일어나 네 침상을 가지고 집으로 가라 하시니 (7) 그가 일어나 집으로 돌아가거늘 (8) 무리가 보고 두려워하며 이런 권능을 사람에게 주신 하나님께 영광을 돌리니라"(마 9:1-8)

개미 한 마리가 코끼리에게 밟혀 죽고 말았습니다. 죽은 개미의 네 친구들이 코끼리에게 복수하려고 찾아갔습니다. 코끼리 목에 달라붙은 첫 번째 친구 개미가 말했습니다. "이놈의 목을 잘라, 내 죽여버릴 거야!" 그러자 코끼리 코에 달라붙은 두 번째 친구 개미가 말했습니다. "아니, 이놈의 코를 물어, 콱 죽여버릴 거야!" 그러자 코끼리 등에 탄 세 번째 친구 개미가 말했습니다. "아니, 내 그냥 콱 밟아, 죽여버릴 거야!" 그러자, 코끼리 꼬리에 매달린 네 번째 친구 개미가 뭐라고 했는지 아세요? "아냐, 우리, 일단, 이놈, 저리 끌고 가자!" 옆사람과 따라합시다. "친구는 뭐든지 할 수 있다!"

사랑하는 성도 여러분, 갈수록 친구가 중요하다고 느끼시지 않습니까? 나이 들수록 친구가 더 필요하다고 생각하지 않으십니까? 여러분은 지금 그런 친구가 있습니까? 우리, 이 교회 안에서 그런 소중한 친구가 있습니까?

그런 의미에서, 오늘 주님 주시는 말씀은 친구에 관한 이야기입니다. 오늘은 미라클, 예수님이 행하신 기적, 세 번째 시간이지요? 오늘 예수님이 행하신 기적은 이렇게 시작됩니다.

> "예수께서 배에 오르사 건너가 본 동네에 이르시니 (2) 침상
> 에 누운 중풍병자를 사람들이 데리고 오거늘 예수께서 그들
> 의 믿음을 보시고 중풍병자에게 이르시되 작은 자야 안심하
> 라 네 죄 사함을 받았느니라"(마 9:1-2)

오늘 예수님이 기적을 베푸신 대상은 침상에 누운 중풍병자였습니다. 이 중풍병자를 낫게 하신 것입니다.

그렇다면, 우리도 미라클, 예수님이 행하신 기적처럼, 중풍병자도 낫는 기적을 체험하려면 어떻게 해야 할까요?

친구 네 명이 마음을 절실하게 모아야 합니다.

"침상에 누운 중풍병자를 사람들이 데리고 오거늘 예수께서
그들의 믿음을 보시고 중풍병자에게 이르시되 작은 자야 안심
하라 네 죄 사함을 받았느니라"(마 9:2)

사람들이 데리고 왔다는 것입니다. 누구를요? 침상에 누운 중
풍병자를. 이들은 서로 어떤 사이였을까요? 친구 사이였습니다.

이 친구들이 들은 거예요. 예수님이라는 분이 계시는데, 그분
은 기적을 베푸시는 분이라는 것. 아, 그렇다면 우리 친구도 데려
가 보자. 예수님이라면 우리 친구도 반드시 고쳐주실 거야. 그런데
친구를 데려가는 게 만만치 않았습니다. 중풍이 와서 몸을 가누
지 못하는 우리 친구. 불쌍한 우리 친구. 그래도 예수님께 데려가
야 해. 그렇다면 방법은 우리 친구가 누워있는 그대로 침상째 들고
가는 것. 거기까지는 좋았는데, 예수님 계시는 곳에 다다르니, 이
미 예수님 구경하려고 사람들이 꽉 차 있습니다. 이번에는 그 누
구에게서도 들어보지 못한 예수님의 설교, 귀에 쏙쏙 들어오는 하
나님 나라 복음을 들으려고 이미 사람들이 앞자리를 선점해서 뚫
고 나갈 수가 있습니다. 병을 고쳐 달라고 몰려온 환자들, 그 기적
을 현장에서 보려고 구름떼처럼 몰려든 구경꾼들, 도저히 예수님
께 친구를 보여드릴 방법이 없습니다. 아, 무슨 방법이 없을까?

그 애절한 상황, 지난주일 말씀드렸듯이, 예수님의 제자 마태 외
에 마가, 누가도 똑같이 지켜보았습니다.

특히, 마가는 예수님 돌아가신 지 32년이 지난 다음, 당시 그 기

적 사건을 이렇게 회상하고 있습니다.

"수일 후에 예수께서 다시 가버나움에 들어가시니 집에 계시
다는 소문이 들린지라 (2) 많은 사람이 모여서 문 앞까지도 들
어설 자리가 없게 되었는데 예수께서 그들에게 도를 말씀하
시더니 (3) 사람들이 한 중풍병자를 네 사람에게 메워 가지고
예수께로 올새 (4) 무리들 때문에 예수께 데려갈 수 없으므로
그 계신 곳의 지붕을 뜯어 구멍을 내고 중풍병자가 누운 상을
달아 내리니"(막 2:1-4)

중풍병자의 네 친구 중 한 친구가 기막힌 제안을 한 것. 야, 우
리, 지붕을 뜯자. 지붕에 구멍을 내자. 그리고 이 친구를 침대째 달
아 내리자. 사연은 그렇게 된 것입니다.

예수님 제자 누가도 그 친구들의 놀라운 행동을 두 눈으로 똑
똑이 보았습니다. 예수님 부활 승천하신 지 30년이 지났건만, 누
가도 이 기적 사건을 또렷이 기억하고 있습니다.

"하루는 가르치실 때에 갈릴리의 각 마을과 유대와 예루살렘
에서 온 바리새인과 율법교사들이 앉았는데 병을 고치는 주
의 능력이 예수와 함께 하더라 (18) 한 중풍병자를 사람들이
침상에 메고 와서 예수 앞에 들여놓고자 하였으나 (19) 무리
때문에 메고 들어갈 길을 얻지 못한지라 지붕에 올라가 기와
를 벗기고 병자를 침상째 무리 가운데로 예수 앞에 달아 내리
니"(눅 5:17-19)

친구 넷이 지붕에 올라가 기와를 벗기고 침상째 중풍병자 친구를 예수님 앞에 달아 내렸다? 이게 어떻게 가능했을까요? 궁금하시죠? 당시 신약시대 건물 구조를 이해하면 궁금증이 좀 풀리실 거예요. 당시 건물은 우리가 지금 살고 아파트 구조와 좀 달랐습니다. 당시 예수님 사시던 갈릴리 지방은 현무암 지대였습니다. 그 현무암 돌로 집을 짓고, 갈대나무나 종려나무 가지로 지붕을 덮는 형태였습니다. 그 지붕에 올라와 지금 네 친구들이 자기 중풍병자 친구를 달아 내린 것입니다.

이 그림을 좀 보세요. <중풍병자를 달아 내린 그림>. 네 친구 중 누가 하나라도 균형을 놓치면 중풍병자 친구는 침상에서 떨어져 다쳤을 것입니다. 친구 넷, 마음을 합하는 게 중요했습니다. "야, 내가 요이땅 하면 내리는 거야, 동시에! 줄 잘 잡아! 자, 요이땅!" 그런데 바로 그때 집주인이 자기 집 지붕을 올려다보고 기겁을 합니다. "야, 네들 뭐 하는 거야? 우리 지붕에서 뭐 하는 거냐고?" "아저씨, 죄송해요, 우리가 지붕을 더 잘 고쳐 드릴게요. 이 친구만 살리고요." 사연은 그렇게 된 것입니다.

예수님이 이 네 친구의 모습을 보시고 어떤 생각을 하셨을까요?

"침상에 누운 중풍병자를 사람들이 데리고 오거늘 예수께서 그들의 믿음을 보시고 중풍병자에게 이르시되 작은 자야 안심하라 네 죄 사함을 받았느니라"(마 9:2상반절)

야, 참 믿음 좋다, 칭찬하신 것입니다. 그리고 그 네 친구의 믿음을 보시고 중풍병자 친구를 고쳐주신 것입니다. 기적을 베풀어 주신 것입니다. 이것이 오늘의 좋은 소식, 주님의 복음입니다.

사랑하는 성도 여러분, 여러분에게는 이런 친구들 있습니까?

어느 날, 우연히 학교 동창 친구 세 사람이 사우나에서 만났습니다. 그중 두 친구는 성공한 친구들이라 떠들면서 어떻게 돈을 벌고 있는지 자랑을 했습니다. 나머지 한 친구는 기가 죽어 말도 붙이지 못했습니다.

그때 성공한 두 친구 중, 한 친구 팔에서 삑 소리가 났습니다. 그 소리에 놀란 친구들이 물었습니다. "그거 뭐냐?" "아, 이거? 별거 아냐. 삐삐 칩을 피부에 이식했더니!"

그 말이 끝나기가 무섭게, 성공한 다른 친구 손목에서 전화벨 소리가 울렸습니다. 그러더니 누군가와 통화했습니다. 통화가 끝나자, 친구는 이렇게 자랑했습니다. "손목에 마이크로 칩을 이식시켜서 휴대폰에 전화가 오면 손목으로 받는다네."

기가 죽은 세 번째 친구, 엄청난 열등감을 느꼈습니다. 살살 눈치만 살피다가, 슬그머니 밖으로 나갔다가 들어왔습니다. 그것도 볼기짝에 휴지를 붙인 채로.

성공한 두 친구가 낄낄대면서 한마디 했습니다. "야, 이 친구야, 화장실 가서 일을 봤으면 뒤처리가 깨끗해야지." 그러자, 기죽은 이 세 번째 친구가 뭐라고 했는지 아세요? "어? 팩스가 언제 들어왔지?"

여러분 주변의 친구들은 어떤 친구들입니까? 이렇게 돈으로 기죽이는 친구들입니까? 아니면, 오늘 예수님이 칭찬하신 네 친구들처럼, 선한 마음으로, 하나 된 마음으로, 내 친구를 살려내는 일이라면 지붕을 뜯어서라도 예수님께 친구를 데려가야겠다, 그러면 예수님이 반드시 고쳐주실 거야, 그렇게 믿음이 좋은 친구들입니까?

지난주 화요일, 서울 소공동 롯데호텔 37층에서, 육군훈련소 연무대군인교회 새예배당 건축유공자 격려오찬이 있었습니다. 당시 별 넷이던 육군참모총장님들, 별 둘이던 육군훈련소장님들, 그리고 당시 중령 군종참모로서 담임목사였던 제가 참석을 했습니다.

당시 교회는 정말 열악했어요. 어느 날, 태풍이 불어 지붕이 날아가서, 지붕이 뻥 뚫린 채 예배를 드렸어요. 주님의 몸인 교회가! 너무 죄송했어요. 주일에 15,000명이 몰려들어, 실로암을 부르며 뛰면, 지하에서 붕어빵을 굽던 교인들이 지하 천정이 휘청휘청거린다고 뛰어나왔어요. 15,000명 압사사고가 나면, 누가 책임질 거냐? 세계적인 뉴스거리다! 모두가 저만 바라보았어요.

그래서 한국교회 중요한 목사님들을 찾아다니며 읍소를 했어요. 한번 오셔서 보시기만 해달라. 마침내 맨땅에서 아무것도 없이 기공예식을 베풀었어요.

저는 그 자리에서 새예배당 건축후원회장이신 명성교회 김삼환 목사님께 예복을 입은 채로 땅바닥에 엎드려 큰절을 드렸어요. 한국교회 희망 100년은 이곳 육군훈련소 교회에 있습니다. 1년에 76,000명이 세례를 받고 예수님을 영접하는 이 육군훈련소 교회를 포기하면 한국교회 희망은 없습니다. 제발 교회를 지어주십시오. 약속해 주시면 몇 번이라도 더 흙바닥에서 큰절을 드리겠습니다.

그리고 저는 강원도 최전선 산악3군단으로 명령이 났습니다. 그런데 어느 날, 모르는 전화가 한 통 왔어요. 명성교회 김삼환 목사님 직통전화였어요. "목사님, 어디 계신가요?" "예, 저는 지금 강원도에 와 있습니다." "아, 그래요? 목사님, 목사님이 기공예식 때 흙바닥에서 큰절하실 때 제 마음에 감동이 왔습니다. 내 반드시 목사님 기도를 잊지 않겠습니다."

아, 이분이 잊지 않으셨구나! 기적이 일어나기 시작했습니다. 전국적으로 훈련소 건축헌금 모금캠페인이 시작된 것입니다. 그 단초는 극동방송 김장환 목사님, 1억을 씨앗헌금으로 선뜻 주시면서 그 후 방송을 통해 30억 넘게 모아 주셨어요. 명성교회 김삼환 목사님도 20억 넘게 모아주셨어요. 이번에 알게 된 건데, 그렇게 주신 헌금이 300억이 넘는다는 거예요. 맨땅에서 큰절로 시작한 건데, 300억, 기적이었어요. 그리고 마침내 이렇게 세계에서 가장 큰 군인교회, 육군훈련소 새예배당이 지어졌어요.

지난주 격려오찬에서 들은 또 하나의 기적이 있었어요. 새예배당을 짓는 6년간 육군참모총장들님이 계속 기독교인이셨다는 거예요. 육군참모총장이 허락해 주시지 않으면 불가능한 일이기에, 또 육군참모총장은 청와대에서 직접 임명하는 것이라 우리 맘대로 안 되는 것이기에, 아 하나님이 그렇게 기적적으로 역사하셨다고 참모총장님들 간증이 이어졌습니다.

이번에 들으니, 더 놀라운 기적이 있었어요. 실제 교회를 지어야 할 임무를 맡은 육군훈련소장님들도 교회를 짓는 6년 내내 기독교인이셨다는 거예요. 그리고 교회를 딱 짓고 나니까 최근까지 6년간 계속 타종교 지휘관이 왔다는 거예요. 군대 속성상 지휘관의 종교와 지휘관의 지원이 얼마나 중요한지 알기에, 모두가 기적이었다고 훈련소장님들도 간증을 하셨어요.

제가 지난주 가보니, 제가 아픈 게 전군에 다 소문이 나 있더라구요. 그래서 제가 말씀드렸어요. 오늘 김삼환 목사님께 꼭 감사인사를 드리고 싶어서 처음으로 이런 행사를 왔다고. 그때 도와주셔서 너무 감사했습니다. 그랬더니 김삼환 목사님이 간절하게 저를 위해 치유기도를 해주시더라구요. 그리고 말씀하시는데, 목사님이 그렇게 시작하지 않았으면 훈련소 건축은 아직도 요원했을 거라고. 300억 헌금. 한국교회 전체가 한마음으로 동참한 이런 초교파적인 헌금운동은 앞으로는 결코 없을 것이라고. 이것은 기적이었다고.

그런 말씀들이 정말 감사했습니다. 그런데 그분들이 모르시는 게 하나 더 있습니다. 당시 훈련소 기무부대장님도 장로님이셨다는 사실. 군대 특성상, 지휘관과 저를 기무부대장이 부정적으로 바라보고, 교회건축을 부정적으로 위에 보고하면, 정말 일이 꼬일 수밖에 없습니다. 그런데 기무부대장님이 장로님으로 맨 앞에서 손수 뛰어다니시면서 교회건축을 진두지휘하시니 너무너무 큰 힘이 되었습니다.

그리고 그분들이 지난주 모르시는 게 하나 더 있었습니다. 그것은 바로 우리 육군훈련소 교회 교인들의 뼈를 깎는 헌신이 있었다는 것. 아무리 참모총장, 훈련소장, 기무부대장, 군종참모가 교회를 지으려고 결정해도, 해당 교회 교인들이 마음을 모아주시지 않았다면, 그 어마어마한 기적이 가능했겠습니까? 그런데 소수 정예, 딱 30가정, 그 교인들이 새벽부터 밤늦도록 저를 도와주셨습니다. 금요일부터 세례선물을 포장하고, 토요일 온종일 세례예식을 뒷바라지하고 전국에서 세례를 집례하러 오시는 목사님들 장로님들을 안내하고, 주일이면 이른 아침부터 밤늦게까지 매주 5번씩 15,000 훈련병을 환영하고, 안내하고, 초코파이와 콜라를 나눠주고, 또 오라고 등 두드려 주고, 친구들 데리고 오라고 전도하고, 함께 찬양하고 함께 웃고 함께 울고. 그분들의 숨은 헌신이 있었기에 그 놀라운 기적이 가능했습니다. 그렇게 매주 허리 한번 펴지 못하고 헌신했지만, 피곤할 줄 몰랐습니다. 더 끈끈했습니다. 믿음이 더 자랐습니다. 그때 신앙생활을 시작하신 분들이 지금 이곳에도 와 계십니다. 그때 어린 주일학생이 지금 김효린 전도사님입니다. 이게 진짜 기적 아니겠습니까? 예수님께 중풍병자 친구를 데리고 왔던 네 친구처럼, 예수님이 행하실 새예배당 건축의 기적을 위하여, 당시 모두의 마음을 완벽하게 하나 되게 해주신 것입니다.

지금 저는, 성도 여러분들에게도 깊이 감사하고 있습니다. 제가 어려운 이때, 순간순간 낙심이 몰려오고 순간순간 힘이 빠지고 지치지만, 장로님들, 안수집사님들, 권사님들, 집사님들, 청년들, 교회학교 학생들, 새가족들까지, 여러분이 보여주시는 사랑에 감동 또 감동하며 다시 힘내고 다시 또 힘내고 있습니다. 여러분이 제가 예수님의 기적을 체험할 수 있도록 네 명의 친구가 되어, 지붕에 올라가 기와를 뜯어내고 예수님께 밧줄로 달아 내려주시는 것을 가슴으로 느끼고 있기 때문입니다. 우리 담임목사님 병은 예수님이라면 반드시 고치실 수 있다! 여러분의 그 믿음이 아니고선, 도저히 있을 수 없는 일들입니다. 누가 병든 담임목사를 좋아하겠습니까? 더 싱싱하고 더 좋은 목사들이 얼마나 많습니까? 그럼에도 불구하고, 여러분이 마음을 모아, 요이땅 하면서 예수님께 저를 침대째 달아 내려주시니, 이 얼마나 감사 감격 감동인지요! 잊지 않겠습니다.

또 우리 교회는, 지금 역사적으로 시대적으로 환경적으로 중대한 전환기를 맞이하여, 역사에 남을 프로젝트들을 진행하고 있습니다. 그런데 그냥 되는 게 아닙니다. 우리 교회에도 기적이 필요합니다. 이 기적을 체험하려면 오늘 주신 말씀처럼 친구 넷이 마음을 모아야 합니다. 절실한 마음. 네 친구의 하나 된 마음.

때로는 친구들끼리 속상할 때도 있지요? 말도 섞기 싫지요? 그래도 친구 아닙니까? 그것도 믿음의 친구. 스스로 우리에게 친구가 되어주시겠다고 약속하신 예수님께서 이제 친구 사이인 여러분에게 주시는 말씀이 있습니다.

> "모든 겸손과 온유로 하고 오래 참음으로 사랑 가운데서 서로
> 용납하고 (3) 평안의 매는 줄로 성령이 하나 되게 하신 것을
> 힘써 지키라"(엡 4:2-3)

힘써 지키라. 저는 이 말씀이 뭉클하게 다가옵니다. 예수님도 아셔요. 친구 사이, 맘처럼 잘 안된다는 것을. 그래도 힘써 지켜야 한다. 이것이 오늘 주님 주시는 복음입니다.

사랑하는 성도 여러분, 친구끼리 때론 속상할 때도 있지만, 그래도 성령이 하나 되게 하신 것을 힘써 지킴으로, 이 교회 안에서 예수님이 행하시는 기적을 체험하시기를, 담임목사로서 아버지의 마음으로 축복하고 축복하고 축복합니다.

그렇다면, 우리도 미라클, 예수님이 행하신 기적처럼, 중풍병자

도 낫는 기적을 체험하려면 또 어떻게 해야 할까요?

육체의 치유보다 죄의 치유가 먼저입니다.

"침상에 누운 중풍병자를 사람들이 데리고 오거늘 예수께서
그들의 믿음을 보시고 중풍병자에게 이르시되 작은 자야 안심
하라 네 죄 사함을 받았느니라"(마 9:2)

예수님이 중풍병자를 고치시는 방법을 유심히 볼 필요가 있습
니다. 바로 중풍을 고쳐주시지 않았습니다. 그 전에, 이 중풍병자
의 죄를 먼저 용서해 주셨습니다. 왜 그러셨을까요? 예수님이 이
중풍병자를 보니, 육체의 병이 어디서 왔느냐, 죄에서 온 것임을
영적으로 꿰뚫어 보신 것입니다. 모든 병을 일반화할 수는 없지만,
우리도 유심히 내 병을 들여다볼 영적 분별이 필요합니다. 이 병
이 혹 내 죄에서 오지는 않았는지! 그렇다면, 육체의 치유보다 급
한 것이 내 죄를 치유 받는 것입니다. 죄를 치유 받으면, 육체의 치
유는 자동으로 따라옵니다. 예수님은 이 치유의 원리대로 하신 것
입니다. 안심하라, 네 죄 사함을 받았느니라. 먼저, 죄를 용서해 주
신 것이지요. 그렇게 죄를 용서해 주셨을 때, 중풍 치유의 기적은
이미 시작되었던 것입니다.

그런데, 우리는 이 치유의 원리를 잘 모릅니다. 무지합니다. 당시
구약성경에 정통했다는 서기관들도 그런 것에 무지했습니다. 뭐라
고 생각했습니까?

"어떤 서기관들이 속으로 이르되 이 사람이 신성을 모독하도
다"(마 9:3)

　죄를 용서할 수 있는 권한은 하나님께만 있는데, 목수의 아들
예수, 지가 무슨 권한으로 이 중풍병자의 죄를 용서해? 신성모독
이라고 본 것입니다. 어찌 보면, 당연한 의구심이었는지도 모릅니
다. 구약성경에 정통한 이 서기관들이 알고 있는 구약의 율법은 이
런 것이었으니까요.

"여호와께서 그의 앞으로 지나시며 선포하시되 여호와라 여호
와라 자비롭고 은혜롭고 노하기를 더디하고 인자와 진실이 많
은 하나님이라 (7) 인자를 천대까지 베풀며 악과 과실과 죄를
용서하리라 그러나 벌을 면제하지는 아니하고 아버지의 악행
을 자손 삼사 대까지 보응하리라"(출 34:6-7)

"여호와께서 말씀하시뇌 오라 우리가 서로 변론하자 너희의
죄가 주홍 같을지라도 눈과 같이 희어질 것이요 진홍같이 붉
을지라도 양털같이 희게 되리라"(사 1:18)

"나 곧 나는 나를 위하여 네 허물을 도말하는 자니 네 죄를 기
억하지 아니하리라"(사 43:25)

"내가 네 허물을 빽빽한 구름 같이, 네 죄를 안개같이 없이
하였으니 너는 내게로 돌아오라 내가 너를 구속하였음이니

라”(사 44:22)

　지금 서기관들이 모르는 게 무엇입니까? 눈앞에서 놓치고 있는 게 무엇입니까? 우리 인간의 죄를 용서해 주실 수 있는 하나님이 바로 예수님의 몸을 입고 우리 눈앞에 와 계시다는 사실! 그걸 놓치고 있는 것입니다. 영안이 어두우면 우리도 이렇게 눈앞에 와 계시는 예수님을 몰라볼 수 있습니다. 그러면 질투만 생깁니다. 독만 품게 됩니다. 억지만 부리게 됩니다. 서기관들을 보세요. 딱 우리 모습입니다. 저놈이 뭐라고 저런 말을 해? 하나님만이 하실 있는 죄 용서를 지가 무슨 권한으로 저렇게 직접 선포해? 저거 이대로 두면 안 되겠네! 그러면서 악한 생각을 하게 됩니다. 신성모독을 하면 구약 율법에 어떻게 하라고 했는지, 그 생각을 한 것입니다.

　“여호와의 이름을 모독하면 그를 반드시 죽일지니 온 회중이
　돌로 그를 칠 것이니라 거류민이든지 본토인이든지 여호와의
　이름을 모독하면 그를 죽일지니라”(레 24:16)

　예수님을 돌로 쳐 죽일 생각을 한 것입니다. 그 악한 생각을 예수님이 또 꿰뚫어 보십니다.

　“예수께서 그 생각을 아시고 이르시되 너희가 어찌하여 마음
　에 악한 생각을 하느냐”(마 9:4)

이 얼마나 어리석은 생각입니까? 그런데 우리도 얼마든지 그럴 수 있다는 것. 영안이 열려 있지 않으면. 영적 분별력이 없으면. 구약성경 율법을 달달 외우고 있으면 뭐 합니까? 구약의 약속대로 우리 죄를 용서해 주실 수 있는 하나님이 우리 눈앞에 와 계시는데! 그분이 바로 십자가에 달리신 예수 그리스도이신데! 그걸 모르니!

예수님이 하도 답답하시니까 뭐라고 서기관들에게 물어보십니까?

> "네 죄 사함을 받았느니라 하는 말과 일어나 걸어가라 하는
> 말 중에 어느 것이 쉽겠느냐"(마 9:5)

당시 구약 율법을 외우고 있던 서기관들에게는 인간의 죄를 용서할 수 있는 권한은 하나님께만 있었기에, 차라리 일어나 걸어가라 말하는 게 더 쉬워 보였습니다. 더러 그런 기적을 일으키는 이들도 있었으니까요. 예수님은 그 서기관늘의 생각을 아셨기에, 더 어려운 것을 선포하신 것입니다. 일어나 걸어가라, 이 선포보다 더 어려운 선포, 네 죄사함을 받았으니라. 왜 그렇게 더 어려운 선포를 택하셨을까요? 예수님이 그 이유를 말씀하십니다.

> "그러나 인자가 세상에서 죄를 사하는 권능이 있는 줄을 너희
> 로 알게 하려 하노라 하시고 중풍병자에게 말씀하시되 일어나
> 네 침상을 가지고 집으로 가라 하시니"(마 9:6)

인자가, 하늘에 계신 하나님 아버지이셨지만, 이 땅에 내려오셔서 사람의 아들로 태어나신 예수 그리스도가, 내가, 세상에서 죄를 용서하는 권능이 있는 줄을 너희로 알게 하려 하노라. 이제 이 기적 사건의 실타래가 술술 풀려가는 걸 이해하시겠지요?

사랑하는 성도 여러분, 지금 우리 입장에서 이 본문을 보니까 서기관들이 얼마나 답답해 보입니까? 구약성경 율법 문자에 매여 예수님께 시비를 거는 모습이 얼마나 무지해 보입니까? 그런데 우리는 안 그런가요?

안 되면 되게 하라! 늘 그렇게 강조하던 남편이 피곤한 일과를 마치고 퇴근했습니다. 너무 배가 고팠습니다. 씻지도 않고 식탁에 앉았습니다. 아내가 차려 준 저녁식사. 그런데 첫 숟갈을 뜨자마자 화를 냈습니다. "여보, 오늘 밥이 너무 되잖아?" 그러자 아내도 화가 났습니다. "난 당신이 시키는 대로 했을 뿐인데, 무슨 말이 그렇게 많아요?" 어이가 없어서 남편이 따졌습니다. "아니, 내가 뭐라고 했다고?" 아내가 뭐라고 했는지 아세요? "맨날 당신, 안 되면 되게 하라, 안 되면 되게 하라, 그랬잖아요?" 따라합시다. "그래서 밥도 되게 했냐?"

오늘 우리도 이렇게 율법주의 신앙에 빠져 글자 하나 가지고 시비를 걸고, 물고 늘어지고, 불평불만을 퍼뜨리지는 않습니까? 새 가족들이 그러면 몰라서 그런다고 하지만, 오래 믿고 성경도 알고 직분도 가진 사람들이 더 그러는 건 왜 그럴까요? 아직 예수님을 제대로 모르기 때문입니다. 자신이 죽지 않았기 때문입니다. 어쭙잖은 성경지식, 예배는 소홀히 하고 회의는 다 나타나고, 봉사는 줄고 혈기를 늘고. 사탄 마귀가 졸개 귀신들을 보내기 딱 좋은 신

자들입니다. 다투고 싸우다 하나님 영광 다 가리고 지옥 불에 떨어지기 딱 좋은 귀신들의 먹잇감입니다. 중풍병자의 죄도 그런 것 아니었을까요? 그래서 예수님이 그 죄를 꿰뚫어 보시고, 네 안에 복음이 없구나, 네 안에 죄만 가득하구나, 그래서 중풍이 왔구나, 그래서 죄를 먼저 치유해 주신 것 아닐까요? 그게 육체의 치유보다 급했으니까.

오늘 저와 여러분도 이렇게 치유 받아야 할 죄들이 없습니까? 육신의 생각들은 없습니까? 예수님께서 그런 저와 여러분에게 주시는 경고와 약속이 있습니다.

"육신을 따르는 자는 육신의 일을, 영을 따르는 자는 영의 일을 생각하나니 (6) 육신의 생각은 사망이요 영의 생각은 생명과 평안이니라"(롬 8:5-6)

육신의 생각. 이것이 죄입니다. 이 죄가 질병을 가져옵니다. 이 죄가 급기야 사망을 낳습니다. 반대는 영의 생각, 성령의 생각입니다. 이 성령의 생각이 우리에게 치유를 가져옵니다. 이 성령의 생각이 급기야 생명, 나를 살립니다. 평안, 세상이 줄 수 없는 주님의 평안을 가져다줍니다. 이것이 오늘 주님 주시는 좋은 소식, 주님의 복음입니다.

그렇다면, 우리도 미라클, 예수님이 행하신 기적처럼, 중풍병자도 낫는 기적을 체험하려면 또 어떻게 해야 할까요?

기적을 상상하고 구체적으로 선포해야 합니다.

죄의 용서를 선포해 주신 예수님이 곧바로 후속선포를 하십니다.

> "그러나 인자가 세상에서 죄를 사하는 권능이 있는 줄을 너희
> 로 알게 하려 하노라 하시고 중풍병자에게 말씀하시되 일어나
> 네 침상을 가지고 집으로 가라 하시니 (7) 그가 일어나 집으로
> 돌아가거늘"(마 9:6-7)

아주 구체적이십니다. 일어나라! 네 침상을 스스로 들어라! 가지
고 집으로 가라! 상상을 해보세요. 얼마나 놀라운 기적입니까? 올
때와 갈 때. 생각지도 못한 일. 그러나 예수님은 아주 구체적으로
그 기적을 내다보시고 과감하게 선포하십니다. 일어나라! 네 침상
을 스스로 들어라! 가지고 집으로 가라!

우리도 이렇게 기적을 상상하고 구체적으로 선포해야 합니다.
선포한 대로 되기 때문입니다. 이것이 예수님이 행하신 기적의
ABC 순서입니다. 이대로만 하면 됩니다.

예수님께서 말씀하셨습니다. 저와 여러분이 예수님 따라 이대로
만 하면 어떤 일이 벌어진다고요?

> "내가 진실로 진실로 너희에게 이르노니 나를 믿는 자는 내가
> 하는 일을 그도 할 것이요 또한 그보다 큰 일도 하리니 이는
> 내가 아버지께로 감이라 (13) 너희가 내 이름으로 무엇을 구하

든지 내가 행하리니 이는 아버지로 하여금 아들로 말미암아 영광을 받으시게 하려 함이라 (14) 내 이름으로 무엇이든지 내게 구하면 내가 행하리라"(요 14:12-14)

중풍병자 고치는 건 일도 아니라는 말씀입니다. 이보다 더 큰 일도, 더 큰 기적도 있을 것이라는 약속이십니다. 단, 조건을 붙이십니다. 내 이름으로 무엇이든지 내게 구하면 내가 행하리라. 어떤 기적도 베풀어 주겠다. 단, 내 이름으로 구해야 한다. 예수님의 이름으로 구해야 한다는 말씀입니다. 그래야 내 영광이 아니라, 하나님께서 영광을 받으실 수 있기 때문입니다.

오늘 예수님이 행하신 기적 사건의 결말도 그렇게 끝이 납니다.

"그 사람이 그들 앞에서 곧 일어나 그 누웠던 것을 가지고 하나님께 영광을 돌리며 자기 집으로 돌아가니"(눅 5:25)

중풍병자가 하나님께 영광을 돌리며 돌아갔다. 이것이 현내판 중풍병자인 저와 여러분이 기적을 체험하고 해야 할 일입니다. 하나님께 반드시 영광을 돌리는 것! 중풍뿐입니까? 여러분의 일상, 모든 것이 다 기적 아닙니까? 우리 가정, 우리 직장, 우리 사업, 우리 교회, 이 모든 게 다 기적 아닙니까? 정말 그렇게 생각하십니까? 그렇다면 저와 여러분이 해야 할 일은 무엇이라고요? 내가 한 것이 아니라, 하나님이 하셨습니다. 하나님께 영광을 돌리는 것입니다.

그래야 사람들도 여러분을 따라 하나님께 영광을 돌리게 됩니다. 누가의 마지막 기억을 보세요.

> "모든 사람이 놀라 하나님께 영광을 돌리며 심히 두려워하여
> 이르되 오늘 우리가 놀라운 일을 보았다 하니라"(눅 5:26)

마가의 마지막 기억도 마찬가지입니다.

> "그가 일어나 곧 상을 가지고 모든 사람 앞에서 나가거늘 그들
> 이 다 놀라 하나님께 영광을 돌리며 이르되 우리가 이런 일을
> 도무지 보지 못하였다 하더라"(막 2:12)

마태의 마지막 기억도 똑같습니다.

> "무리가 보고 두려워하며 이런 권능을 사람에게 주신 하나님
> 께 영광을 돌리니라"(마 9:8)

기적이 중요한 게 아닙니다. 그 기적의 결말이 중요합니다. 내가
드러나느냐, 하나님이 드러나시느냐? 하나님이 드러나셔야 합니
다. 하나님께 영광을 올려드려야 합니다. 그래야 계속해서 기적을
베풀어 주시지 않겠어요? 하나님께서도 하나님께 영광을 돌리는
저와 여러분이 얼마나 귀하시겠어요? 자꾸자꾸 기적을 베풀어 주
고 싶지 않으시겠어요?

기적은 오늘도 계속됩니다. 진학과 진로와 진급, 기적은 오늘도 계속됩니다. 건강과 물질과 관계, 기적은 오늘도 계속됩니다. 부모와 자녀와 부부, 기적은 오늘도 계속됩니다. 만남과 교제와 결혼, 기적은 오늘도 계속됩니다. 임신과 태아와 출산, 기적은 오늘도 계속됩니다. 신혼과 육아와 갈등, 기적은 오늘도 계속됩니다. 중년과 노년과 죽음, 기적은 오늘도 계속됩니다. 천국과 부활과 영생, 기적은 오늘도 계속됩니다. 그러나 그 기적을 통해서 하나님께 영광을 돌리느냐? 여러분은 지금 어떠십니까?

11
네게 무엇을 하여 주기를 원하느냐?

"여리고에 가까이 가셨을 때에 한 맹인이 길가에 앉아 구걸하다가 (36) 무리가 지나감을 듣고 이 무슨 일이냐고 물은대 (37) 그들이 나사렛 예수께서 지나가신다 하니 (38) 맹인이 외쳐 이르되 다윗의 자손 예수여 나를 불쌍히 여기소서 하거늘 (39) 앞서가는 자들이 그를 꾸짖어 잠잠하라 하되 그가 더욱 크게 소리 질러 다윗의 자손이여 나를 불쌍히 여기소서 하는지라 (40) 예수께서 머물러 서서 명하여 데려오라 하셨더니 그가 가까이 오매 물어 이르시되 (41) 네게 무엇을 하여 주기를 원하느냐 이르되 주여 보기를 원하나이다 (42) 예수께서 그에게 이르시되 보라 네 믿음이 너를 구원하였느니라 하시매 (43) 곧 보게 되어 하나님께 영광을 돌리며 예수를 따르니 백성이 다 이를 보고 하나님을 찬양하니라"(눅 18:35-43)

이웃집에 놀러 갔던 아내가 돌아왔습니다. 근데 잔뜩 화가 났어요. 남편이 물었습니다. "왜 화가 났어?" 그랬더니 아내 하는 말, "옆집 여자는 남편한테서 생일선물로 비싼 화장품을 한 세트 받았대. 그런데 당신은 뭐예요? 지난달 내 생일 때 경우 통닭 한 마리로 때웠잖아요?” 그랬더니 남편 왈, “그 여자, 참 불쌍하네!” 의아한 아내, “뭐가 불쌍해요?” 따졌습니다. 그랬더니, 남편이 뭐라고 했는 줄 아세요? “그 여자가 당신처럼 예뻐 봐! 그렇게 비싼 화장품 세트가 왜 필요하겠어?” 옆사람과 따라합시다. “옆집 여자를 불쌍히 여깁시다!”

사랑하는 성도 여러분, 불쌍히 여겨야 할 사람은 옆집 여자만이 아닙니다. 오늘은 미라클, 예수님이 행하신 기적, 네 번째 시간이지요? 오늘 본문에도 자기를 불쌍히 여겨달라고 하는 사람이 나옵니다. 오늘 본문은 이렇게 시작됩니다.

> “여리고에 가까이 가셨을 때에 한 맹인이 길가에 앉아 구걸하다가”(눅 18:35)

맹인이라는 말이 나옵니다. 헬라어 성경원어로는 튀플로스(τυφλός)라고 되어 있습니다. 신약성경에 50번 정도 나오는 단어인데요. 눈이 연기로 둘러싸인 사람, 눈이 흐린 사람, 눈이 어둡게 된 사람, 눈먼 사람, 그런 뜻입니다. 옛날 성경에는 맹인, 소경, 그런 말도 썼지만, 요즘 성경에는 시각장애인, 눈먼 사람, 앞을 못 보는 사람, 이렇게 풀어서 번역을 하고 있습니다. 그것이 장애인 인권 눈높이에 더 맞는 것 같아, 저는 오늘 가급적 그런 현대적인 용어로 풀어쓰려고 합니다.

그런데 우리가 이번에 예수님이 행하신 기적 사건을 살펴보면서, 마태 마가 누가 세 제자의 30년 전 기억에 약간의 차이가 있다고 발견했잖아요. 그 차이를 일부러 그대로 두었다는 게, 제자들도 우리 같은 한계 많은 인간적이라는 게, 더 정겹다는 소회도 나누었구요. 그래서 거짓으로 고치지 않은 성경이 있는 그대로 더 신뢰가 간다는 말씀도 나누었구요.

오늘 기적 사건도 마찬가지예요.

“여리고에 가까이 가셨을 때에 한 맹인이 길가에 앉아 구걸하다가”(눅 18:35)

당시 예수님를 따라다녔던 제자 의사 누가는, 30년 후, 이 기적 사건이 일어난 때가 언제였다고 기억합니까? 예수님이 여리고에 가까이 가셨을 때였다고 기억합니다. 또 시각장애인이 몇 명이었다고 기억합니까? 분명 한 명이었다고 기억합니다.

그런데 마태의 기억은 좀 다릅니다.

“그들이 여리고에서 떠나갈 때에 큰 무리가 예수를 따르더라 (30) 맹인 두 사람이 길가에 앉았다가 예수께서 지나가신다 함을 듣고 소리 질러 이르되 주여 우리를 불쌍히 여기소서 다윗의 자손이여 하니”(마 20:29-30)

똑같이 예수님을 따라다녔던 제자 세리 마태는, 30년 후, 이 기적 사건이 일어난 때가 언제였다고 기억합니까? 예수님이 여리고에서 떠나갈 때였다고 기억합니다. 또 시각장애인이 몇 명이었다고 기억합니까? 분명 두 명이었다고 기억합니다.

자, 우리가 이런 기억의 차이를 어떻게 하자구 했지요? 그대로 두자! 우리가 신이 되지 말자! 오류가 있는 게 인간이다! 제자들도 오류가 있는 인간이었다. 우리는 더 말할 나위도 없다. 그래서 예수님이 우리에게 필요하신 것이다. 그리고 문자 하나하나, 거기에 율법주의적으로 사로잡히지 말고, 예수님이 말씀하시려는 것을 큰 틀에서 꿰뚫어 보라. 이게 오늘 주시는 주님의 복음입니다.

그런데, 예수님의 이 기적 사건을 목격한 또 한 명의 제자가 있었지요. 누구지요? 마가. 마가는 이 기적 사건을 어떻게 기억하고 있을까요? 아주 구체적입니다. 그 시각장애인 이름까지 기억하고 있어요. 이름이 뭐였지요?

"그들이 여리고에 이르렀더니 예수께서 제자들과 허다한 무리
와 함께 여리고에서 나가실 때에 디매오의 아들인 맹인 거지
바디매오가 길가에 앉았다가"(막 10:46)

바디매오. 여기서 바는 성경원어 헬라어로 아들이라는 뜻입니다. 그러니까 바디매오는 디매오의 아들, 그런 뜻입니다. 우리식으로 말하면, 앞동네 김씨 아들, 그런 뜻입니다. 그러니까 그렇게 중요한 인물은 아니었다는 것입니다. 그런데 그렇게 별로 인지도도 없는, 무슨 국회의원 후보자도 아닌, 그냥 지나쳐도 될 그런 시각장애인을 예수님이 고쳐주셨다는 것입니다. 이것이 예수님의 마음이셨습니다. 사회적인 변두리 인생. 보세요. 맹인 거지라고 마가는 기억하고 있잖아요. 구걸하는 거지, 그것도 서러운데, 시각장애인, 그것도 서러운데, 앞동네 김씨 아들. 그냥 죽어도 누구 하나 찾아오지도 않을, 외로움에 사무친 한 영혼. 그 외롭고 그립고 괴

로운 영혼을 고쳐주신 예수님. 이것이 오늘의 복음입니다.

사실, 예수님께서 시각장애인들을 고쳐주신 기적 사건들은 이 밖에도 여러 군데서 확인할 수 있습니다.

"예수께서 거기에서 떠나가실새 두 맹인이 따라오며 소리 질러 이르되 다윗의 자손이여 우리를 불쌍히 여기소서 하더니 (28) 예수께서 집에 들어가시매 맹인들이 그에게 나아오거늘 예수께서 이르시되 내가 능히 이 일 할 줄을 믿느냐 대답하되 주여 그러하오이다 하니 (29) 이에 예수께서 그들의 눈을 만지시며 이르시되 너희 믿음대로 되라 하시니 (30) 그 눈들이 밝아진지라 예수께서 엄히 경고하시되 삼가 아무에게도 알리지 말라 하셨으나 (31) 그들이 나가서 예수의 소문을 그 온 땅에 퍼뜨리니라"(마 9:27-31)

"그 때에 귀신 들려 눈멀고 말 못 하는 사람을 데리고 왔거늘 예수께서 고쳐주시매 그 말 못 하는 사람이 말하며 보게 된지라"(마 12:22)

"큰 무리가 다리 저는 사람과 장애인과 맹인과 말 못 하는 사람과 기타 여럿을 데리고 와서 예수의 발 앞에 앉히매 고쳐주시니"(마 15:30)

"맹인과 저는 자들이 성전에서 예수께 나아오매 고쳐주시니"(마 21:14)

"벳새다에 이르매 사람들이 맹인 한 사람을 데리고 예수께 나
아와 손대시기를 구하거늘 (23) 예수께서 맹인의 손을 붙잡으
시고 마을 밖으로 데리고 나가사 눈에 침을 뱉으시며 그에게
안수하시고 무엇이 보이느냐 물으시니 (24) 쳐다보며 이르되
사람들이 보이나이다 나무 같은 것들이 걸어가는 것을 보나이
다 하거늘 (25) 이에 그 눈에 다시 안수하시매 그가 주목하여
보더니 나아서 모든 것을 밝히 보는지라"(막 8:22-25)

"마침 그 때에 예수께서 질병과 고통과 및 악귀 들린 자를 많
이 고치시며 또 많은 맹인을 보게 하신지라"(눅 7:21)

왜 이렇게 예수님이 시각장애인들을 많이 고쳐주셨을까? 아니,
왜 이렇게 당시 시각장애인들이 많았을까? 설교준비를 하면서, 그
런 생각이 들더라구요. 성경학자들 문헌을 찾아보니까, 예수님 계
신 그곳이 지중해성 기후라, 석회석 가루가 많이 날아다녀서, 그랬
을 것이라는 해석을 내놓았습니다.

그런데 꼭 그렇게만 볼 일이 아닙니다. 오늘 우리도, 예수님이
지금 저와 여러분이 예배드리는 이 자리에 와 계신 데도, 전혀 알
아보지 못하고, 어디가 길이냐, 어디가 길이냐 물어보는, 영의 눈
이 먼, 내 영혼의 시각장애인들이기 때문입니다.

그렇다면, 우리도 미라클, 예수님이 행하신 기적처럼, 시각장애
인, 눈먼 사람도 낫는 기적을 체험하려면 어떻게 해야 할까요?

내가 생각하기에 예수님이 누구신지를 분명히 고백해야 합니다.

성경에 보면, 어느 날 예수님이 뜬금없이 제자들에게 이렇게 물으시지요?

"예수께서 따로 기도하실 때에 제자들이 주와 함께 있더니 물어 이르시되 무리가 나를 누구라고 하느냐 (19) 대답하여 이르되 세례 요한이라 하고 더러는 엘리야라, 더러는 옛 선지자 중의 한 사람이 살아났다 하나이다 (20) 예수께서 이르시되 너희는 나를 누구라 하느냐 베드로가 대답하여 이르되 하나님의 그리스도시니이다 하니"(눅 9:18-20)

왜 이런 뜬금없는 질문을 하셨을까요? 이 질문에 대한 대답이 복음의 핵심이었기 때문입니다. 너희가 복음을 알고 있느냐, 그런 의도이셨습니다.

그렇다면, 오늘 본문에서 지금 구경하러 나온 군중들은 예수님을 누구라고 말하고 있습니까?

"무리가 지나감을 듣고 이 무슨 일이냐고 물은대 (37) 그들이 나사렛 예수께서 지나가신다 하니"(눅 18:36-37)

나사렛 예수라고 말하고 있습니다. 틀린 말은 아니지만, 틀렸습니다. 뭔 말놀이냐구요? 저 촌동네 나사렛 지방 출신, 목수의 아들, 예수는 맞습니다. 그런데 군중들이 아는 것은 딱 거기까지. 그 이상을 모릅니다. 아직 그 이상까진 눈을 뜨지 못했습니다. 복음에 대해서 아직도 시각장애인입니다.

그런데 지금, 정작 시각장애인 바디매오는 예수님을 누구라고 생각하고 있습니까?

"맹인이 외쳐 이르되 다윗의 자손 예수여 나를 불쌍히 여기소
서 하거늘"(눅 18:38)

나사렛 예수로 아는 게 아니라, 다윗의 자손 예수로 알고 있는 것입니다. 이것이 뭐가 중요하냐구요? 굉장히 중요합니다. 세상이 뒤집힐 고백을 지금 바디매오가 하고 있기 때문입니다. 당시 사람들은 구약에서 예언한 메시아, 하나님의 기름 부음을 받은 종, 인류의 구원자가 오시기를 학수고대하고 있었습니다. 그리고 그 메시아는 다윗의 자손 가운데서 나올 것이라는 게 구약성경의 예언이었습니다.

"이새의 줄기에서 한 싹이 나며 그 뿌리에서 한 가지가 나서
결실할 것이요"(사 11:1)

이새의 줄기에서, 인류를 구원할, 메시아가 나올 것이라는 이사야의 예언입니다.

그런데 이새가 누군가요?

"오벳은 이새를 낳고 이새는 다윗을 낳았더라"(룻 4:22)

이새는 바로 다윗의 아버지였습니다. 그러니까, 이새의 줄기에서, 곧 다윗의 자손 중에서, 인류를 구원할, 메시아가 나올 것이라는 예언이었습니다.

군중들은 앞에 이 메시아로 오신 예수님을 두고도 몰라보았는데, 시각장애인인 바디매오는 인류의 구원자, 메시아로 오신, 다윗의 자손 예수님을 대번에 알아본 것입니다. 이것이 은혜입니다. 이것이 오늘 주님 주시는 복음입니다.

사랑하는 성도 여러분, 저와 여러분에게도, 바디매오처럼, 영의 눈이 확 뜨여, 지금 이 자리에 와 계신, 인류의 구원자, 온 우주의 메시아, 나를 고쳐주실 다윗의 자손, 예수님을 알아볼 수 있다면! 우리, 그런 의미에서, 이 성전에 와 계신 예수님을 향하여 이렇게 외칩시다. 다윗의 자손 예수여, 나를 불쌍히 여기소서!

그렇다면, 우리도 미라클, 예수님이 행하신 기적처럼, 시각장애인, 눈먼 사람도 낫는 기적을 체험하려면 또 어떻게 해야 할까요?

예수님께 더욱 절실하게 물고 늘어져야 합니다.

시각장애인 거지 바디매오가 자기를 불쌍히 여겨달라고 하니까, 사람들이 잠잠하라고 꾸짖지요. 그러자 바디매오, 어떻게 나옵니까?

"앞서가는 자들이 그를 꾸짖어 잠잠하라 하되 그가 더욱 크
게 소리 질러 다윗의 자손이여 나를 불쌍히 여기소서 하는지

라"(눅 18:39)

더욱 크게 소리 질렀다! 그 마음, 이해하시겠습니까? 평생 두 번 다시 올 수 없는 기회. 그 기회를 놓칠 수 없습니다. 수치고 눈치고 나발이고. 예수님 가셔버리면 다 끝. 그래서 더욱 크게 소리를 지른 것입니다. 다윗의 자손이여, 인류의 구원자 메시아로 오신 예수여, 나를 불쌍히 여기소서!

따라합시다. 실패는 바느질할 때나 쓰는 말이다. 또 따라합시다. 포기는 배추를 셀 때가 쓰는 말이다. 바디매오에게 지금 실패가 무슨 말입니까? 포기가 무슨 말입니까? 사느냐 죽느냐, 기로에 서 있는데! 예수님 가셔버리면 평생을 뵐 수 없는데! 따라합시다. 포기하기엔 항상 너무 이르다! 그렇습니다. 코끼리를 냉장고에 집어넣는 법, 아시죠? 들어갈 때까지 밀어 넣는 것입니다. 지가 안 들어가고 배겨? 기적은 그래야 일어납니다. 예수님 바짓가랑이를 물고 늘어져야 합니다.

그래서 하나님께서도 이렇게 강권하십니다.

"나는 너를 애굽 땅에서 인도하여 낸 여호와 네 하나님이니
네 입을 크게 열라 내가 채우리라 하였으나"(시 81:10)

하나님은 살아계십니다. 기적은 오늘도 계속됩니다. 그 기적을 체험하시려면, 여러분 입을 크게 여십시오. 한 번 구해서 안 된다고 너무 쉽게 포기하지 마십시오. 안 되면 더 크게 소리 지르십시오. 더 크게 입을 여십시오. 네 입을 크게 열라, 내가 채우리라! 이

것이 오늘 주님 주시는 좋은 소식, 주님의 복음입니다.

그렇다면, 우리도 미라클, 예수님이 행하신 기적처럼, 시각장애인, 눈먼 사람도 낫는 기적을 체험하려면 또 어떻게 해야 할까요?

예수님이 치유하신 원리를 정확히 따라 해야 합니다.

예수님이 어떻게 이 시각장애인 바디매오를 치유하셨나요? 그냥 그렇고 그런 거네, 흘려버릴 수 있는 본문이지만, 실은 오늘 우리에게 주신 본문 안에는 예수님의 놀라운 치유와 원리가 숨어 있습니다.

먼저, 예수님이 어떻게 하셨나요?

"예수께서 머물러 서서 명하여 데려오라 하셨더니 그가 가까이 오매 물어 이르시되"(눅 18:40)

머물러 서셨다! 이것이 예수님이 행하신 기적의 원리 ABC 가운데, 첫 번째 순서입니다. 예수님이 그 시각장애인 앞에 머물러 서셨다! 저는 예수님의 동작이 참 감동적으로 다가옵니다. 이것이 양 떼를 위하여 목숨을 버리신 선한 목자, 우리 예수님의 마음 아닐까요? 아무도 거들떠보지 않던 사회의 맨 가장자리, 가장 구석진 곳, 가장 사각지대, 가장 소외된 우리 이웃, 노숙자요, 시각장애인이요, 별 인지도도 없고 별로 알고 싶지도 않은 앞동네 김씨 아들, 그 외롭고 그립고 괴로운 영혼을 측은히 여기신 예수님의 발걸음. 머물러 서셨다! 지금 이 시간, 저와 여러분에게도 그렇게 하실, 우리 예수님. 이것이 오늘 주님 주시는 복음입니다.

그다음, 예수님이 어떻게 하셨나요?

"예수께서 머물러 서서 명하여 데려오라 하셨더니 그가 가까이 오매 물어 이르시되"(눅 18:40)

데려오라! 데려오라고 하십니다. 이것이 예수님이 행하신 기적의 원리 ABC 가운데, 두 번째 순서입니다. 자신이 있으십니다. 그 자신감은 무턱댄 자신감이 아니라, 바로 이 자신감입니다.

"이르시되 무릇 사람이 할 수 없는 것을 하나님은 하실 수 있느니라"(눅 18:27)

데려오면 내가 고쳐줄 자신이 있다. 나에게는 하나님께서 주신 치유의 권능이 있다. 사람은 할 수 없어도, 나는 할 수 있다! 의사는 못 고쳐도, 나는 고칠 수 있다. 내 안에는 하나님이 계신다. 아니, 너희가 지금은 나를 이렇게도 몰라보지만, 내가 바로 하늘에서 내려온 메시아다! 내가 바로 그 하나님이다! 그러니, 어서 내 앞으로 데려와라! 이 복음을 여러분도 믿으십니까?

그다음, 우리 예수님, 또 어떻게 하셨나요?

"네게 무엇을 하여 주기를 원하느냐 이르되 주여 보기를 원하나이다"(눅 18:41)

바디매오에게 물어보셨어요. 근데 좀 뜬금없으셔요. 네게 무엇을 하여 주기를 원하느냐? 시각장애인의 소원이 지금 뭐겠어요? 근데 왜 이런 뻔한 질문을 하셨을까요? 실은 우리가 치유가 안 되는 이유가, 바로 이 언저리에 있기 때문임을 너무나 잘 아신 것 아닐까요? 과녁이 제대로 정조준하지 않으면, 화살은 엉뚱한 데로 날아가 버립니다. 목표가 선명해야 합니다. 치유의 기적도 마찬가지입니다. 네가 지금 뭘 원하느냐? 너 지금 그 정도로 절실하냐? 그것을 확인하신 거예요. 절실하지 않은데, 어떻게 기적이 일어나겠습니까? 네 가슴속 지금 가장 절실한 소원이 무엇이냐? 바디매오 스스로 구체적으로 그 기도제목을 입으로 말하도록 유도하신 것이에요. 이것이 예수님이 행하신 기적의 원리 ABC 가운데, 세 번째 순서입니다. 그랬더니, 아니나 다를까, 바디매오가 대답을 하지요. 주여, 내가 보기를 원하나이다! 시각장애인에게 지금 이것보다 더 절실한 기도제목이 또 어디 있겠습니까?

그다음, 우리 예수님, 또 어떻게 하셨습니까?

"예수께서 불쌍히 여기사 그들의 눈을 만지시니 곧 보게 되어 그들이 예수를 따르니라"(마 20:34)

그 시각장애인을 불쌍히 여기셨다! 이것이 예수님이 행하신 기적의 원리 ABC 가운데, 네 번째 순서입니다. 예수님이 저와 여러분을 불쌍히 여겨주셔야 합니다. 고쳐주시고 말고는 예수님의 마음입니다. 그렇다면 그분의 마음을 움직일 수 있는 건, 그분이 저와 여러분을 불쌍히 여겨주시도록 절실하게 그분을 물고 늘어지는 것입니다.

그다음, 어떻게 하셨습니까?

"예수께서 불쌍히 여기사 그들의 눈을 만지시니 곧 보게 되어
그들이 예수를 따르니라"(마 20:34)

예수님이 행하신 기적의 원리 ABC 가운데, 다섯 번째 순서는
그 시각장애인의 눈을 만지셨다는 것입니다. 이것은 가히 혁명적
인 치유 방법입니다. 더러운 환자를 누가 만지려 하겠습니까? 다
들 재수 없다고 침을 뱉고 갔을 터, 예수님은 정반대셨습니다. 그
시각장애인의 눈을 만져주셨습니다. 오늘같이 하이테크 시대에
예수님의 하이터치! 그것은 다름 아닌 예수님의 힐링 터치, 치유
의 만지심이셨습니다.

제가 작년에, 치유의 시간을 보내면서, 미국 치유교역연구소를
방문한 적이 있습니다. 실은 그 치유교역연구소장님이 프랜시트
맥너트라는 분이었는데, 제가 그분 책을 오래전에 번역해서 한국
교회에 소개한 적이 있었거든요.

생애 마지막 여행이 될 수도 있겠다 싶어, 제가 번역한 그분 책
을 선물로 드리고 치유기도를 받고 싶었어요. 그런데 가보니, 그분
은 오래전 하나님 품으로 이사를 가셨고, 지금은 그분 사모님 주
디스 맥너트가 뒤를 이어 섬기고 계셨어요. 주디스 맥너트는 본디
유명한 심리치료사이신데, 영성적으로 아주 깊이가 있고 치유신학
이 균형이 있고 아주 인격적인 분이라, 소문을 듣고 많은 분들이
오셔서 치유공부를 하고 치유훈련을 받고 계시더라구요.

제가 그분 주디스 맥너트와 그 연구소 사람들에게 경험한 것은 정말 놀라운 은혜였습니다. 정말 따뜻하게 예수님의 마음으로 저를 환대해 주셨어요.

그분들은 암 진단을 받고 어쩔 줄 몰라 하는 저를, 수술이 불가능하다는 의학적인 선고를 받은 저를, 저 지구본의 점 하나 보일랑 말랑, 한국이라는 곳에서 무작정 날아온 이방인인 저를, 예수님의 마음으로 아주 불쌍히 여겨주셨습니다. 모두가 저를 껴안고, 암으로 뿌옇게 손상당한 제 폐에, 큰 덩어리로 전이가 되어 긴급 수술을 한 뇌에, 녹내장으로 시력까지 흐려진 제 두 눈에, 자신들의 손을 얹고, 성부와 성자와 성령의 이름으로, 간절히 치유기도를 해주셨습니다. 예수님의 치유기도 모습을 그대로 보는 듯했습니다.

무엇이 이들을 이렇게 긍휼의 마음으로 이끄는 것일까? 저는 마지막 날, 그 치유교역연구소 북까페에 가서 그 이유를 살짝 짐작하게 되었습니다. 그분들이 훈련받고 있는 교재가 하나 있었는데, 제 눈에 쏙 들어왔습니다. 바로 <힐링 터치>(Healing Touch)라는 책이었습니다.

치유의 만지심. 아, 이것이 바로 이분들의 방법이구나! 이것이 바로 이분들이 훈련받고 있는 예수님의 치유 방법이구나! 예수님이 지금 바디매오에게 그렇게 힐링 터치를 하신 것입니다.

그다음, 또 어떻게 하셨습니까?

"예수께서 그에게 이르시되 보라 네 믿음이 너를 구원하였느
니라 하시매 (43) 곧 보게 되어 하나님께 영광을 돌리며 예

수를 따르니 백성이 다 이를 보고 하나님을 찬양하니라"(눅
18:42-43)

바디매오의 믿음을 귀하게 보신 거예요. 그 귀한 믿음을 보시
고, 네 믿음이 너를 구원하였다, 시각장애로부터 구원을, 치유를,
담대히 선포하신 것입니다. 이것이 예수님이 행하신 기적의 원리
ABC 가운데, 여섯 번째 순서였습니다.

그랬더니, 그 시각장애인, 어떻게 되었습니까? 공관복음서를 기
록한 마태 마가 누가가 약간씩 기억의 차이는 있지만, 이번 기적
사건의 결론에서 공통적으로 기억하고 있는 게 있습니다.

먼저, 마태의 마지막 기억을 보세요.

"예수께서 불쌍히 여기사 그들의 눈을 만지시니 곧 보게 되어
그들이 예수를 따르니라"(마 20:34)

곧 보게 되어, 예수님을 따라나섰다는 기억입니다.
마가의 마지막 기억도 보세요.

"예수께서 이르시되 가라 네 믿음이 너를 구원하였느니라 하
시니 그가 곧 보게 되어 예수를 길에서 따르니라"(막 10:52)

곧 보게 되어, 예수님을 따라나섰다는 기억입니다.
누가의 마지막 기억도 보세요.

"곧 보게 되어 하나님께 영광을 돌리며 예수를 따르니 백성이
다 이를 보고 하나님을 찬양하니라"(눅 18:43)

곧 보게 되어, 예수님을 따라나섰다는 기억입니다.

이 그림을 좀 예언자적 상상력을 가지고 떠올려 보세요. 예수님
이 바디매오 눈을 만지시며 고치시는 그림. 여러분, 이게 보통 일
입니까? 시각장애인이 눈을 떴다는 것. 어떤 의학적인 공부도 안
하신 예수님이 기적을 베풀어 주셨다는 것. 얼마나 기뻤겠습니까?
곧 보게 되어, 예수님을 따라나섰다! 아, 눈이 뜨이면, 예수님을 진
심으로 따라나서게 되는구나! 이것이 오늘 주님 주시는 복음이구
나!

그저께 대전 국립현충원에 다녀왔습니다. 한 분의 애국지사 묘
를 찾아갔습니다. 우리는 흔히 3.1절 하면 누구를 떠올리지요? 유
관순. 그런데 유관순 열사 외에도, 이름도 없이 빛도 없이 나라를
위하여 옥고를 치른, 숨은 애국지사들이 많은 계시다는 것을 알고
계시나요? 그중에서도, 오늘 바디매오처럼, 시각장애인도 있었다
는 것을 알고 계시나요? 그분이 바로 심영식 애국지사입니다.

묘비명에 그분의 생애가 이렇게 기록되어 있었습니다. 1917
년, 개성 호수돈여학교 졸업. 1919년, 개성군 송도면에서 3.1독립
만세운동을 추동하다가 일경에 붙잡혀, 서대문형무소에서 옥고.
1920년, 3.1만세운동 1주년 시위계획 중 붙잡혀, 서대문형무소에
서 1년간 옥고. 1989년, 난정 3.1장학회 설립. 1990년, 맹인복지

봉사상 추서. 건축훈장 애국장 추서.

그분의 묘비 앞에는, 소운 장수복이라는 분이 이렇게 추모시를 남겨 놓았더라구요.

이 세상을
아름답고 행복하게 해주신
내 조국 대한의 어머니

헬렌 켈러가 빛의 천사라면
그는 빛과 사랑의 천사이며
조국을 구한 대한 잔다크

여기 거룩히 무늬 진 대한의 산하에
고독한 소쩍새 벗하시니 무심한
바람과 구름도 쉬어가니 바라노라

시각장애인도 1919년 3월 1일, 나라를 구하기 위해 일어섰습니다. 예수님은 이런 시각장애인 바디매오에게 눈을 뜨는 기적을 베풀어 주셨습니다. 저와 여러분에게도, 오늘 이런 눈뜸의 기적이 필요합니다. 예수님께 분명한 어조로 여러분의 기도제목을 말씀드리십시오. 한 번 안 되면, 두 번 세 번, 그분의 바짓가랑이를 붙잡고 늘어집시다. 그러면 예수님께서 저와 여러분의 육체적인 시각장애, 이까짓 것 반드시 고쳐주십니다.

그리고 더더구나 놀라운 건, 지금 이 자리, 예수님이 저와 여러분 옆자리에 와 계신 데도, 전혀 알아보지 못하고 쓸데없는 데 인생을 허비하고 있는, 저와 여러분, 내 영혼의 시각장애도, 치유해 주신다는 약속입니다.

저와 여러분은, 현대판 바디매오입니다. 인정하기 싫어도, 주님은 그렇게 보고 계십니다. 그런 현대판 바디매오가, 지금 이 시간 예수님을 만나 눈을 떴습니다. 그러니 찬양이 터져 나오지 않겠습니까?

예수님이 말씀하시니
바디매오가 눈을 떴다네!
예수님이 말씀하시니
바디매오가 눈을 떴다네!
예수님 예수님 나에게도 말씀하셔서
새롭게 새롭게 변화되게 하소서

12
어찌하여 살아 있는 자를 죽은 자 가운데서 찾느냐?

"안식 후 첫날 새벽에 이 여자들이 그 준비한 향품을 가지고 무덤에 가서 (2) 돌이 무덤에서 굴려 옮겨진 것을 보고 (3) 들어가니 주 예수의 시체가 보이지 아니하더라 (4) 이로 인하여 근심할 때에 문득 찬란한 옷을 입은 두 사람이 곁에 섰는지라 (5) 여자들이 두려워 얼굴을 땅에 대니 두 사람이 이르되 어찌하여 살아 있는 자를 죽은 자 가운데서 찾느냐 (6) 여기 계시지 않고 살아나셨느니라 갈릴리에 계실 때에 너희에게 어떻게 말씀하셨는지를 기억하라 (7) 이르시기를 인자가 죄인의 손에 넘겨져 십자가에 못 박히고 제삼일에 다시 살아나야 하리라 하셨느니리 힌대 (8) 그들이 예수의 말씀을 기억하고 (9) 무덤에서 돌아가 이 모든 것을 열한 사도와 다른 모든 이에게 알리니 (10) (이 여자들은 막달라 마리아와 요안나와 야고보의 모친 마리아라 또 그들과 함께 한 다른 여자들도 이것을 사도들에게 알리니라) (11) 사도들은 그들의 말이 허탄한 듯이 들려 믿지 아니하나 (12) 베드로는 일어나 무덤에 달려가서 구부려 들여다 보니 세마포만 보이는지라 그 된 일을 놀랍게 여기며 집으로 돌아가니라"(눅 24:1-12)

죽을 죄를 지었습니다. 무슨 말이냐고요? 지난주 뉴스 기사입니다. 속초 영랑호 벚꽃축제. 그런데 기후위기 탓인지 정작 벚꽃이 안 핀 거예요. 그래서 지자체에서 사과문을 올린 것입니다. 우리가 사는 대전 대청호 벚꽃축제도 뉴스에 보니 아슬아슬하던데, 어제 어떻든가요? 따라합시다. 어찌하여 벚꽃을 대청호 가운데서 찾느냐?

참 이상해요. 이 봄에, 사람들은 왜 그렇게 벚꽃을 찾아 나서는 걸까요? 벚꽃을 찾아 나서는 게 아니라, 벚꽃 속 행복을 찾아 나서는 게 아닐까요?

심리학을 전공한 조지 갤럽이라는 청년이, 1935년, 갤럽연구소를 만들고, 미국 사람들의 여론을 조사했습니다. 당시 미국 사람들이 가장 원하는 것은 무엇이었을까요? '행복'이었습니다. 그렇습니다. 인생은 행복하기 위해서 사는 것입니다. 행복이야말로 인생의 간절한 목적입니다.

얼마나 행복이 좋으면, 숟가락에도, 베개에도, 장롱에도, 신발에도, 심지어 대문에도 복! 복! 제 어린 시절 이름도 복동이었습니다. "복동이 엄마는 샘샘샘이 나서 샘표 간장, 샘표 간장!" 하도 놀림을 받아서 이름을 바꿔주셨는데, 그래도 끝 자는 끝내 복 자였습니다. 현복이! 시골 발음으로는 행복이! 교인들을 행복하게 해주는 행복이가 되자! 그래서 저는 제 목회신학도 대전 대전 내 영혼의 행복플러스로 삼아왔습니다. 그만큼 행복은 우리들의 초관심사입니다.

그런데 안타깝게도, 많은 이들이 사는 게 행복하지 않다고 토로합니다. 특히, 우리 한국은 올해도 행복지수가 세계 꼴찌입니다.

스위스, 한 노인이 자기의 80평생을 시간으로 정리해 보았습니다. 잠자는 데 26년, 일하는 데 21년, 식사하는 데 6년, 약속을 기다리는 데 5년, 혼자 뒹구는 데 5년, 세수하는 데 228일, 아이들과 놀아주는 데 26일, 넥타이 매는 데 17일, 담뱃불 붙이는 데 12일. 놀라운 건, 80평생, 행복했던 순간은 총 46시간뿐이었습니다. 46시간 행복하려고 이 짓을 하는 겁니다.

갤럽 설문조사 기관에서, 최근에 다시, 재벌 100명과 박사 100명, 총 200명을 대상으로, 삶의 행복도를 조사했습니다. "당신은 행복하십니까?" 그 질문에, 87%가 "아니오, 행복하지 않습니다." 라고 대답했습니다. 재벌들이 행복하지 못하고, 박사들이 행복하지 못하다면, 과연 이 세상에서 행복한 사람은 누굴까요?

사랑하는 성도 여러분, 그렇다면 여러분은 지금 행복하십니까? 여러분의 가정은 지금 얼마나 행복하십니까? 여러분의 부부생활은 지금 얼마나 행복하십니까? 여러분의 자녀들은 지금 얼마나 행복하십니까? 여러분의 부모님들은 지금 얼마나 행복하십니까? 여러분의 미래는 지금 얼마나 행복하십니까? 이것이 오늘 주님께서 물으시는 도전적인 질문이십니다. 여기에 대해서 뭐라고 대답하실 건가요? 주님께 어떻게 대답해야 할지 참 난감하시다구요?

그렇다면, 우리는 왜 이렇게 벚꽃을 찾아 나서듯 행복을 찾아 나서는데도, 정작 행복하지 않을까요?

마음의 상처 때문입니다.

하루는 하나님께서 천사들을 부르셨습니다. 그리고 말씀하셨습니다. "내가 창조한 인간들이 행복 행복 하는데, 진짜 내가 아끼는 사람들만 그 행복을 찾을 수 있도록 가장 은밀한 곳에 감추어 두어라!"

하나님의 명령을 받은 천사들이 모여 '긴급회의'를 했습니다. 행복을 가장 은밀한 곳에 감추어 두라고 하시는데 어디다 감출 것인가? 저 태평양 바닷속 수천 킬로미터 깊은 곳에 감추어 두자는 주장, 저 히말라야 산꼭대기 수천 킬로미터 높은 곳에 감추어 두자는 주장. 그러나 탐욕에 가득 찬 인간이 그 정도는 쉽게 찾아낼 것이라는 의견 때문에 다 무산됐습니다.

그때 한 천사가 이런 제안을 했습니다. "인간의 마음에 감추어 두자." 인간은 욕심 때문에 자기 마음을 잘 볼 수 없을 것이라는 생각 때문이었습니다. 이 주장이 만장일치로 통과되었습니다. 이 때부터 행복은 인간의 마음속 가장 깊숙한 곳에 감추어 있게 되었습니다. 바로 저와 여러분의 마음속 깊은 곳에요!

그런데 문제는 이 마음! 이 마음이 상처투성이라, 희뿌연 황사처럼 행복을 가리고 있습니다. 행복을 가리고 있는 상처. 분노의 상처, 배신의 상처, 깨어진 꿈의 상처, 슬픔의 상처, 우울의 상처, 외로움의 상처. 특히, 낮은 자존감의 상처. 난 할 수 없어! 내까짓 게 뭘 한다고! I'm Not OK!

이 상처들은 대부분 어린 시절 입은 마음의 상처들입니다. 결핍, 우울, 집착, 분노, 불안. 그래서 살아 있다는 싱싱한 느낌을 한 번도 경험해 본 적이 없습니다. 이 싱그러운 봄에도, 슬픈 겨울을 나고 있습니다.

마음의 상처는 상처를 입어본 사람만이 치유할 수 있습니다. 십자가는 상처의 극치였습니다. 배신과 분노, 좌절과 슬픔, 외로움과 우울함 속에서 예수님은 말없이 십자가를 지고 가셨습니다. 그 십자가는 바로 저와 여러분이 지고 가야 할 상처투성이 십자가였습니다. 상처를 입어 보셨기에, 상처 입은 우리 인생들의 마음을 누구보다도 잘 아시는 주님.

그분께서 지금 저와 여러분에게 하시는 말씀이 있습니다.

"여자들이 두려워 얼굴을 땅에 대니 두 사람이 이르되 어찌하여 살아 있는 자를 죽은 자 가운데서 찾느냐"(눅 24:5)

사랑하는 성도 여러분, 우리는 어찌하여 행복을 죽은 자 가운데서 찾고 있는 걸까요? 이것이 오늘 주님께서 물으시는 도전적인 질문이십니다. 여기에 대해서 뭐라고 대답하실 건가요? 주님께 어떻게 대답해야 할지 참 난감하시다구요?

그렇다면, 우리는 또 왜 이렇게 벚꽃을 찾아 나서듯 행복을 찾아 나서는데도, 정작 행복하지 않을까요?

죄의 그림자 때문입니다.

죄는 교만입니다. 하나님과 같아지려는 것입니다. 에덴동산은 행복의 동산이었습니다. 그런데 사탄의 유혹에 빠져, 선악과를 따 먹음으로 죄가 시작되었습니다.

에덴의 상실, 그렇게 해서 우리 인류에게 죄책감이라는 감정이 깊은 뿌리를 내리게 되었습니다. 질투의 죄책감, 시기의 죄책감, 미움의 죄책감, 갈등의 죄책감, 다툼의 죄책감, 불화의 죄책감, 의사불통의 죄책감, 부정적인 말투의 죄책감, 부정적인 생각의 죄책감, 부정적인 행동의 죄책감, 분노의 죄책감, 스트레스의 죄책감, 왕따의 죄책감, 외로움의 죄책감, 괴로움의 죄책감, 두려움의 죄책감, 자살충동의 죄책감.

그리스도교는 인류에게 잃어버린 에덴의 행복을 되찾고 누리고 전하는 종교입니다. 그리고 그 행복을 되찾고 누리고 전하는 우리 그리스도교의 핵심은 바로 그리스도 자신입니다.

죄인은 죄인을 구원할 수가 없습니다. 죄가 없는 사람만이 죄인을 구원할 수 있습니다. 그분이 누구십니까? 예수 그리스도이십니다! 그분은 죄가 없으십니다. 그럼에도 불구하고, 우리 죄값을 대신하여 십자가에 못 박혀 죽으심으로, 저와 여러분의 죄를 흰 눈처럼 하얗게 씻어 주신 주님.

그분께서 지금 저와 여러분에게 하시는 말씀이 있습니다.

"여자들이 두려워 얼굴을 땅에 대니 두 사람이 이르되 어찌하여 살아 있는 자를 죽은 자 가운데서 찾느냐"(눅 24:5)

사랑하는 성도 여러분, 우리는 어찌하여 죄의 해결책을 죽은 자 가운데서 찾고 있는 걸까요? 이것이 오늘 주님께서 물으시는 도전적인 질문이십니다. 여기에 대해서 뭐라고 대답하실 건가요? 주님께 어떻게 대답해야 할지 참 난감하시다구요?

그렇다면, 우리는 또 왜 이렇게 벚꽃을 찾아 나서듯 행복을 찾아 나서는데도, 정작 행복하지 않을까요?

죽음의 공포 때문입니다.

우리 인생에게는 뭐라 이름 지을 수 없는 깊은 불안이 있습니다. 그 불안의 정체가 무엇일까요?

찰스 피니라는 청년이 대학교 캠퍼스에서 강의실을 향해 바삐 달려가고 있었습니다. 이것을 본 한 교수님이 같이 뛰면서 물어보았습니다. "청년, 왜 그리 바쁘게 뛰어 가는가?" "예, 수업 시간이 다 되어서요." "수업은 왜 듣는 건가?" "졸업하기 위해서요." "졸업한 후에는 뭘 할 것인가?" "취직해야죠." "그다음에는 뭘 할 것인가?" 질문이 점점 어려워져 가는지, 그 학생은 대답이 빨리 나오지 않았습니다. "결혼해야죠." "그다음은?" "애 낳아야죠." "그다음은?" "출세해야죠." "그다음은?" "애들 결혼시켜야죠." "그다음은?" "손주들 봐줘야지요." "그다음은?" "은퇴해야죠." "그다음은?" "늙겠지요." "그다음은?" "죽겠지요" "그러면 청년은 지금 죽기 위해서 이렇게 바삐 뛰어 가는가?" 이때 청년은 발걸음을 멈추고 말았습니다. 청년은 대답이 없었습니다. 아, 내가 죽어라 뛰어 가는 게, 결국 죽기 위해 뛰고 있구나! 고작 내 인생의 목표가 죽음이었단 말인가? 이때부터 죽음 그 너머를 생각하고, 새로운 인생을 살게 됩니다. 미국의 영적 대각성 부흥 운동을 일으킨 찰스 피니 목사님 실화입니다.

"인간은 죽기 위해 태어났고, 죽기 위해 살고 있으며, 죽음의 종 착역으로 달려가고 있는 존재입니다."

철학자 헤겔의 말입니다.

"나면서부터 인간은 사형선고를 받고 태어난 존재입니다."

파스칼의 말입니다.

사실, 저도 이미 오래전부터 일 년에 두 번씩 죽음을 체험했습니다. 제가 설, 추석, 명절에 처가에 가면, 별로 말이 없거든요. 그러면 저희 장모님, 제 마음을 읽으시고, 가족들을 불러 모으십니다. 그리고 판을 벌이십니다. 그리고 저를 부르십니다. "신 목사, 이리 와, 놀자!" "아이구, 어머니, 전 이런 거 잘 못해요!" "괜찮아, 신 목사, 그냥 광 팔고 죽어!" 일 년에 두 번씩, 명절마다 죽음을 체험합니다. 이상하게 광 팔고 죽으면, 돈을 더 많이 땁니다.

제가 예언을 하나 하겠습니다. 제 예언은 한 번도 빗나간 적이 없습니다. 저를 보세요, 똑바로 제 눈을 보셔야 제 예언이 나갑니다. 음, "여기 계시는 분들은 모두 다 100년 안에 죽습니다" 안 죽을 사람 있어요? 죽음은 필연입니다. 피할 수 없습니다. 그런데 우리는 이렇게 100년 안에 다 죽는다는 것을 자꾸만 잊고 지냅니다. 영원히 살 것처럼! 죽음에서 예외인 인생은 없습니다. 좀 더 빨리, 좀 더 늦게, 차이가 있을 뿐입니다. 죽음은 '만약에'가 아닙니다. '반드시'입니다.

젊다고 죽지 않습니까? 젊은이에게도 죽음은 예외일 수 없습니다. 언제 죽을 것입니까? 모르지요? 모르기 때문에 우리는 죽음을 매일 준비해야 합니다. 준비된 죽음만이 후회가 덜합니다. 가장 잘 준비된 죽음이 가장 행복한 죽음입니다.

사형수가 사형집행을 받으러 가다가, 물기가 있는 바닥에서 미끄러졌습니다. 다행히 다치질 않았습니다. 그때 사형수가 털털 털고 일어나면서 한 말, "아이고, 죽을 뻔했네!" 그 사형수가 사형대에 올라가려는 순간, 의자를 밟고 올라가다, 의자를 헛디뎌서 넘어졌습니다. 이때 사형수가 한 말, "아이고, 진짜 죽을 뻔했네!" 죽음이 앞에 있으면서도, 내가 죽는다는 것은 실감이 나지 않습니다. 죽을 준비가 되어 있지 않습니다.

어느 한 가족이 해수욕장에 놀러 갔습니다. 아들 하나가 있었는데, 아빠와 함께 수영을 하면서, 파도와 노는 재미를 붙여, 자꾸자꾸 깊은 곳으로 들어가고 있었습니다. 그러자 불안을 느낀 엄마, 깊은 곳으로 들어가는 아들을 불러, 심하게 꾸중을 했습니다. 그랬더니 아들, 불만이 가득한 표정으로, 엄마에게 투덜거렸습니다. "엄마, 왜 아빠는 깊은 곳에 들어가도 말리지 않으면서, 나만 갖고 그러시는 거예요?" 그때 엄마가 대답하기를, "녀석아, 아빠는 생명보험에 들었잖니!" 그러나 생명보험도 우리 죽음을 막지는 못합니다.

<모리와 함께 한 화요일>이라는 책이 있습니다. 세포가 파괴되는 불치병에 걸린 모리라는 교수가, 죽음의 날을 카운트다운 하고 있을 때, 한 제자가 매주 화요일마다 찾아와서, 모리 교수에게 마지막 인생 레슨을 받는 내용입니다. 그 인생 레슨 가운데 제가 공감한 부분이 있습니다.

"사람들은 모두 다 죽게 된다는 건 알고 있지만, 자기가 죽는다는 걸 믿는 사람은 한 명도 없네. 만일 자기가 죽는다는 걸 진실로 믿는다면, 사람들은 금방 딴사람이 될 걸세!" 여러분은 이 모리 교

수의 마지막 인생 레슨을 어떻게 생각하십니까?

로마의 한 황제는 신하들이 아침에 자기를 알현할 때마다 이렇게 인사를 하도록 시켰다고 합니다.

"폐하, 죽음을 기억하십시오!"

인생에서 무엇이 참 지혜인가를 안 황제였습니다.

죽음을 준비하는 사람, 죽음 이후의 삶을 준비하는 사람은 죽음이 두렵지 않습니다. 죽음이 종착역이 아니라, 죽음 이후의 미래가 다가오고 있기 때문입니다. 죽음이 끝이 아니라, 부활의 시작, 영생의 시작이기 때문입니다.

그러므로 여러분의 죽음을 준비하십시오. 아니, 여러분의 죽음 너머, 여러분이 영원히 사는 길을 오늘 준비하십시오.

그 길은 바로 죽음의 권세를 깨뜨리고, 오늘 새벽 부활하신 주 예수 그리스도이십니다. 나는 길이요 진리요 생명이니 나로 말미암지 않고는 아버지께로 갈 자가 없다고 말씀하신 주님. 나는 부활이요 생명이니 나를 믿는 자마다 살겠고, 살아서 믿는 자는 영원히 죽지 아니하리라고 약속하신 주님.

그분께서 지금 저와 여러분에게 하시는 말씀이 있습니다.

"여자들이 두려워 얼굴을 땅에 대니 두 사람이 이르되 어찌하여 살아 있는 자를 죽은 자 가운데서 찾느냐"(눅 24:5)

사랑하는 성도 여러분, 우리는 어찌하여 죽음의 최종 승리자를 죽은 자 가운데서 찾고 있는 걸까요? 이것이 오늘 주님께서 물으시는 도전적인 질문이십니다. 여기에 대해서 뭐라고 대답하실 건가요? 주님께 어떻게 대답해야 할지 참 난감하시다구요?

한번 눈을 감아보십시오? 여기 왼쪽에는 이번 주 로또 복권에서 당첨된 407억 원 가운데 세금 떼고 319억 원이 있습니다. 그리고 오른쪽에는 여러분의 마음을 사로잡는 예쁜 여자가 있습니다. 여러분이 진짜 행복하게 살려면 무엇이 더 필요하겠습니까? 돈이 더 필요하다고 생각하시는 분? 여자가 더 필요하다고 생각하시는 분? 그러면, 돈도 필요하고, 여자도 필요하신 분? 그래요? 그럼, 둘 다 가지십시오. 돈! 여자! 웃자고 하는 말이지만, 실제로 이런 것들이 행복이라 생각하고, 이런 것들에 목매어 사는 인생들이 너무 많습니다. 여러분은 어떻습니까?

영국 사람들에게 아주 재미있는 속담이 있습니다. "하루를 행복하려면, 이발을 하라. 일주일을 행복하려면, 결혼을 하라. 한 달을 행복하려면, 말을 사라. 일 년을 행복하려면, 집을 사라. 그러나 평생을 행복하려면, 정직한 사람이 되라." 그러나 여기서 한 가지 결정적인 게 빠져 있습니다. "그러나 영원토록 행복하려면, 부활신앙을 회복하라."

예수님께서 부활하셨습니다. 이 사실을 믿습니까? 오늘 새벽, 여인들이 가보았더니, 무덤 문은 이미 열려 있었습니다. 예수님의 시신은 그 안에 없었습니다. 여인들이 당혹해할 때, 천사들이 말하였습니다.

"여자들이 두려워 얼굴을 땅에 대니 두 사람이 이르되 어찌하

여 살아 있는 자를 죽은 자 가운데서 찾느냐"(눅 24:5)

이것은 오늘 저와 여러분에게 주시는 말씀입니다. 어찌하여 행복을 또 죽은 자 가운데서 찾느냐? 어찌하여 죄의 해결책을 또 죽은 자 가운데서 찾느냐? 어찌하여 죽음의 최종 승리자를 또 죽은 자 가운데서 찾느냐?

13
너희에게 평강이 있을지어다

"이 말을 할 때에 예수께서 친히 그들 가운데 서서 이르시되 너희에게 평강이 있을지어다 하시니 (37) 그들이 놀라고 무서워하여 그 보는 것을 영으로 생각하는지라 (38) 예수께서 이르시되 어찌하여 두려워하며 어찌하여 마음에 의심이 일어나느냐 (39) 내 손과 발을 보고 나인 줄 알라 또 나를 만져 보라 영은 살과 뼈가 없으되 너희 보는 바와 같이 나는 있느니라 (40) 이 말씀을 하시고 손과 발을 보이시나 (41) 그들이 너무 기쁘므로 아직도 믿지 못하고 놀랍게 여길 때에 이르시되 여기 무슨 먹을 것이 있느냐 하시니 (42) 이에 구운 생선 한 토막을 드리니 (43) 받으사 그 앞에서 잡수시더라 (44) 또 이르시되 내가 너희와 함께 있을 때에 너희에게 말한 바 곧 모세의 율법과 선지자의 글과 시편에 나를 가리켜 기록된 모든 것이 이루어져야 하리라 한 말이 이것이라 하시고 (45) 이에 그들의 마음을 열어 성경을 깨닫게 하시고 (46) 또 이르시되 이같이 그리스도가 고난을 받고 제삼일에 죽은 자 가운데서 살아날 것과 (47) 또 그의 이름으로 죄 사함을 받게 하는 회개가 예루살렘에서 시작하여 모든 족속에게 전파될 것이 기록되었으니 (48) 너희는 이 모든 일의 증인이라 (49) 볼지어다 내가 내 아

버지께서 약속하신 것을 너희에게 보내리니 너희는 위로부터
능력으로 입혀질 때까지 이 성에 머물라 하시니라"(눅 24:36-
49)

40년을 같이 산 부부가, 예루살렘으로 성지순례를 떠났습니다.
부인이 갑자기 성지순례 중, 세상을 뜨고 말았습니다. 이스라엘 현
지 장의사가 남편에게 말했습니다. "당신 부인을 당신 나라 한국
으로 운구하는 데는 5,000만 원이 듭니다. 그러나 신성한 이 땅
이스라엘에 묻으시면 150만 원만 내면 됩니다." 남편은 한참을 생
각하더니, 부인을 고국 한국으로 운구해 달라고 말했습니다. 그래
서 이스라엘 현지 장의사가 물었습니다. "5,000만 원이나 쓰시게
요? 이 땅에 묻으면, 150만 원만 있으면 되는데." 그러자 남편이
심각하게 말했습니다. "예전에 예수님께서 이 땅에 묻히셨는데, 3
일 만에 부활하셨잖아요? 저는 그게 무서워요." 따라합시다. "저
도 그게 무서워요!"

오늘, 약속하신 부활의 주님을 목격한 사람들은, 본문에서 읽었
듯이, 열한 제자들이었습니다.

주후 60년경, 예수님 부활하신 지 27년 후, 의사 누가의 생생한
기억을 보실까요?

"이 말을 할 때에 [부활하신] 예수께서 친히 그들 가운데 서서
이르시되 너희에게 평강이 있을지어다 하시니"(눅 24:36)

여기서 중요한 단어가, "예수께서 친히"라는 말입니다. 친히 부활하신 몸을 보여주셨다는 말입니다.

이 장면을, 세무공무원 마태도 정확하게 기억하고 있습니다.

> "열한 제자가 갈릴리에 가서 예수께서 지시하신 산에 이르러 (17) [부활하신] 예수를 뵈옵고 경배하나 아직도 의심하는 사람들이 있더라"(마 28:16-17)

그리고 이 장면을, 4복음서 가운데 가장 먼저 기록을 남긴, 마가도 확실하게 기억합니다.

> "그 후에 열한 제자가 음식 먹을 때에 [부활하신] 예수께서 그들에게 나타나사 그들의 믿음 없는 것과 마음이 완악한 것을 꾸짖으시니 이는 자기가 살아난 것을 본 자들의 말을 믿지 아니함일러라"(막 16:14)

이 장면을 주후 100년경, 사랑의 사도 요한도 뚜렷하게 기억하게 있습니다.

> "이날 곧 안식 후 첫날 저녁때에 제자들이 유대인들을 두려워하여 모인 곳의 문들을 닫았더니 [부활하신] 예수께서 오사 가운데 서서 이르시되 너희에게 평강이 있을지어다 (20) 이 말씀을 하시고 손과 옆구리를 보이시니 제자들이 주를 보고 기뻐하더라"(요 20:19-20)

이렇게 네 명의 복음서 저자들이, 자신들이 부활하신 주님을 어떻게 목격했는지, 공통적으로 증언하고 있는 장면이 오늘 본문입니다.

그런데 이 장면에서 부활하신 주님이, 자살한 가룟 유다를 뺀, 나머지 열한 제자에게 간절히 마지막으로 부탁하신 게 있습니다. 무엇이었지요?

> "예수께서 나아와 말씀하여 이르시되 하늘과 땅의 모든 권세를 내게 주셨으니 (19) 그러므로 너희는 가서 모든 민족을 제자로 삼아 아버지와 아들과 성령의 이름으로 세례를 베풀고 (20) 내가 너희에게 분부한 모든 것을 가르쳐 지키게 하라 볼지어다 내가 세상 끝날까지 너희와 항상 함께 있으리라 하시니라"(마 28:18-20)

네 가지 동사로 되어 있습니다. 가라. 제자로 삼아라. 세례를 베풀어라. 가르쳐 지키게 하라. 성경학자들은 이 네 가지 동사를 부활하신 주님의 마지막 분부라고 칭합니다. 영어로는 라스트 커맨드먼트(Last Commandment).

그런데 부활하신 예수님이 제자들에게 주신 이 땅의 마지막 분부 네 가지를, 마가는 딱 한 마디로 이렇게 압축합니다.

> "또 이르시되 너희는 온 천하에 다니며 만민에게 복음을 전파하라"(막 16:15)

복음전파. 이것이 부활하신 예수님의 이 땅 마지막 분부, 마지막 명령, 마지막 유언이셨습니다.

우리가 그저께 강원도 최전방 산악3군단, 12사단 을지부대, OO 여단, 안성표 집사님이 지휘하시는 OO대대, 군선교위문예배를 다녀온 것도 그런 예수님의 마지막 유언 때문입니다.

너희는 온 천하에 다니며 만민에게 복음을 전파하라! 예수님의 이 마지막 분부를 따라 찾아간 군선교위문예배. 결코 쉽지 않은 선교 현장이었습니다.

지금이 4월인데, 2주 전까지 눈이 왔다고 하시더라구요. 아직도 곳곳에 눈이 녹지 않고 그대로였어요. 지난주에 길을 뚫었대요. 이번 겨울 눈이 4미터가 내렸대요. 영하 40도. 향로봉 선점중대, 대암산 정상, OO대대 5,000계단, 제가 군목 때 수없이 장병들을 찾아갔던 그 정상은, 올해도 온도계 수치가 더 이상 잴 수 없는 단계까지 내려갔답니다. 그 정도면 장병들이 느끼는 체감온도는 영하 54도 이하입니다.

우리가 간 날, 그 전날부디 날이 밝이졌대요. 내복쟁이 저도 옷이 더워 조끼를 벗었어요. 기도하시는 분들이라 다르다고 여단장님도 그러시더라구요. 이렇게 청명한 날은 일 년 중 정말 며칠뿐이래요. 북한 쪽 GP 초소도 보였고, 초병도 보였고, 저 멀리 금강산 미륵봉까지 선명하게 보였습니다.

저도 10년 만에 다시 가본, 그곳 5,000계단, 내가 군목 때는 무슨 힘으로, 24년간, 이 일을 매일 했을까? 그 험준산령, 매일 밤낮 오르고 또 오르며, 철책을 사수하고, 적들의 침투를 뜬눈으로 주시하는, OO대대 안성표 집사님과 대대장병들. 이번에 가서 처음 안 것인데, 이제 부대 경계시스템이 바뀌어서, 안성표 집사님 대대가 우리 GOP 철책을 전담하며, 2년 동안 한 번도 후방으로 내려오지를 못한다는 거예요. 그곳 여군에게 물었어요. 그럼, 안 힘드세요? "목사님, 그래서 오늘 이렇게 저희가 기쁜 겁니다. 어머니 아버지들이 이렇게 저희 부대를 방문해 주신 것 자체가 너무너무 위로가 됩니다. 막말로 누가 여기까지 오시겠습니까? 저 역시 이곳 철책에서 1년째인데, 민간인 구경은 오늘이 처음입니다." 다들 너무 좋아하고, 너무너무 밝은 얼굴을 맞아주셨어요. 600명 대대 장병들, 완전 부대개방 행사로 축제를 준비했더라구요.

5만 명을 지휘하시는 별 셋 육군중장 군단장님, 1만 명을 지휘하시는 별 둘 육군소장 사단장님, 5천 명을 지휘하시는 육군대령 여단장님까지, 상급부대에서도 모두 저희 방문에 큰 관심을 보여주셨어요. 군단, 사단, 여단 목사님도 철책으로 달려와, 우리를 지극정성 환대해 주셨어요. 우리 교회처럼, 이렇게 전폭적으로 후원해 주신 경우가 그동안 없었대요.

여단목사님은 우리와 함께 드린 군선교위문예배 실황을 녹화해서 전 기독 장병들에게 온라인으로 시청케 하겠다고 하시더구요. 대령이신 여단장님은 저를 찾아오셔서, 제가 10년 전에 국방부장관님께 보고했던 5,000계단 찾아가는 행복플러스 영상이 너무 울림이 컸다고, 여단 전체가 시청하도록 아침에 지침을 내렸다고 울먹이시더라구요. 선배님이 이곳에서 하신 일 절대 잊지 않고 잘 물려가겠습니다. 저한테 그러시더라구요. 아, 내가 그냥 고생만 한 게 아니었구나, 제가 더 감사했어요.

군선교위문예배를 드리며, 우리도, 장병들도, 모두가 울컥울컥

했어요. 철책에서 빠져나오는데, 끝까지 두 줄로 서서 우리에게 손을 흔드는 장병들. 아, 10년 만에 다시 와본, 이곳 5,000계단, 내가 군목 때는 무슨 힘으로, 24년간, 이 일을 매일 했을까? 아, 여기가 무너지면, 우리나라도 끝장이라는 걸 우리 교인들이 잘 느끼고 갔으면! 아, 이곳 장병들이 이렇게 든든하게 지켜주지 않으면, 우리가 후방에서 신앙생활 하는 것도 끝장이라는 걸 우리 교인들이 정말 감사하고 내려가셨으면! 아, 우리나라 대한민국, 이 분단된 안보현장, 이 장병들이, 우리 손자자녀들이, 철통경계로 지켜주지 않으면, 우리가 이렇게 후방에서 편히 잠잘 수 없다는 걸, 우리 교인들이 온 맘으로 체감하고 가셨으면! 아, 이 장병들에게 복음을 전파하는 게 얼마나 이들에게 위로가 되고 힘이 되는지, 결국 하나님이 이 산악을 지켜주시지 않으면 안 된다는 이 장병들의 신앙고백과 저 뜨거운 찬양을 우리 교인들이 가슴에 담고 내려가셨으면! 앞으로 우리 교회가 이 장병들을 위하여 도울 일이 무엇일까? 많은 기도제목을 가지고 내려왔습니다.

정말 이번 선교를 결의해 주시고, 그곳 내내군인교회 열악한 예배환경을 방송시설부터 악기세트까지 다 바꿔드리고 오게 해주셔서 진심으로 감사했습니다. 우리 교회와 땅끝에서 올라오신 해남북지구회 여신도회가 힘을 합쳐, 697만 원을 전달하게 해주셔서 진심으로 감사했습니다. 여러분이 매주 하나님께 올리신 선교헌금을 미리 보내, 가장 가려운 곳을 긁어드리고 오게 해주셔서 진심으로 감사했습니다. 대대 전 장병에게 맛있는 햄버거 음료수 간식까지 통째 전달하고 올 수 있도록 해주셔서 진심으로 감사했습니다. 그곳 강원도 최전방 첩첩산골에서 70년째 장병들을 섬기고 계신 군단교회 할아버지 할머니 어르신들 식사대접을 해드리고 오게 해주셔서 진심으로 감사했습니다. 30년째 땅끝에서 최전방 군선교를 해주시는 땅끝 해남 어려운 교회 여신도들을 같이 식사대접 해드리고 군단 숙소에 하룻밤 주무실 수 있도록 조치해 드리고 오게 해주셔서 진심으로 감사했습니다. 위험하고 고달팠지만, 같이 선교 가는 길 잘 동행해 주시고, 뒤에서 한마음으로 기도해 주신 교우 여러분, 진심으로 감사했습니다. 어제 그곳 안성표 집사님과, 그곳 목사님들과, 군단교회 어르신들과, 해남북지구장님으로부터, 꼭 우리 당회와 교우들에게, 감사 인사를 전해달라고 연락이 왔습니다. 아, 우리가 혼자가 아니구나, 복음전파에 큰 힘이 되셨던 것 같습니다.

복음전파, 복음전도, 복음선교, 이것보다 중요한 것은 교회 안에서 아무것도 없습니다. 그저께는 최전선 철책 장병들에게 복음을 전파하러 갔지만, 복음전파 대상은 아주 가까이, 자녀들, 손자손녀들, 부모님들, 형제자매들, 친척들, 아파트 이웃들, 직장동료들, 사업처 직원들, 지인들, 천국 같이 가고픈 전도대상자들, 무궁무진합니다.

이번에 열리는 천국잔치, 영적 대각성 부흥성회도 그 목적은 오직 하나, 복음전파입니다. 복음을 전하지 않는 교회는 고인물입니다. 고인물은 썩는 냄새가 진동합니다. 너희는 온 천하에 다니며 만민에게 복음을 전파하라! 예수님의 마지막 유언이라는 것을 명심해야 하지 않겠습니까?

그렇다면, 오늘 부활하신 예수님이 제자들에게 주신 마지막 유언처럼, 온 천하에 다니며 만민에게 복음을 전하려면, 저와 여러분에게 이 시간 무엇이 가장 필요할까요?

평강이 있어야 합니다.

"이 말을 할 때에 예수께서 친히 그들 가운데 서서 이르시되
너희에게 평강이 있을지어다 하시니"(눅 24:36)

평강이 있을지어다! 성경원어 히브리어로는, 뭐지요? 샬롬! 평강, 평안, 평화, 화평, 화목, 다 히브리어, 샬롬을 다양하게 맥락에 따라 번역한 말입니다.

우리는 모두 평강을 원합니다. 그런데 왜 우리에게 평강이 없습니까? 아니, 제자들은 왜 지금 평강을 잃어버렸습니까?

제자들이 평강을 잃은 첫 번째 원인은, 두려움 때문이었습니다.

"이날 곧 안식 후 첫날 저녁때에 제자들이 유대인들을 두려워
하여 모인 곳의 문들을 닫았더니 예수께서 오사 가운데 서서
이르시되 너희에게 평강이 있을지어다"(요 20:19)

자신들이 모시던 예수님을 십자가에 못 박은 유대인들. 이제 자기들도 그 유대인들에게 당할 일을 생각하니, 확 두려워졌습니다. 그 두려움 때문에 문을 꼭 닫은 채 떨고 있었습니다.

저와 여러분에게도 이런 두려움이 있지는 않습니까? 그 두려움의 정체는 무엇입니까? 건강 문제로 두려워하고 계십니까? 불확실

한 미래로 두려워하고 계십니까? 경제적인 어려움으로 두려워하고 계십니까? 가정 문제로 두려워하고 계십니까? 이런 두려움 때문에, 평강을 잃어버리셨다구요? 제자들이 그랬습니다. 저와 여러분은 어떻습니까?

제자들이 평강을 잃은 두 번째 원인은, 무서움 때문이었습니다.

"그들이 놀라고 무서워하여 그 보는 것을 영으로 생각하는지라"(눅 24:37)

그 보는 것을 영으로 생각했다. 이게 무슨 말일까요? 영어성경을 보면, 궁금증이 해소됩니다.

"They were startled and frightened, thinking they saw a ghost."(눅 24:37, NIV2011)

고스트. 귀신으로 생각했다는 것입니다. 죽은 예수님이 "샬롬!" 하고 미소 지으며 나타나시니까, 너무 놀라서 귀신으로 생각하고, 무서워했다는 말입니다.

우리도 어떤 일에 너무 놀라면, 이거 귀신의 역사 아닌가, 무서워집니다. 제자들이 그랬습니다. 저와 여러분은 어떻습니까?

제자들이 평강을 잃은 세 번째 원인은, 의심 때문이었습니다.

"예수께서 이르시되 어찌하여 두려워하며 어찌하여 마음에 의심이 일어나느냐"(눅 24:38)

제자들은 예수님이 부활하셨다고 하는 소식을 두 차례나 들었는데도, 의심했습니다. 환상 아닌가? 지나친 기대로 착각하고 있는 건 아닌가? 도적들이 예수님 시신을 훔쳐 간 건 아닌가? 의심하였습니다. 의심 때문에, 마음의 평강을 잃어버렸습니다. 제자들이 그랬습니다. 저와 여러분은 어떻습니까?

제자들이 평강을 잃은 네 번째 원인은, 믿음 없음 때문이었습니다.

> "그 후에 열한 제자가 음식 먹을 때에 예수께서 그들에게 나타나사 그들의 믿음 없는 것과 마음이 완악한 것을 꾸짖으시니 이는 자기가 살아난 것을 본 자들의 말을 믿지 아니함일러라"(막 16:14)

예수님이 십자가에 죽으시기 전, 그렇게 내가 죽었다가 다시 살아날 것이라고 말씀하셨는데도, 그렇게 말씀하신 대로 지금 이렇게 부활하셨는데도, 그래서 이렇게 제자들 식사 자리에 나타나셨는데도, 이 일련의 과정을 믿지 못했다는 것입니다. 그래서, 좌불안석, 혼비백산, 마음의 평강을 잃어버렸습니다. 제자들이 그랬습니다. 저와 여러분은 어떻습니까?

제자들이 평강을 잃은 다섯 번째 원인은, 완악한 마음 때문이었습니다.

> "그 후에 열한 제자가 음식 먹을 때에 예수께서 그들에게 나타나사 그들의 믿음 없는 것과 마음이 완악한 것을 꾸짖으시

니 이는 자기가 살아난 것을 본 자들의 말을 믿지 아니함일러
라”(막 16:14)

마음이 완악하다? 이게 무슨 뜻일까요? 영어성경을 보면, 재미
있습니다.

“Later Jesus appeared to the Eleven as they were
eating; he rebuked them for their lack of faith and their
stubborn refusal to believe those who had seen him
after he had risen.”(막 16:14, NIV2011)

고집 센 거절(stubborn refusal). 부활하신 주님을 보았다고 하
는데도, 한사코 그 말을 믿지 않으려 고집을 부리며 그런 말 내 앞
에서 하지 말라고 거절해 버렸다는 것입니다. 그래서, 마음의 평강
을 잃어버렸습니다. 제자들이 그랬습니다. 저와 여러분은 어떻습
니까?
그런데, 사랑의 사도 요한은, 이 장면을 더 자세하게 기억합니다.

“이날 곧 안식 후 첫날 저녁때에 제자들이 유대인들을 두려워
하여 모인 곳의 문들을 닫았더니 예수께서 오사 가운데 서서
이르시되 너희에게 평강이 있을지어다 (20) 이 말씀을 하시고
손과 옆구리를 보이시니 제자들이 주를 보고 기뻐하더라 (21)
예수께서 또 이르시되 너희에게 평강이 있을지어다 아버지께
서 나를 보내신 것 같이 나도 너희를 보내노라”(요 20:19-21)

평강이 있을지어다! 평강이 있을지어다! 예수님이 두 번이나 강조하셨다는 기억입니다. 왜 그러셨을까요? 그만큼 저와 여러분에게 평강이 중요하기 때문 아니셨을까요?

어떤 대학교수님이 사랑하는 제자에게 종이를 한 장 주면서, 평생에 꼭 가지고 싶은 것들을 적어보라고 하였습니다. 제자는 종이에 열심히 적어 보여드렸습니다. "교수님, 제 평생소원은, 첫째는 건강, 둘째는 돈, 셋째는 외모, 넷째는 재능, 다섯째는 권력, 여섯째는 명예입니다." 교수님은 한참 동안 들여다보더니, 이렇게 말했습니다. "자네가 여기 적은 것들은 다 일리 있는 내용일세. 그러나 자네는 여기서 한 가지, 가장 중요한 것을 빠트렸네. 그것이 없으면, 자네가 가지고 싶어 하는 것을 모두 가졌다 해도, 그게 오히려 고통거리가 될걸세." "교수님, 그렇게까지 중요한 것이 무엇입니까?" 교수님은 연필로 그 청년이 적어 온 목록들을 다 그어버리고, 그 밑에다 '마음의 평강'이라고 크게 써 주었습니다. 청년은 크게 깨달았습니다. 건강, 돈, 외모, 재능, 권력, 명예, 이런 것들보다 더 중요한 것이 '마음의 평강'이라는 사실. 그 후, 청년은 평생토록 '마음의 평강'을 가장 소중히 여기며 살았습니다. 나중에는 <마음의 평강>이라는 소중한 책도 집필하였습니다. 수백만 명의 심금을 울렸습니다. 그 청년이 바로 훗날 유대인 랍비가 된, 조수아 리브만이었습니다.

마음의 평강뿐이겠습니까? 결혼예식을 집례하던 목사님. 혼인서약 시간이 되었습니다. "신랑은 그 검은 머리가 파 뿌리가 되도록, 신부를 사랑하겠습니까?" 그러자 신랑이 대답했습니다. "살아봐야 알겠는데요. 그리고 저, 사실, 이거, 검은 머리 아니구요, 가

발인데요." 살아봐야 안다. 그렇습니다. 결코, 쉽지 않은 결혼생활. 결혼생활 역시, 가장 중요한 것은, 평강입니다.

괴테는 명작 <파우스트>에서 이런 말을 했습니다.

"파우스트는 세상의 모든 학문과 기술을 통달하고도, 그 마음에 평안이 없었다. 그래서 파우스트는 이 삶의 수수께끼를 못 푼 채, 독약을 마시고 스스로 자기 생명을 끊으려 했다. 그런데 그 순간, 새벽공기를 타고 멀리서 들려오는 예배당 성가대 소리. '사셨네 사셨네 예수 다시 사셨네!' 그 부활절 칸타타 찬송을 듣는 순간, 파우스트 마음에 비로소 평강이 깃들이 시작했다. 그래, 죽을 힘으로 살아보자!"

오늘 저와 여러분에게도 파우스트의 이 평강이 필요합니다. 너희에게 평강이 있을지어다! 너희에게 평강이 있을지어다! 부활하신 주님이 건네시는 평강의 인사는 바로 그런 의미입니다. 그런 의미에서, 우리도 옆사람에게 이 평강의 인사를 건네봅시다. 샬롬! 평강이 있을지어다!

그렇다면, 오늘 부활하신 예수님이 제자들에게 주신 마지막 유언처럼, 온 천하에 다니며 만민에게 복음을 전하려면, 저와 여러분에게 이 시간 또 무엇이 가장 필요할까요?

성령을 받아야 합니다.

"볼지어다 내가 내 아버지께서 약속하신 것을 너희에게 보내리니 너희는 위로부터 능력으로 입혀질 때까지 이 성에 머물

라 하시니라"(눅 24:49)

아버지 하나님께서 약속하신 것. 그게 무엇일까요?

같은 장면을 사랑의 사도 요한은, 이렇게 구체적으로 적시합니다.

"이 말씀을 하시고 그들을 향하사 숨을 내쉬며 이르시되 성령
을 받으라"(요 20:22)

제자들을 향하사, 후, 숨을 내시며, 성령을 받으라! 성령이 숨과 관련되어 있다는 것, 여러분 알고 계셨습니까?

성경을 보면, 하나님의 거룩하신 영, 성령을 숨으로 표현한 곳이 세 군데 나옵니다.

첫 번째는, 창세기 2장입니다. 사람을 지으실 때입니다.

"여호와 하나님이 땅의 흙으로 사람을 지으시고 생기를 그 코
에 불어넣으시니 사람이 생령이 되니라"(창 2:7)

사람을 지으실 때, 하나님께서는 하나님 자신의 생기를, 곧 숨을 불어넣으셨습니다. 그러니 저와 여러분 안에는 하나님의 생기, 곧 하나님의 숨이 들어 있다는 것을 놓쳐선 안 됩니다.

두 번째는, 에스겔 37장입니다. 약소민족 이스라엘이 패망하였을 때, 하나님께서 예언자 에스겔을 마른 뼈들이 가득한 골짜기 가운데로 데려가시죠. 그때 에스겔이 하나님의 말씀을 대언하여

선포합니다.

> "또 내게 이르시되 인자야 너는 생기를 향하여 대언하라 생기에게 대언하여 이르기를 주 여호와께서 이같이 말씀하시기를 생기야 사방에서부터 와서 이 죽음을 당한 자에게 불어서 살아나게 하라 하셨다 하라"(겔 37:9)

그러자 마른 뼈들이 모두 살아나서 일어나 섰습니다. 산 송장들을 다시 세우실 때, 하나님께서는 하나님의 생기, 곧 하나님 자신의 숨을 불어넣으셨습니다. 산 송장 같은 저와 여러분을 지금 일으켜 세우시는 방법도 마찬가지, 숨을 불어넣으시는 방법을 쓰신다는 것, 잊어서는 안 됩니다.

세 번째가 바로, 요한복음 20장입니다. 오늘 장면이지요. 부활하신 주님께서, 충격과 두려움으로 떨고 있던 제자들을 찾아오시어, 그들을 향하사 숨을 내쉬며 성령을 받으라고 하신 것입니다.

요즘에는 숨두부라는 것도 있습니다. 두부가 숨을 쉬는, 싱싱하고 건강에 좋은 두부라는 뜻입니다. 숨을 쉬면 죽었던 것도 살아납니다. 숨은 그 자체가 생명입니다. 특히 성령을 의미하는 예수님의 숨이 들어가면, 저와 여러분의 영혼이 결정적으로 살아납니다. 부활하신 예수님의 생명이 들어가기 때문입니다. 죽음을 이기시고, 부활하신 예수님이 불어넣으시는, 예수님의 숨결을 느끼며 삽시다. 그러면 저와 여러분 내면세계가 풍성해지고, 부요해지고, 치유되고, 건강해지고, 변화될 것입니다.

또 저와 여러분에게 부활하신 예수님의 숨이 들어가면, 그래서 저와 여러분이 부활하신 예수님의 성령을 받으면, 또 어떤 현상이 나타날까요? 성령의 열매가 맺힙니다. 성령의 열매가 무엇입니까?

> "오직 성령의 열매는 사랑과 희락과 화평과 오래 참음과 자비와 양선과 충성과 (23) 온유와 절제니 이같은 것을 금지할 법이 없느니라"(갈 5:22-23)

여러분에게 이런 성령의 열매가 나타나고 있습니까? 그러면 여러분은 부활하신 예수님의 숨, 성령을 받은 것입니다.

그러나 저와 여러분이 성령을 받지 않으면, 반대로 무엇을 받게 될까요? 악령을 받게 됩니다. 성령을 받느냐, 악령을 받느냐, 결국 둘 중 하나입니다. 악령이 무엇이냐고요? 육체의 욕심, 육체의 소욕, 육체의 일입니다.

> "내가 이르노니 너희는 성령을 따라 행하라 그리하면 육체의 욕심을 이루지 아니하리라 (17) 육체의 소욕은 성령을 거스르고 성령은 육체를 거스르나니 이 둘이 서로 대적함으로 너희가 원하는 것을 하지 못하게 하려 함이니라 (18) 너희가 만일 성령의 인도하시는 바가 되면 율법 아래에 있지 아니하리라 (19) 육체의 일은 분명하니 곧 음행과 더러운 것과 호색과 (20) 우상 숭배와 주술과 원수 맺는 것과 분쟁과 시기와 분냄과 당 짓는 것과 분열함과 이단과 (21) 투기와 술 취함과 방탕함과 또 그와 같은 것들이라 전에 너희에게 경계한 것 같이 경계하노니 이런 일을 하는 자들은 하나님의 나라를 유업으로

받지 못할 것이요"(갈 5:16-21)

이렇게 악령을 받으면, 어떤 현상이 일어날까요? 마음에 하나님 두기를 싫어합니다.

"또한 그들이 마음에 하나님 두기를 싫어하매 하나님께서 그들을 그 상실한 마음대로 내버려 두사 합당하지 못한 일을 하게 하셨으니 (29) 곧 모든 불의, 추악, 탐욕, 악의가 가득한 자요 시기, 살인, 분쟁, 사기, 악독이 가득한 자요 수군수군하는 자요 (30) 비방하는 자요 하나님께서 미워하시는 자요 능욕하는 자요 교만한 자요 자랑하는 자요 악을 도모하는 자요 부모를 거역하는 자요 (31) 우매한 자요 배약하는 자요 무정한 자요 무자비한 자라"(롬 1:28-31)

어떻습니까? 여러분은 이 말씀들을 보시고, 어떤 생각이 드십니까? 나는 지금 성령을 받았는가? 악령을 받았는가?

그렇다면, 오늘 부활하신 예수님이 제자들에게 주신 마지막 유언처럼, 온 천하에 다니며 만민에게 복음을 전하려면, 저와 여러분에게 이 시간 또 무엇이 가장 필요할까요?

표적이 따라야 합니다.

"볼지어다 내가 내 아버지께서 약속하신 것을 너희에게 보내

리니 너희는 위로부터 능력으로 입혀질 때까지 이 성에 머물
라 하시니라"(눅 24:49)

위로부터 능력이 입혀진다. 무슨 뜻일까요?

같은 장면에서, 부활하신 주님께서 하신 말씀을, 마가는 좀 더
구체적으로 이렇게 기억합니다.

"믿는 자들에게는 이런 표적이 따르리니 곧 그들이 [죽음을
이기고 부활한] 내 이름으로 귀신을 쫓아내며 새 방언을 말
하며 (18) 뱀을 집어 올리며 무슨 독을 마실지라도 해를 받지
아니하며 병든 사람에게 손을 얹은즉 나으리라 하시더라"(막
16:17-18)

위로부터 능력이 입혀진다는 건, 부활하신 주님의 표적을 행할
수 있는 능력이 입혀진다는 말씀이었습니다.

그리고 부활하신 주님께서 저와 여러분에게 약속하신 첫 번째
표적은 이것이었습니다.

"믿는 자들에게는 이런 표적이 따르리니 곧 그들이 [죽음을
이기고 부활한] 내 이름으로 귀신을 쫓아내며 새 방언을 말
하며 (18) 뱀을 집어 올리며 무슨 독을 마실지라도 해를 받지
아니하며 병든 사람에게 손을 얹은즉 나으리라 하시더라"(막
16:17-18)

귀신이 있습니까? 요즘같은 첨단과학 시대에 무슨 귀신타령이냐구요? 아닙니다. 성경을 보십시오. 성경은 분명히 귀신의 존재를 말합니다. 하여, 저와 여러분의 영적인 분별이 필요합니다.

바람이 눈에 안 보여도 나뭇잎이 흔들리거나 구름이 움직이는 것을 보면 바람이 있다는 것을 알 수 있는 것처럼, 귀신 들린 사람을 보면 귀신이 있다는 것을 알 수 있습니다. 오늘날 많은 사람이 귀신에게 시달리고 고통을 당하고 있습니다.

성경 말씀에 보면, 귀신은 악령, 악신이라고 했습니다. 인간에게 들어가서 질병을 일으키고, 재난과 불행을 가져오는 더럽고 악한 영입니다. 하나님을 대적하게 만들고 타락하게 만듭니다. 타락한 천사 루시퍼, 곧 사탄과 마귀를 좇는 무리들, 그 부하들이 바로 귀신들입니다.

귀신은 사람 속에 들어가서 눈 멀고 말 못하게 합니다.

"그 때에 귀신 들려 눈 멀고 말 못하는 사람을 데리고 왔거늘 예수께서 고쳐 주시매 그 말 못하는 사람이 말하며 보게 된지라"(마 12:22)

귀신은 간질병을 일으킵니다.

"주여 내 아들을 불쌍히 여기소서 그가 간질로 심히 고생하여 자주 불에도 넘어지며 물에도 넘어지는지라 (16) 내가 주의 제자들에게 데리고 왔으나 능히 고치지 못하더이다 (17) 예수께서 대답하여 이르시되 믿음이 없고 패역한 세대여 내가 얼마나 너희와 함께 있으며 얼마나 너희에게 참으리요 그를 이리로 데려오라 하시니라 (18) 이에 예수께서 꾸짖으시니 귀신이 나가고 아이가 그때부터 나으니라"(마 17:15-18)

귀신은 정신병을 일으킵니다.

"예수께 이르러 그 귀신 들렸던 자 곧 군대 귀신 지폈던 자가 옷을 입고 정신이 온전하여 앉은 것을 보고 두려워하더라"(막 5:15)

귀신은 귀를 먹게 합니다.

"예수께서 무리가 달려와 모이는 것을 보시고 그 더러운 귀신을 꾸짖어 이르시되 말 못하고 못 듣는 귀신아 내가 네게 명하노니 그 아이에게서 나오고 다시 들어가지 말라 하시매"(막 9:25)

귀신은 자살하게 합니다.

"귀신들이 그 사람에게서 나와 돼지에게로 들어가니 그 때가 비탈로 내리달아 호수에 들어가 몰사하거늘"(눅 8:33)

귀신은 점치게 합니다.

"우리가 기도하는 곳에 가다가 점치는 귀신 들린 여종 하나를
만나니 점으로 그 주인들에게 큰 이익을 주는 자라"(행 16:16)

그래서 이 귀신을 예수 그리스도의 이름으로 쫓아내라고 한 것
입니다. 오늘 우리는 귀신의 정체를 바로 알아야 합니다. 수많은
사람들이 이것을 알지 못해 귀신의 노예가 되고, 죄악의 포로가
되어 버립니다. 이 귀신은 예수 그리스도의 이름을 통해서 믿음을
가지고 물리치면 쫓겨남을 당하고 맙니다.
사도행전 16장 18절 말씀을 들어보십시오.

"이같이 여러 날을 하는지라 바울이 심히 괴로워하여 돌이켜
그 귀신에게 이르되 예수 그리스도의 이름으로 내가 네게 명
하노니 그에게서 나오라 하니 귀신이 즉시 나오니라"(행 16:18)

성경 말씀에는 귀신을 쫓아내는 방법이 기록되어 있습니다.
말씀으로 귀신을 쫓아냈습니다.

"저물매 사람들이 귀신 들린 자를 많이 데리고 예수께 오거늘
예수께서 말씀으로 귀신들을 쫓아내시고 병든 자들을 다 고
치시니"(마 8:16)

기도로 귀신을 쫓아냈습니다.

"집에 들어가시매 제자들이 조용히 묻자오되 우리는 어찌하

여 능히 그 귀신을 쫓아내지 못하였나이까 (29) 이르시되 기
도 외에 다른 것으로는 이런 종류가 나갈 수 없느니라 하시니
라"(막 9:28-29)

찬양으로 귀신을 쫓아냈습니다. 특히, 다윗은 수금을 타서 사울
왕의 귀신을 쫓아냈습니다.

"하나님께서 부리시는 악령이 사울에게 이를 때에 다윗이 수
금을 들고 와서 손으로 탄즉 사울이 상쾌하여 낫고 악령이 그
에게서 떠나더라"(삼상 16:23)

그런데 귀신을 쫓아내는 가장 강력한 방법을 오늘 부활하신 예
수님께서 가르쳐주셨습니다. 무엇입니까? 내 이름으로 귀신을 쫓
아내며! 예수님의 이름으로 귀신을 쫓아내는 것입니다. 그러면 귀
신은 한 길로 왔다가, 일곱 길로 도망칩니다.

"이같이 여러 날을 하는지라 바울이 심히 괴로워하여 돌이켜
그 귀신에게 이르되 예수 그리스도의 이름으로 내가 네게 명
하노니 그에게서 나오라 하니 귀신이 즉시 나오니라"(행 16:18)

귀신이 처음에는 '오브세션'(obsession)이라고 강박관념을 주
며 따라다닙니다. 그다음에는 '오프레션'(oppression)이라고 압
박을 주어 올라타고 누릅니다. 그 다음엔 '디프레션'(depression)
이라고 우울증을 가져와 낙심하게 만듭니다. 그리고 '포제

션’(possession)이라고 우리를 소유해 완전히 귀신의 노예가 되어서 병들게 합니다. 이 여러 단계를 통해서, 귀신은 우리를 점령해서 도둑질하고 죽이고 멸망시킵니다. 이것은 웃기는 소리가 아닙니다. 그러므로 우리 인생을 더 잘 살기 위해서는 귀신을 반드시 쫓아내야 합니다.

그리고 부활하신 주님께서 저와 여러분에게 약속하신 두 번째 표적은 이것이었습니다.

> “믿는 자들에게는 이런 표적이 따르리니 곧 그들이 [죽음을 이기고 부활한] 내 이름으로 귀신을 쫓아내며 새 방언을 말하며 (18) 뱀을 집어 올리며 무슨 독을 마실지라도 해를 받지 아니하며 병든 사람에게 손을 얹은즉 나으리라 하시더라”(막 16:17-18)

새 방언은 무엇을 말합니까? 천국 방언, 하늘나라 언어를 말합니다. 성령세례를 받으면 하나님께서 우리에게 새로운 언어를 주십니다. 천사의 말을 하게 하십니다.

방언기도는 하나님의 영, 성령이 우리에게 오셔서, 우리를 대신해서, 기도해 주시는 것입니다. 앞날을 대비하기 위하여, 또 사고와 위험과 환난에서 보호하기 위하여, 방언기도가 매우 소중합니다.

절망적인 상황, 완전히 포기할 수밖에 없는 상황이라 할지라도, 하나님 앞에 눈물로 기도하며 나아가면, 하나님께서 성령을 통해서 능력을 주십니다. 방언으로 기도하게 만드십니다. 모든 죄악을 물리치고 싸워서 승리하게 만드십니다.

어느 분이 예배 시간에 목사님 설교를 듣고 있는데, 설교가 귀에 안 들어오고 마음이 불안해서 견딜 수가 없었습니다. 무엇 때문인지 몰랐습니다. 그래서 머리를 숙여서 속으로 방언기도를 했습니다. 목사님 설교가 끝날 때쯤 되니까 마음이 편안해졌습니다. 이후에 집에 갔는데, 저녁이 되니 남편이 새하얀 얼굴로 집에 돌아왔습니다. "여보, 오늘 내가 살아온 것은 기적이야!"

남편은 시외버스 운전사였는데, 벼랑 옆을 지나가다 엔진이 고장 났습니다. 버스를 세우고 승객들을 다 내리게 했습니다. 돌로 타이어를 받치고, 올라가서 핸들을 조작해 보았습니다. 그런데 그만 돌이 빠져, 버스가 뒤로 밀려갔습니다. 앞바퀴 두 개만 벼랑에 달랑달랑 걸렸습니다. 떨어졌으면 큰 사고가 났을 텐데, 바로 그때 기어 나왔다는 것입니다. 그런데 그 시간을 알아보니, 바로 부인이 방언으로 기도할 때였습니다. 마음은 다급한데 이유를 몰랐던 부인. 그런데 방언으로 기도하니, 하나님께서 성령의 간구를 들으시고 천군천사를 급파하신 것입니다.

로마서 8장 26절을 보십시오.

"이와 같이 성령도 우리의 연약함을 도우시나니 우리는 마땅히 기도할 바를 알지 못하나 오직 성령이 말할 수 없는 탄식으로 우리를 위하여 친히 간구하시느니라"(롬 8:26)

성령이 말할 수 없는 탄식으로 우리를 위하여 친히 간구하십니다. 이 얼마나 놀라운 위로입니까? 우리는 지혜와 총명과 모략과 재능이 없습니다. 내일 무슨 일이 생길지 모릅니다. 그러나 성령은 아시기 때문에, 말할 수 없는 탄식으로 우리를 위하여 친히 간구해 주십니다. 그렇게 문제를 해결해 주십니다.

그리고 부활하신 주님께서 저와 여러분에게 약속하신 세 번째 표적은 이것이었습니다.

> "믿는 자들에게는 이런 표적이 따르리니 곧 그들이 [죽음을 이기고 부활한] 내 이름으로 귀신을 쫓아내며 새 방언을 말하며 (18) 뱀을 집어 올리며 무슨 독을 마실지라도 해를 받지 아니하며 병든 사람에게 손을 얹은즉 나으리라 하시더라"(막 16:17-18)

여기서 '뱀'은 독사를 뜻합니다. 독이 있는 독사는 한 번만 물려도 죽게 됩니다.

에덴동산에서 뱀은 아담과 하와를 꼬셔서 죄짓게 만든 사탄을 상징했습니다.

> "여호와 하나님께서 지으신 들짐승 가운데 가장 교활하고 약삭빠른 것이 뱀이었다. 그 뱀이 여자에게 이렇게 말을 건넸다. '이것 보게나 그래 하나님이 정말 너희에게 동산에 있는 모든 나무 열매를 따먹어서는 안 된다고 그러시던가?' (2) '아니야, 동산에 있는 나무 열매는 어떤 것이든 따먹어도 된다고 그러셨어' 하고 그 여자가 뱀에게 대답하였다. (3) '다만 동산 한가운데에 있는 나무 열매는 따먹어서는 안 된다고 그러셨지. 그

나무 열매는 만지지도 말라고 그러셨어. 만일 그랬다가는 죽음을 면치 못할 거야' (4) 그러자 뱀이 여자에게 속삭였다. '걱정하지 말아. 그 열매를 따먹는다 해도 절대로 죽지 않아. (5) 오히려 그 열매를 따먹기만 하면 너희 눈이 밝아질 거야. 그렇게 되면 무엇이 좋고 무엇이 나쁜 일인 줄 분간할 수가 있게 되지. 다시 말하면 너희도 하나님처럼 될 수 있다는 말이지. 하나님도 이걸 아시고 그 나무 열매를 따먹어서는 안 된다고 하신 거야' (6) 여자가 그 나무를 쳐다보니 그렇게 근사하게 보일 수가 없었다. 또 그 열매도 어찌나 탐스럽게 열렸던지 먹음직스럽기까지 하였다. 그 열매를 따먹으면 금방이라도 영리해질 것같이 보였다. 그래서 여자는 손을 내밀어 그 열매를 따먹었다. 또 그 열매를 따서 자기와 한 몸이 된 남자에게도 주었다. (7) 이렇게 두 사람이 그 열매를 따먹자 그들의 눈이 밝아져 자기들이 벌거벗은 줄을 알게 되었다. 그래서 그들은 무화과 나뭇잎을 엮어 몸을 가렸다. (8) 두 사람은 서늘한 바람이 부는 저녁 무렵에 어호와 하나님께서 동산을 거니시는 소리를 들었다. 그래서 그들은 하나님의 눈에 띄지 않으려고 얼른 동산에 있는 나무들 사이에 몸을 숨겼다. (9) 그러나 여호와 하나님께서는 아담을 찾으시며 '네가 어디 있느냐?' 하고 부르셨다. (10) '동산에서 하나님께서 거니시는 소리를 듣고는 무서웠습니다. 그래서 이렇게 숨었습니다. 제가 벌거벗었기 때문이지요' 하고 남자가 대답하였다. (11) '그래, 누가 그러더냐? 네가 벌거벗었다고 말이다. 내가 분명히 일러두지 않았더냐? 너희가 그 나무 열매를 따먹어서는 안 된다고 말이다. 그런데도 그 열매를 따먹었더란 말이냐?' 하고 하나님께서 소리치셨다. (12) '하나님께서 내 곁에 늘 있도록 허락하신 이 여자가 그 나무 열매를 따주었습니다. 그래서 그냥 그 열매를 먹었을 뿐입니다' 하고 남자가 변명하였다. (13) 그러자 여호와 하나님께서 여자에게 물으셨다. '그래, 네가 어쩌자고 이런 일을 저질렀느냐?' '뱀이 그 나무 열매를 한번 따먹어 보라고 자꾸 꾀었어요' 하고 여자가 대답하였다. (14) 그러자 여호와 하나님께서 뱀에게 말씀하셨다. '이런 일을 저질렀으니 너는 벌을 받아 마땅하다. 너는 온갖 집짐승과 들짐승 가운데에서 저주를 받아 배로 기어 다녀야만 하리라. 또 너는 죽을 때까지 흙만 먹고 살아가야 하리라. (15) 나는 네가 여자와 서로 미워하면서 살아가게 하리라. 따라서 여자의 후손과 네 후손도 내내 원수지간으로 지내게 할 것이다. 여자의 후손이 네 머리를 상하게 할 것이며 너는 그의 발꿈치를 상하게 하리라' (16) 여자에게는 또 이렇게 말씀하셨다. '네가 아이를 가졌을 때 그 고통이 이루 말할 수 없으리라. 또한 아이를 낳을 때에도 말로 다 할 수 없는 고통이 뒤따라야 비로소 해산하리라. 너는 남편을 네 마음대로 하고 싶겠지만 오히려 남편이 너를 지배하게 될 것이다.' (17) 이번에는 남자에게 말씀하셨다. '네가 내 말은 듣지 않고 아내의 말만 듣고 그 열매를 따먹었구나. 네가 그 열매를 따먹었으니 이제 땅이 저주를 받으리라. 또 너는 일생 동안 죽도록 일해야 먹고 살 곡식을 거두어들일 수 있으리라. (18) 너 때문에 땅에는 가시덤불과 엉겅퀴가 무성하리라. 너는 오직 들에서 자라는 푸성귀만 먹고 살아야하리라. (19) 너는 이마에 땀을 흘리며 흙을 파야 먹고 살아갈 곡식을 얻으리라. 너는 흙으로 빚어진 존재니 흙으로 돌아가고 말리라. 너는 먼지니 다시 먼지로 돌아가리라.' (20) 아담이 그 아내를 하와라고 이름 지었다. 그녀가 온 인류의 어머니가 될 것이기 때문이다. (21) 여호와 하나님께서는 아담과 그의 아내에게 짐승 가죽으로 옷을 해 입히셨다. 그래서 아담과 하와는 가죽옷을 입었다."(창 3:1-21, 현대어)

뱀은 저주를 상징했습니다.

"여호와 하나님이 뱀에게 이르시되 네가 이렇게 하였으니 네가 모든 가축과 들의 모든 짐승보다 더욱 저주를 받아 배로 다니고 살아 있는 동안 흙을 먹을지니라"(창 3:14)

뱀은 심판을 상징했습니다.

"모세가 놋뱀을 만들어 장대 위에 다니 뱀에게 물린 자가 놋뱀을 쳐다본즉 모두 살더라"(민 21:9)

뱀은 대적을 상징했습니다.

"블레셋 온 땅이여 너를 치던 막대기가 부러졌다고 기뻐하지 말라 뱀의 뿌리에서는 독사가 나겠고 그의 열매는 날아다니는 불뱀이 되리라"(사 14:29)

뱀은 쓸모없고 해로운 것을 상징했습니다.

"너희 가운데 아버지된 사람으로 아들이 생선을 달라는데 뱀
을 주겠느냐?'"(눅 11:11, 현대어)

우리의 삶 가운데 어떤 뱀이 와서 물고 있습니까? 원망과 불평
의 뱀이 물었습니까? 염려, 근심, 걱정, 부정적인 생각으로 여러분
뇌에 뱀이 득실거립니까? 음란의 뱀에 물렸습니까? 과거의 지울
수 없는 상처를 가지고 뱀이 물고 있습니까?
고린도후서 5장 17절을 보십시오.

"그런즉 누구든지 그리스도 안에 있으면 새로운 피조물이라
이전 것은 지나갔으니 보라 새것이 되었도다"(고후 5:17)

우리는 이미 예수님을 믿고 새사람이 됐습니다. 그러므로 우리
의 삶 속에 우리를 괴롭히고, 상처 입히는 모든 뱀을 예수님의 이
름으로 집어 올려 내던져 버려야 하지 않겠습니까?
성경을 보면, 실제로 뱀을 집은 사건도 나옵니다.
사도행전 28장을 보면, 사도 바울이 로마로 호송되던 중 광풍을
만나 멜리데 섬에 들어가게 되지요. 바다에서 간신히 구원을 얻어,
섬에 상륙했습니다. 젖은 몸을 말리고 추위를 이기도록 그곳 주민
들이 피워 놓은 불에 한 묶음의 나무를 거두어 던졌습니다. 그런
데 열기 때문에, 나무 속에 있던 독사가 나와서 바울의 손을 물었
습니다. 이 뱀은 맹독성이어서 원주민들은 바울이 당장 쓰러질 줄

알았습니다. 그런데 바울은 자기 손을 물고 있는 뱀을 불 속에 떨구어버리고는, 아무 일도 없었다는 듯이 불을 쬐고 있었습니다. 그러자 멜리데 섬 사람들이 몰려와, 수많은 병자들이 고침을 받은 기적이 일어났습니다.

뱀은 거짓의 아비입니다. 오늘도 이 뱀인 원수 사탄 마귀가 우리에게 끊임없이 거짓말하고 우리를 속이고 우리에게 사기 칩니다. 그러나 예수 그리스도를 우리 안에 모시고, 하나님의 말씀과 성령으로 충만하면, 뱀이 우리에게 와서 어떤 거짓말을 해도, 거짓에 속아 넘어가지 않습니다. 예수님만 진리이시기 때문입니다. 예수님의 권세로 뱀들을 집어내서 던져버려야 하지 않겠습니까?

그리고 부활하신 주님께서 저와 여러분에게 약속하신 네 번째 표적은 이것이었습니다.

"믿는 자들에게는 이런 표적이 따르리니 곧 그들이 [죽음을 이기고 부활한] 내 이름으로 귀신을 쫓아내며 새 방언을 말하며 (18) 뱀을 집어 올리며 무슨 독을 마실지라도 해를 받지 아니하며 병든 사람에게 손을 얹은즉 나으리라 하시더라"(막 16:17-18)

독이라는 것은 먹는 독만 있는 것이 아닙니다. 우리에게 치명적인 독은 마음의 분노입니다. 마음의 분노는 마치 독약을 매일 조금씩 먹는 것과 같습니다. 심하게 화를 내고 난 직후엔, 심장마비에 걸릴 확률이 무려 8배나 높아집니다. 분노 지수가 올라갈수록 자살 생각이 15%나 높아진다는 연구 결과도 있습니다. 그러므로 분노라는 독에 해를 입지 않기 위해서는 속히 용서해야 합니다. 분노의 최고 해독제는 용서입니다.

인간관계 속에서 체험하는 언어의 독도 무섭습니다. 여러분, 제가 지금 말하는 나는 누구일까요? "나는 치명적인 타격을 가할 수 있는 힘과 기술이 있습니다. 나는 상대방을 죽이지 않고도 승리할 수 있습니다. 나는 가정과 국가 그리고 어떤 조직도 파괴할 수 있습니다. 수많은 사람을 파멸시킬 수도 있습니다. 아무리 순결한 사람이라도 내게는 무력합니다. 아무리 깨끗한 사람이라도 내게는 더럽습니다. 내 이름은 비난입니다."

사람의 입술에서 나오는 욕이나 비난이나 부정적인 언어도 어마어마한 독입니다. 쥐 잡는 독보다 더 무서운 독입니다. 이 세상에 살면서 사람들이 우리에게 말로 독약을 먹일 때가 많습니다. 또한 우리도 알게 모르게 우리 말을 통해서 남에게 독을 심어줄 때가 있습니다. 그러나 예수님의 이름으로 기도하고 대적하면 독이 사라집니다. 그러니 예수님의 이름으로 우리 언어의 독을 해독시키고, 우리 자신을 정결케 해서 우리 입술을 지키고, 하나님께 영광 돌리는 언어생활을 해야 하지 않겠습니까?

그리고 부활하신 주님께서 저와 여러분에게 약속하신 다섯 번째 표적은 이것이었습니다.

"믿는 자들에게는 이런 표적이 따르리니 곧 그들이 [죽음을 이기고 부활한] 내 이름으로 귀신을 쫓아내며 새 방언을 말하며 (18) 뱀을 집어 올리며 무슨 독을 마실지라도 해를 받지 아니하며 병든 사람에게 손을 얹은즉 나으리라 하시더라"(막

16:17-18)

병든 사람, 질병으로 고통당하는 사람에게 손을 얹고 기도하면, 그 사람이 병에서 낫습니다. 누구든지 믿음을 가지고 병든 사람, 아픈 사람에게 손을 얹고 기도하면, 하나님께서 병을 고쳐주신다고 말씀하고 있습니다.

성경에 보면, 병을 고칠 때 손을 얹고 기도했습니다.

"그때 야이로라는 한 회당장이 와서 예수 앞에 엎드려 (23) 어린 딸을 고쳐 달라고 애원하였다. '제 딸이 다 죽게 되었습니다. 제발 오셔서 그 아이에게 손을 얹어 살려 주십시오.'"(막 5:22-23, 현대어)

"그때 마침 보블리오의 부친이 고열과 이질에 걸려 앓고 있었다. 그래서 바울이 가서 그를 위해 기도하고 손을 얹어 낫게 하자 (9) 그 섬 안에 있는 병자들이 다투어 찾아왔다. 바울은 그들의 병도 모두 고쳐주었다."(행 28:8-9, 현대어)

이것이 바로 안수기도입니다. 우리가 믿음을 가지고 예수 그리스도의 이름으로 손을 얹고 안수기도를 할 때, 하나님의 능력이 나타납니다. 그래서 어떤 병에 걸렸다 할지라도 손을 얹고 기도하면, 하나님께서 역사하셔서 낫게 되는 것입니다.

영국의 작가 조지 쿨만(1762~1836)은 이렇게 말했습니다.

"모든 의사를 다 찾아가도 고치지 못하는 병이 있다면, 그리스

도께 나아오라. 그리스도의 능력을 인정하는 믿음만 가지고 나아
오면, 그대의 병은 완전히 고침을 받으리라."

영국의 역사학자 에드워드 기번은 <로마 제국의 흥망성쇠>라는
책에서 로마제국 내에 그리스도교가 놀랍도록 성장하게 된 이유
를 설명하고 있습니다. 로마가 처음에는 그리스도교를 박해하다
가, 수백 년 후에는 오히려 그리스도교 국가가 되었습니다. 이처럼
로마가 그리스도교 국가가 된 이유 중에는, 초대교회에 기적이 많
이 있었기 때문이라는 것입니다. 초대교회는 병자를 고치며 죽은
사람을 살리는 기적이 나타났습니다. 결국 그리스도교를 박해하
던 로마 제국은 그리스도교 국가가 될 수밖에 없었습니다.

"기적을 믿으십니까?"라는 질문에 스코틀랜드의 종교사상가 헨
리 드러먼드는 이렇게 대답했습니다.

"살아 계신 그리스도의 능력 안에서, 그리고 믿음을 통해 구원
받은 사람들의 변화된 삶 속에서, 나는 매일 기적을 보기 때문에,
기적을 믿습니다."

예수님의 사역, 3분의 2가 치유사역이셨습니다. 예수님은 천국
복음을 전파하시며 귀신을 쫓아내시고 병을 고치셨습니다. 주님
은 우리를 구원하시는 하나님이실 뿐만 아니라, 우리를 치료하시
는 하나님이십니다.

예수 그리스도는 어제나 오늘이나 영원토록 동일하십니다. 동일
하신 예수님께서 우리와 함께 계십니다. 그러므로 예수님을 믿고
의지하기만 하면, 우리는 예수 그리스도께서 흘리신 보혈의 능력
을 통하여 모든 병에서 놓임을 받게 됩니다.

복음은 반드시 치유의 역사를 나타냅니다. 이 세상에는 육신적

으로 병든 이들도 많고, 영적으로 정신적으로 병든 이들도 많습니다. 복음은 병든 이들을 고치는 역사를 나타냅니다. 물론 병원을 통해서 나타나는 것도 하나님의 은혜입니다. 그런데 이 치유는 우리 힘으로 고치는 것이 아닙니다. 십자가에 달리시고 부활하신 나사렛 예수의 이름으로, 그 권능으로 병을 고치는 것입니다. 복음 안에 있는 이들은 병든 사회, 병든 인간을 치유하는 치유의 사도로서 능력 있는 삶을 살아가게 됩니다.

아버지가 저에게 남기신 마지막 유언. "서둘지 마라!" "뭐 좀 먹고 해라!" "사랑한다, 아들!" 이 세 마디 유언. 잊을 수가 없습니다. 오늘 아침에도 카카오스토리에 있는 당시 사진과 유언을 찾아보았습니다. 내가 어떻게 살아야 하나, 아버지의 유언을 다시 곰곰이 생각해 보았습니다. 유언은 이렇게 강력합니다.

너희는 온 천하에 다니며 만민에게 복음을 전파하라. 부활하신 예수님이 남기신 마지막 유언. 그러니 우리가 어찌 소홀히 여길 수 있겠습니까? 이 마지막 유언 속에 깃든 3가지 약속. "너희에게 평강이 있을지어다!" "성령을 받으라!" "믿는 자에게는 표적이 따르리니!" 이 약속을 굳게 붙잡고, 부활하신 주님의 마지막 유언을 준행할 때, 주님 보시기에, 이 얼마나 흐뭇하시겠습니까!

14
네 손을 내밀어 내 옆구리에 넣어 보라

"열두 제자 중의 하나로서 디두모라 불리는 도마는 예수께서 오셨을 때에 함께 있지 아니한지라 (25) 다른 제자들이 그에게 이르되 우리가 주를 보았노라 하니 도마가 이르되 내가 그의 손의 못 자국을 보며 내 손가락을 그 못 자국에 넣으며 내 손을 그 옆구리에 넣어 보지 않고는 믿지 아니하겠노라 하니라 (26) 여드레를 지나서 제자들이 다시 집 안에 있을 때에 도마도 함께 있고 문들이 닫혔는데 예수께서 오사 가운데 서서 이르시되 너희에게 평강이 있을지어다 하시고 (27) 도마에게 이르시되 네 손가락을 이리 내밀어 내 손을 보고 네 손을 내밀어 내 옆구리에 넣어 보라 그리하여 믿음 없는 자가 되지 말고 믿는 자가 되라 (28) 도마가 대답하여 이르되 나의 주님이시요 나의 하나님이시니이다 (29) 예수께서 이르시되 너는 나를 본 고로 믿느냐 보지 못하고 믿는 자들은 복되도다 하시니라"(요 20:24-29)

의심 많은 아이가 약사에게 물었습니다. "아저씨는 약사 면허증을 가진 약사가 맞죠?" "그럼, 약사 면허증 없이 어떻게 약을 파니?” “그렇다면 실수로 손님에게 독약을 판 사실은 없겠지요?” “결코 그런 적 없단다.” “휴, 그렇다면 안심이네요, 반창고 하나 주세요.” 따라합시다. “의심도 습관이다!”

88세 할아버지가 할머니와 함께 TV 앞에 앉아 기독교 방송을 보고 있었습니다. 목사님 한 분이 나오더니, 시청자들에게 치유기도를 해드릴 테니 아픈 부위에 손을 갖다 대라고 했습니다. 그러자 심장이 좋지 않은 85세 할머니, 손을 심장 위에 갖다 댔습니다. 88세 할아버지는 두 손을 사타구니에 갖다 댔습니다. 그러자 할머니가 할아버지를 보고 뭐라고 말했는지 아세요? “아픈 데를 고쳐준다고 했지, 죽은 걸 살려낸다고는 하지 않았잖아요.” 따라합시다. “할머니, 의심을 버리세요!”

경상도 할마이 셋이 이야기를 나누는데, 한 할매가 “어이, 예수가 죽었단다.”고 하자, 다른 할매가 “와 죽었다 카드노?”라고 물었습니다. “못에 찔려 죽었다 안카나.”라고 대답하자, “어이구, 머리 풀어 헤치고 다닐 때 알아봤다.”고 했습니다. 이때 암 말 않던 할매가 “어이, 예수가 누고?”라고 물었습니다. “몰라. 우리 며늘아가 아부지 아부지 캐쌌는 거 보니 사돈어른인갑지, 뭐!” 그 후에 또 다른 할매가 “그래, 문상은 갔드나?”라고 묻자, “아니, 안 갔다.” “왜 안 갔노?” “갈라 캤더니 사흘 만에 살아나따 카드라.” 따라합시다. “의심을 버립시다!”

오늘 본문을 보면, 약속하신 부활의 주님을 목격한 사람은, 바로 도마였습니다.

“여드레를 지나서 제자들이 다시 집 안에 있을 때에 도마도 함

께 있고 문들이 닫혔는데 [부활하신] 예수께서 오사 가운데
서서 이르시되 너희에게 평강이 있을지어다 하시고”(요 20:26)

여러분, 여기 나오는 도마를 우리는 흔히 뭐라고 부르지요? 의
심 많은 도마, 그렇게 알고 있잖아요? 그런데, 그것은 도마에 대한
편견입니다. 오늘 우리는 그 편견을 좀 치유할 필요가 있습니다.
  그렇다면, 오늘 도마 이야기를 통해서 저와 여러분에게 들려주
시는 주님의 복음은 무엇일까요?

신앙이 성숙하려면 때로 질문도 필요하다는 것입니다.

오늘 본문에 보면, 도마를 이렇게 소개합니다.

  “열두 제자 중의 하나로서 디두모라 불리는 도마는 예수께서
  오셨을 때에 함께 있지 아니한지라”(요 20:24)

예수님이 하나님 나라 운동을 위하여 최초로 부르신 12제자 가
운데 하나였습니다. 도마를 제자로 부르신 이야기는 마태복음, 마
가복음, 누가복음 세 곳에 다 나옵니다.
  예를 들면, 마태는 이렇게 기록합니다.

  “예수께서 그의 열두 제자를 부르사 더러운 귀신을 쫓아내
  며 모든 병과 모든 악한 것을 고치는 권능을 주시니라 (2) 열

두 사도의 이름은 이러하니 베드로라 하는 시몬을 비롯하여 그의 형제 안드레와 세베대의 아들 야고보와 그의 형제 요한, (3) 빌립과 바돌로매, 도마와 세리 마태, 알패오의 아들 야고보와 다대오, (4) 가나나인 시몬 및 가룟 유다 곧 예수를 판 자라"(마 10:1-4)

예수님이 직접 뽑아 부르신 최초 12제자 가운데 한 사람이었음을 알 수 있습니다. 대충 편견을 가지고, 의심 많은 도마, 그렇게 치부해서는 안 되는, 정통 제자라는 사실입니다.

또 오늘 본문에 보면, 도마를 이렇게 소개합니다.

"열두 제자 중의 하나로서 디두모라 불리는 도마는 예수께서 오셨을 때에 함께 있지 아니한지라"(요 20:24)

여기서 디두모는 헬라어입니다. 도마는 아람어 테오마에서 유래한 말입니다. 쌍둥이를 뜻합니다. 실제로 쌍둥이였을 가능성이 많습니다. 쌍둥이 도마. 그러니 도마의 성격이 어땠을까 좀 상상이 갈 만도 합니다. 쌍둥이 사이에 태어나, 엄마 젖도 부족했을 것입니다. 그래서 쌍둥이 간에, 경쟁과 시기도 많았을 것입니다. 늘 결핍감에 시달렸을 것이고, 그래서 늘 우울했을 것이고, 그러다 보니 자꾸만 예민하고 생각이 많고 의심도 많고 질문도 많고, 그러다 보니 매사 정확한 게 뭐냐, 정확한 사실이 뭐냐, 팩트체크를 추구했을 것이고, 그러다 보니 완벽주의 성격이 되었을 것입니다. 오늘 본문도 그런 도마의 쌍둥이 성격을 이해하고, 그 맥락에서 읽으면 많은 궁금증이 풀립니다.

이 도마가 열두 제자로 부르심을 받고 어떻게 활동했는지, 가장 집중 조명하고 있는 이는 사도 요한입니다. 요한복음에서만 3군데나 나오고 있습니다.

맨 처음은, 요한복음 11장입니다. 베다니에 사는 마르다의 남동생이며 마리아의 오라버니인 나사로가 죽었다는 소식을 들으시고 예수께서 그에게로 가자 하십니다. 그때 제자들이 예수님을 말리지요.

"제자들이 말하되 랍비여 방금도 유대인들이 돌로 치려 하였는데 또 그리로 가시려 하나이까"(요 11:8)

그런데 바로 그런 위험한 상황임에도, 도마가 이렇게 말합니다.

"디두모라고도 하는 도마가 다른 제자들에게 말하되 우리도 주와 함께 죽으러 가자 하니라"(요 11:16)

굉장히 대범한 사람이었음을 알 수 있습니다. 대충 편견을 가지고, 의심 많은 도마, 그렇게 치부해서는 안 되는, 또 다른 근거입니다.

다시 도마가 등장하는 곳은, 요한복음 14장입니다. 예수님께서 사랑하는 제자들 앞에서, 저 유명한 고별설교(요한복음 13-17장)를 남기시지요. 제자들을 남겨두고 떠나야 하는 예수님의 마음이 얼마나 아프셨겠습니까? 또 예수님을 보내드려야 하는 제자들의

마음은 얼마나 황망했겠습니까? 그때 예수님이 이렇게 말씀하십
니다.

> "너희는 마음에 근심하지 말라 하나님을 믿으니 또 나를 믿으
> 라 (2) 내 아버지 집에 거할 곳이 많도다 그렇지 않으면 너희
> 에게 일렀으리라 내가 너희를 위하여 거처를 예비하러 가노니
> (3) 가서 너희를 위하여 거처를 예비하면 내가 다시 와서 너희
> 를 내게로 영접하여 나 있는 곳에 너희도 있게 하리라 (4) 내
> 가 어디로 가는지 그 길을 너희가 아느니라"(요 14:1-4)

그때 도마가 불쑥 주님께 이런 질문을 던집니다.

> "도마가 이르되 주여 주께서 어디로 가시는지 우리가 알지 못
> 하거늘 그 길을 어찌 알겠사옵나이까"(요 14:5)

우리를 위해 거처를 마련하시러 먼저 아버지 집으로 가신다구
요? 주님 가시는 그 길을 우리가 알고 있다구요? 참, 무슨 말씀이
세요? 길은 무슨 길? 어디로 가시는지도 모르겠는데! 어찌 보면
당돌한 질문입니다. 아니, 눈치 없는 질문입니다. 지금 어떤 상황입
니까? 죽음과 고별을 알리는 예수님 말씀에 다들 할 말을 잃고 있
는데, 도마는 갑자기 분위기 싸해지는 질문을 던집니다.

그런데 놀라운 일이 일어납니다. 도마의 바로 이 질문 때문에,
우리는 성경에서 가장 유명한 구절이 된 예수님의 대답을 들을 수
있게 되었다는 사실입니다.

"예수께서 이르시되 내가 곧 길이요 진리요 생명이니 나로 말
미암지 않고는 아버지께로 올 자가 없느니라"(요 14:6)

영어성경에 보면, 그 의미가 더 분명합니다.

"Jesus answered, "I am the way and the truth and the
life. No one comes to the Father except through me."(요
14:6, NIV2011)

너희가 그렇게 찾고 있는 천국 가는 그 길이, 바로 나다. 너희가
그렇게 탐구하고 있는 그 진리가, 바로 나다. 너희가 지금 이렇게
죽어가고 있는데, 죽어가는 너희를 살려낼 수 있는 그 생명이, 바
로 나다.

이 명징한 신학적 선언을 이끌어 낸 이가 바로 도마입니다. 하
여, 우리가 대충 편견을 가지고, 의심 많은 도마, 그렇게 치부해서
는 안 됩니다. 도마는 의심이 많은 제자였다기보다는, 질문이 많은
제자였습니다. 마음에 이해가 되지 않는 것을 솔직하게 묻는 제자
였습니다. 우리는 도마에게서 정직한 신앙, 질문하는 신앙을 배웁
니다.

그리고 이 도마가 다시 등장하는 곳이, 오늘 읽은 요한복음 20
장입니다.

"다른 제자들이 그에게 이르되 우리가 주를 보았노라 하니 도
마가 이르되 내가 그의 손의 못 자국을 보며 내 손가락을 그

못 자국에 넣으며 내 손을 그 옆구리에 넣어 보지 않고는 믿지
아니하겠노라 하니라"(요 20:25)

부활하신 주를 보았다는 다른 제자들의 말을 도마는 믿지 않았
습니다. 자기 눈으로 직접 보고 자기 손가락을 직접 못 자국에 넣
어 보아야 믿겠다고 말했습니다. 이런 도마에게 우리는 '의심 많은
도마'라는 별명을 붙여주었습니다.

하지만 이제 우리는 그를 그렇게 부르는 데 매우 조심해야 합니
다. 26절을 보시면 이유가 나옵니다.

"여드레를 지나서 제자들이 다시 집 안에 있을 때에 도마도 함
께 있고 문들이 닫혔는데 예수께서 오사 가운데 서서 이르시
되 너희에게 평강이 있을지어다 하시고"(요 20:26)

도마는 부활하신 주님을 지난번에 못 봤다 치고, 다른 제자들은
부활하신 주님을 보고도, 그분의 손과 옆구리를 보고도, 여전히
불안에 떨고 있었습니다. 다시 문들을 꼭꼭 닫았습니다. 우리도
십자가에 달려 죽으면 어떡하나, 여전히 불안에 빠져 있었습니다.
그들은 부활하신 주님을 보고도 확신하지 못했습니다. 온 천하에
다니며 만민에게 복음을 전파하라, 마지막 유언, 마지막 분부를 받
고도 주저하고 있었습니다.

그런데 도마는 달랐습니다. 주님 손의 못 자국을 눈으로 직접
보고, 그 못 자국에 자기 손가락을 직접 넣어 보고, 자기 손을 창
에 찔린 주님 옆구리에 직접 넣어 보지 않으면, 절대 믿지 않겠다

고 강경하게 의혹을 제기한 도마에게, 부활하신 주님께서 뭐라고 하시나요?

> "도마에게 이르시되 네 손가락을 이리 내밀어 내 손을 보고 네 손을 내밀어 내 옆구리에 넣어 보라 그리하여 믿음 없는 자가 되지 말고 믿는 자가 되라"(요 20:27)

이 장면을 묘사한 작품 가운데, 가장 유명한 작품이 바로 카라바조의 작품입니다. 카라바조의 <의심 많은 도마>(a doubting Thomas). 도마가 예수님 옆구리에 손가락을 넣어 보는 장면을 묘사하고 있습니다.

그런데 이번에 제가 설교 준비를 하면서, 주님께서 주신 통찰이 있었습니다. 도마가 좀 억울하단다, 그런 통찰이었습니다. 뭔고 하니, 카라바조는 이 작품에서, 두 가지 결정적인 실수를 하고 있었습니다.

결정적인 실수 하나는, 오늘 본문을 보면, 예수님이 내 옆구리에 넣어 보라고 하신 것은 도마의 손가락이 아니라, 도마의 손을 넣어 보라고 하셨는데, 카라바조는 도마의 손가락으로 잘못 그렸다는 사실입니다. 창에 찔린 예수님 옆구리는 도마의 손이 그대로 푹 들어갈 만큼 큰 구멍이 나 있었는데, 그것을 손가락 들어갈 정도의 작은 구멍으로 그려버린 실수를 한 것이지요.

또 하나, 카라바조의 결정적인 실수는, 성경 본문 어느 곳에도, 도마가 실제로 예수님 옆구리에 손도 손가락도 넣어 보았다는 언급이 없는데, 카라바조는 상상력을 동원해서 도마가 실제로 그랬을 것이라고 그려버린 실수를 한 것이지요.

그런 의미에서, 저는 렘브란트가 그린 그림이 좀 더 은혜롭게 다가왔습니다. 렘브란트의 <의심 많은 도마>. 예수님이 도마에게 네 손을 내밀어 창에 찔린 내 옆구리에 넣어 보라고 하시면서, 그 창 자국 난 옆구리를 보여주시자, 도마는 뒤로 나자빠질 정도로 깜짝 놀랍니다.

그때 예수님이 이렇게 말씀하시지요.

> "도마에게 이르시되 네 손가락을 이리 내밀어 내 손을 보고
> 네 손을 내밀어 내 옆구리에 넣어 보라 그리하여 믿음 없는 자
> 가 되지 말고 믿는 자가 되라"(요 20:27)

아, 내 마음을 읽으셨구나! 내 믿음 없음을 주님이 다 알고 계셨구나! 도마는 그 자리에서 무너집니다. 그래서 예수님 옆구리에 손을 넣어 보지도 않고, 아니, 이제 넣어 볼 필요도 없었습니다. 그리고 이렇게 큰 소리로 고백합니다.

> "도마가 대답하여 이르되 나의 주님이시요 나의 하나님이시니
> 이다"(요 20:28)

누구보다 직접 확인하지 않고는 믿지 않는 성격이었던 도마. 의심이 깊었기에 확신도 컸습니다. 예수 그리스도가 "나의 주님, 나의 하나님"이 되신다는, 신구약성경 통틀어, 인류 최고의 신앙고백. 요한복음에서 사도 요한이 증언하고자 한 것은 바로 이것이었

습니다. 다른 모든 제자보다 가장 큰 믿음의 제자는 바로 도마였다!

그때 부활하신 우리 주님께서 이렇게 도마에게 최종 부탁을 하십니다.

> "예수께서 이르시되 너는 나를 본 고로 믿느냐 보지 못하고
> 믿는 자들은 복되도다 하시니라"(요 20:29)

이 말씀은, 예수님의 제자들처럼 부활하신 주님을 직접 눈으로 볼 수는 없지만, 그분의 부활하심을 믿고 살아가는, 우리 현대 그리스도인들에게 큰 위로와 희망을 주시는 주님의 복음입니다. 우리가 믿음이 없을 것을 미리 내다보시고 미리 해주신 말씀 같습니다. 그래서 더 큰 은혜가 됩니다.

얼치기로 알고 있는 교리 신조(信條)보다, 성실한 의심과 질문 속에, 참다운 믿음이 꿈틀거립니다. 도마는 이해하지 못한 것을 이해한 척하는, 그런 종류의 그리스도인이 아니었습니다. 도마는 확신하고 싶었습니다. 확실히 알고, 확실히 믿고 싶었습니다. 그래서 그는 이해가 될 때까지, 납득이 갈 때까지, 질문하고 또 질문했습니다. 그의 믿음은 질문하는 믿음, 이해를 추구하는 믿음이었습니다.

"믿음은 이해를 추구합니다"(faith seeking understanding). 교회 역사에서, 저 유명한 신학자 안셀무스의 말입니다. 도마는 바로 그렇게 이해를 추구하는 믿음의 선구자가 되었습니다.

하여, 의심 많은 도마라고 우리가 조롱했던 그를, 오늘 이 아침,

이제 재발견해야 합니다. 모든 질문을 가로막고, 무조건 믿는 것이 믿음이라고 강변하며, 그리스도교 신앙을 몽매주의(蒙昧主義, obscurantism)로 전락시켜, 지성과 영성을 편 가르는 일을 이제 그만 두어야 합니다.

그렇다면, 오늘 도마 이야기를 통해서 저와 여러분에게 들려주시는 주님의 복음은 또 무엇일까요?

시험에 들지 않으려면 성도의 교제 속에 함께 있어야 한다는 것입니다.

오늘 본문을 보면, 참 이해가 되지 않는 대목이 있습니다.

"열두 제자 중의 하나로서 디두모라 불리는 도마는 예수께서 오셨을 때에 함께 있지 아니한지라"(요 20:24)

왜 그렇게 대범했던 도마가, 주님께서 부활하신 그날 저녁, 다른 제자들과 함께 있지 않았을까요? 그 이유는 기록되어 있지 않습니다. 아마도, 예수님과 함께 죽으려고 생각할 만큼, 예수님을 뜨겁게 사랑했기에, 그 사랑했던 예수님이 십자가 처형으로 무참히 돌아가시는 것을 보고, 도마는 상심도 매우 컸던 것 같습니다. 그래서 그는 사람들의 눈을 피해 숨었던 것 같습니다. 홀로 비탄에 잠겨 자신의 슬픔과 싸우고 있었던 것 같습니다. 그래서 예수님께서 처음 오셨을 때, 그는 거기에 없었던 것 아닐까요?

그런데, 여드레 만에 분위기가 확 바뀝니다.

"여드레를 지나서 제자들이 다시 집 안에 있을 때에 도마도 함
께 있고 문들이 닫혔는데 [부활하신] 예수께서 오사 가운데
서서 이르시되 너희에게 평강이 있을지어다 하시고"(요 20:26)

이번에는 함께 있었습니다. 도마가 제자들과 함께 있었을 때, 누
가 나타나셨나요? 부활하신 예수님이 나타나셨습니다.
　오늘 여러분의 고민은 무엇입니까? 내가 어떻게 해야 부활하신
예수님을 만날 수 있는가, 그 고민 아닙니까? 그러려면 어떻게 해
야 할까요? 신앙공동체와 함께 있어야 합니다. 예배의 자리에 함
께 있어야 합니다. 성도의 교제 속에 함께 있어야 합니다. 신앙공
동체에서 벗어나면, 꼭 시험이 듭니다. 예배의 자리에서 벗어나면,
성도의 교제에서 벗어나면, 꼭 마귀가 틈을 탑니다.
　주님께서는 이렇게 분명하게 약속하셨습니다.

"두세 사람이 내 이름으로 모인 곳에는 나도 그들 중에 있느니
라"(마 18:20)

부활하신 예수님을 만나고 싶으시구다구요? 부활하신 예수님
이 어디 계신다구요? 두세 사람이 예수님의 이름으로 모인 것에!
　그런 의미에서, 우리는 자주 모여야 합니다. 주님의 간곡한 부탁
이시기 때문입니다. 어디에 그런 주님의 부탁이 있냐구요? 아시잖
아요?

"모이기를 폐하는 어떤 사람들의 습관과 같이 하지 말고 오직
권하여 그 날이 가까움을 볼수록 더욱 그리하자"(히 10:25)

모이기를 폐하는 어떤 사람들의 습관. 네 습관이 바로 그런 습
관이구나! 우리가 그런 소리를 주님께 들어서는 안 되지 않을까
요?

그런데 꼭 이상한 논리를 펴는 사람들이 있습니다. 주님께서 지
금 우리 모습을 어떻게 보실까, 저는 사실 두려워요. 새벽기도회,
수요성경공부, 주일낮예배, 주일오후 가스펠프로젝트, 제직행복수
련회, 꿈파까 특새, 고난주간 특새, 부활맞이 대청소, 수요오전 행
복학교, 군선교위문예배, 영적대각성 부흥성회도 마찬가지예요.

계속 모이자고 독려하고 판을 깔아드리는 데도, 모이기를 폐하
는 사람들의 습관과 같이 하고 있지 않나요, 우리? 그러고는 교회
가 우리에게 해주는 게 없다, 습관적으로 불평만 하고 있지 않나
요, 우리? 정작 다른 모임은 다 가면서, 교회 모임은 못 나와 죄송
한 마음들인데, 그런 마음인 사람들은 주님께 죄송해서라도 가만
있는데, 왜 어떤 사람들은 자기는 정규 예배도 다 못 나오면서 입
에 불평불만이 가득할까요? 그것도 습관이 아닐까요? 마귀가 좋
아하는 습관!

요즘, 갈수록 모이기가 힘듭니다. 코로나 이후, 더 힘들어졌습니
다. 그러나 생각해 보면, 초대교회는 우리보다 모이기가 더 힘들지
않았을까요? 모이면 잡히고, 끌려가고, 옥에 갇히고, 죽임을 당했
습니다. 그런데도 그러면 그럴수록 더 모이기에 힘썼습니다.

"날마다 마음을 같이하여 성전에 모이기를 힘쓰고 집에서 떡을 떼며 기쁨과 순전한 마음으로 음식을 먹고 (47) 하나님을 찬미하며 또 온 백성에게 칭송을 받으니 주께서 구원 받는 사람을 날마다 더하게 하시니라"(행 2:46-47)

모이기에 힘써야 합니다. 왜요? 부활하신 주님은 그 성도들의 모임에 함께 계시기 때문입니다.

지난 목요일, 전교인 행복여행, 그래서 함께 모인 것입니다. 작년에 80명이 가셨는데, 올해도 83명이 신청을 하셨습니다. 많은 분들이 행복여행에 힘써 동참해 주시니 참 감사했습니다. 직장 때문에, 건강 때문에, 여러 가지 사연 때문에, 함께 못 가신 분들에게는 참 죄송했습니다. 가을에는 꼭 같이 가시지요. 또 좋은 제안도 있었습니다. 코로나 이전처럼, 전교인 야외예배도, 전교인 체육대회도, 주일에 직장인들까지 같이 모일 수 있도록 해보았으면 좋겠습니다.

사랑하는 성도 여러분, 부활하신 예수님이 지금 어디 계신다구요? 지금 우리 신앙공동체 모임 속에 함께 계십니다. 지금 우리 예배공동체 모임 속에 함께 계십니다. 지금 우리 성도의 교제 속에 함께 계십니다. 이것이 부활하신 주님의 복음니다. 도마가 이제 그 복음을 깨달은 것입니다. 아, 이렇게 신앙공동체 속에 꼭 달라붙어 함께 있었더니, 부활하신 예수님이 여기로 오시는구나!

그렇다면, 오늘 도마 이야기를 통해서 저와 여러분에게 들려주시는 주님의 복음은 또 무엇일까요?

인생의 아름다운 마무리, 무엇을 남기고 갈 것인가 결단해야 한다는 것입니다.

요한복음 20장에서, 부활하신 예수님을 만난 이후, 도마가 어떻게 살았는지 우리는 정확히 알 길이 없습니다. 두 군데 흔적이 남아 있을 뿐입니다.

하나는, 요한복음 21장입니다.

> "시몬 베드로와 디두모라 하는 도마와 갈릴리 가나 사람 나다나엘과 세베대의 아들들과 또 다른 제자 둘이 함께 있더니"(요 21:2)

부활하신 예수님이 디베랴 호수에 나타나셨을 때, 거기에 도마도 함께 있었다는 기록입니다. 도마는 예수님이 부활하셨음을 강력히 확신한 뒤에는, 결코 이전처럼 따로 떨어져 있거나, 혼자 시험 들어 있지 않았습니다. 항상 부활공동체 속에서, 다른 제자들과 함께 있었습니다. 완전히 달라진 도마의 모습입니다.

또 하나, 성경에서 도마의 마지막 행적은, 사도행전 1장에 나옵니다.

> "그들이 예수께서 승천하시는 모습을 한없이 바라보고 있는데 갑자기 흰옷을 입은 두 사람이 그들 곁에 나타나서 (11) 말하였다. '갈릴리 사람들아, 왜 여기 서서 하늘만 쳐다보고 있느냐? 예수께서는 하늘로 올라가셨다. 그러나 훗날 그분은 올라

가시던 그대로 다시 오실 것이다.' (12) 이 일이 있었던 장소는 감람산이었다. 그들은 곧 그곳을 떠나 안식일에 걸어도 괜찮을 거리만큼 떨어져 있는 예루살렘으로 돌아왔다. (13) 그리고 자기들이 묵고 있던 2층 방으로 올라가서 기도회를 열었다. (14) 기도회에는 베드로, 요한, 야고보, 안드레, 빌립, 도마, 바돌로매, 마태, 알패오의 아들 야고보, 셀롯인 시몬, 야고보의 아들 유다. 그리고 예수의 형제들과 예수의 어머니를 비롯한 몇 사람의 여자들이 참석하였다."(행 1:10-14, 현대어)

부활하신 예수님이 하늘로 승천하신 뒤, 주님이 약속하신 성령 강림을 기다리며, 다른 제자들과 함께 있었다는 기록입니다.

그리고 약속하신 성령을 받고 나서, 도마는 어떻게 되었을까요? 부활하신 예수 그리스도의 복음을 땅끝까지 전파하러 선교를 갔습니다. 우리 그리스도교 교회 전승에 따르면, 부활하신 예수 그리스도의 복음을 전파하러, 바울이 서쪽 땅끝으로 선교를 갔다면, 도마는 동쪽 땅끝으로 선교를 갔습니다. 먼저 간 곳은, 페르시아였습니다. 거기서 다시, 도마는 멀리 인도까지 가서 복음을 전했습니다. 주후 1세기, 향신료 무역을 위해 남인도를 드나들던 유대 상인들이 있었는데, 도마가 이들을 따라 인도로 갔던 것 같습니다.

<도마행전>(The Acts of Thomas)이라는 외경(外經)을 보면, 사도 도마는 주후 52-53년경, 인도 남부에 도착해 복음을 전하고, 세례를 베풀다 순교했습니다.

그렇게 도마의 전도를 받고, 인도에 일곱 교회가 세워졌습니다.

지금도 인도 남부 타밀나두주 첸나이(Chennai, 옛 이름은 마드라스, Madras)에 가면, <도마기념교회>가 있습니다. 도마 산 위, 이 교회에 들어가 보면, 도마가 직접 조각했다는 십자가 돌판도 있습니다. 도마의 손가락뼈 유해도 보관되어 있습니다.

그렇게, 도마는 동방의 첫 선교사가 되었습니다. 처음에 도마는 "나는 히브리 사람입니다. 인도 사람들 속에서 어떻게 설교를 할 수 있다는 말입니까?"라고 인도로 가는 것을 완강히 거부했다고 합니다. 하지만 기도 속에 "주 예수여, 주님이 원하시는 곳이라면 어디에라도 가겠습니다!"라고 결단하고 그 길을 따랐습니다. 그는 확신을 얻을 때까지 질문하고 또 질문하는 사람이었지만, 한번 확신하면 모든 것을 다 던지는 그런 사람이었습니다.

그런데, 저희 교단 신학교인 한신대학교 교회사 교수님 가운데 이장식 교수님이 계십니다. 미국 아퀴나스신학대학원에서 박사학위를 받으신, 독보적인 아시아 교회사 전문가이신데, 저는 40년 전, 신학교에서 이분에게 놀라운 이야기를 들었습니다. 지금도 잊혀지시 않습니다.

도마가 땅끝까지 이르러 복음을 전파하라는 부활의 주님 마지막 유언을 붙잡고, 당시 이스라엘처럼 로마의 식민통치 아래 있던 동쪽 땅끝 인도까지 왔는데, 막상 인도에 와서 보니, 인도가 땅끝이 아니라는 것을 알게 된 것입니다. 그래서 다시 복음을 들고, 당시 실크로드를 따라, 인도에서 더 동쪽 땅끝으로 오게 되었는데, 그 동쪽 땅끝이 바로 당시 인도와 활발한 교역을 주고받던 우리나라 한반도 가야국이었다는 것입니다.

그때가 주후 42-47년경이었습니다. 그때 가야국 김수로왕이 사

도 도마에게 세례를 받고, 가야국이 그리스도교 국가가 되었다는
것입니다. 그리고 그다음 해, 주후 48년, 인도 아유타국의 여성 허
황옥을 가야 김수로왕에게 중매를 선 사람도 사도 도마였다는 것
입니다. 그 흔적으로 지금도 남아 있는 게 있는데, 경북 영주에 있
는 분처바위, 사도 도마상입니다. 그 상단부에는 히브리어 글자 네
개가 있는데, 타우멤, 곧 도마를 뜻한다고 말합니다.

이것은 이미 학계에 보고된 내용입니다. 그러나 이장식 교수님
은 지난 2021년 100세를 사시고 하나님 품에 가셨기에, 여전히
그 고증이 숙제로 남아 있습니다. 아무튼 사도 도마가 우리가 살
고 있는 이 땅 한반도 가야국까지 복음을 전파하러 왔다는 사실,
그것이 전혀 근거 없는 이야기가 아니라는 것, 이것이 저를 무척이
나 놀라게 했습니다. 이것이 도마를 제자로 부르신 예수님의 본디
계획이셨구나!

지난 목요일, 전교인 행복여행에서 저에게 가장 울림이 있었던
곳도, 한국기독교100주년기념교회 장로님들이 나오셔서 소개해
주신, 양화진외국인선교사묘원, 성지순례 길이었습니다.

그곳 양화진외국인선교사묘원에는 복음의 씨앗으로 이 땅에서
헌신한 6개국 145명의 선교사님들을 포함해서, 총 15개국 417명
이 이런저런 감동적인 사연을 안고 안장되어 있습니다.

그중에서, 양화진외국인선교사묘원 최초 안장자이자 제중원을
운영했던 헤론, 장로회 선교사이자 연세대학교 설립자 언더우드,
감리교 선교사이자 배재학당 설립자 아펜젤러, 이화학당 설립자

스크랜튼, 연세대학교 세브란스병원 설립자 에비슨, 대한제국 애국가를 작곡하고 한국 군대에 군악대를 최초로 창설한 에케르트, 한 분 한 분이 너무나 가슴에 와닿았습니다. 그리고 대한민국 초대장로요 양화진외국인선교사묘원 묘지기이셨던 최봉인 장로님의 묘도 있었는데, 선교사들의 유언에 따라 가장 좋은 곳에 묻혀 계셨습니다.

그분들의 삶은, 우리 한국교회의 소중한 자산이었습니다. 가장 감동적인 문구는 그 선교사들이 우리나라에 어떤 심정으로 왔는가를 나타내는 문구였습니다. <하나님이 조선을 이처럼 사랑하사>.

나에게도 이런 뜨거움이 지금 불타고 있는가? 성지순례를 간 저에게, 내 여생을 어떻게 마쳐야 할까, 많은 깨달음을 주었습니다. 여러분도 그렇게 느끼지 않으셨습니까? 내 여생을 어떻게 마쳐야 할까! 사도 도마도 부활하신 주님을 목격한 뒤, 그렇게 느끼지 않았을까요? 내 여생을 어떻게 마쳐야 할까! 그래서 그 옛날, 주후 42년, 부활하신 예수 그리스도의 복음을 들고, 동쪽 땅끝까지, 이곳 한반도 가야국까지, 달려오지 않았을까요?

15
어찌하여 마음에 의심이 일어나느냐?

"예수께서 이르시되 어찌하여 두려워하며 어찌하여 마음에
의심이 일어나느냐"(눅 24:38)

이번에 책이 한 권 나왔습니다. <의심에서 믿음으로>. 빌립 라이큰이라는 분이 쓴 책입니다. 미국 필라델피아에 있는 제10장로교회 담임목사로 섬기다가, 지금은 휘튼대학교 총장으로 추대받아 섬기고 계시는 분입니다. 이 책에서 라이큰 목사님은 현대인이 하나님에 대해서 가장 큰 의심을 갖고 있는 주제 9가지를 제시합니다.

첫 번째 의심은 하나님의 말씀이 의심될 때입니다. '성경을 그대로 다 믿는 건 불가능해!' 두 번째 의심은 하나님의 약속이 의심될 때입니다. '상황은 더 나빠지고 시간만 가고 있어!' 세 번째 의심은 하나님께 받은 소명이 의심될 때입니다. '자질 없는 내게 이 일을 맡기신 건 하나님 실수야!' 네 번째 의심은 하나님의 보호가 의심될 때입니다. '이 세상에 안전한 곳은 없어!' 다섯 번째 의심은 하나님의 후하심이 의심될 때입니다. '가난과 불행에서 벗어날 길이 안 보여!' 여섯 번째 의심은 하나님의 공의가 의심될 때입니다. '세

상에 만연한 불의와 불평등을 봐!' 일곱 번째 의심은 하나님의 돌보심이 의심될 때입니다. '왜 나를 태어나게 하셔서 이 고생을 하게 하실까!' 여덟 번째 의심은 하나님의 치유가 의심될 때입니다. '병을 고쳐 달라고 아무리 기도해도 소용없어!' 그런데 저자가 말하는, 하나님에 대한 가장 큰 의심은 아홉 번째 의심입니다. 하나님이 부활 능력이 의심될 때입니다. '죽은 몸이 부활할 거라고? 말도 안 돼!'

오늘 본문 말씀도 바로 이렇게 하나님의 부활 능력에 대한 의심입니다.

"예수께서 이르시되 어찌하여 두려워하며 어찌하여 마음에
의심이 일어나느냐"(눅 24:38)

부활하신 예수님이 열한 제자에게 나타나셨을 때, 제자들이 놀라고 무서워하여 귀신이라고 생각했을 때 하신 말씀입니다. 어찌하여 마음에 의심이 일어나느냐?

사랑하는 성도 여러분, 만일 저와 여러분이 그 자리에 있었다면, 우리는 어땠을까요? 우리는 의심 안 했을까요? 3년을 따라다닌 열한 제자들도 의심을 했는데, 우리라고 별반 달랐을까요? 단도직입적으로 묻겠습니다. 지난주일이 부활주일이었는데, 현대를 살아가는 여러분은 지금 예수님이 이천 년 전 부활하셨다는 성경의 기록을 어떻게 생각하십니까? 솔직히 의심이 조금은 드신다구요? 어떻게 그걸 다 믿냐구요? 맞습니다. 그것이 저와 여러분의 인간적인 한계입니다.

그렇다면, 예수님이 이천 년 전 이미 기적적으로 부활하셨다는 것을 확실히 믿으려면, 무엇이 필요할까요?

의심 많은 도마가 바로 내 모습임을 아는 것입니다.

"그들이 도마에게 '우리는 [부활하신] 주님을 뵈었다오' 하고 말하자 도마는 '나는 내 눈으로 그분의 손에서 못자국을 보고 거기에 손가락을 넣어 보며 또 내 손을 그분의 옆구리에 넣어 보기 전에는 믿을 수가 없소' 하고 말하였다."(요 20:25, 현대어)

우리 인간은 뒤에서 남 흉보는 것을 내심 즐깁니다. 도마 흉보는 것도 평생 우리 입술의 놀림감이었습니다. 부활하신 주를 보았다는 다른 제자들의 말을 도마는 믿지 않았잖아? 자기 눈으로 직접 보고 자기 손가락을 직접 못 자국에 넣어 보아야 믿겠다고 말했잖아? 그래서 우리 그리스도인들은 그런 도마를 늘 비하했습니다. 형편없는 사람이라고 치부했습니다. '의심 많은 도마'라는 별명이 딱이었습니다. 딱 안성맞춤이었습니다.

그러나 정말 그럴까요? 이 구절을 보고도 정말 그러신가요?

"여드레 후에 제자들이 다시 모였다. 이번에는 도마도 그들과 같이 있었다. 문은 역시 잠겨져 있었다. 그런데 갑자기 지난번과 같이 [부활하신] 예수께서 그들 가운데 서서 '너희에게 평안이 있으라' 하고 말씀하셨다."(요 20:26, 현대어)

제자들은 여전히 불안에 떨고 있었습니다. 문들을 여전히 꼭꼭 닫았습니다. 우리도 예수님처럼 십자가에 달려 죽으면 어떡하나, 여전히 불안에 빠져 있었습니다. 그들은 부활하신 주님을 보고도 확신하지 못했습니다. 부활하신 주님의 손과 옆구리를 보고도!

도마도 모든 게 혼란스러웠습니다. 난 도저히 믿을 수 없어! 강경하게 의혹을 제기하는 도마에게, 부활하신 주님께서 다가가십니다.

> "그러고 나서 도마에게 말씀하셨다. '네 손가락을 내 손에 넣어 보고, 네 손을 내 옆구리에 넣어 보라. 그리고 이제는 더 이상 의심하지 말고 믿으라'"(요 20:27, 현대어)

믿지 못하는 도마. 예수님이 그런 도마에게 네 손을 내밀어 창에 찔린 내 옆구리에 넣어 보라고 하십니다. 그리고 그 창자국 난 옆구리를 보여주십니다. 그렇게까지 안 하셔도 되는데! 그냥 도마 정도는 내팽개치셔도 되는데! 그런데, 그럴수록, 더 가까이 다가오시는 주님. 도마야, 나다! 네 손가락을 내 손에 넣어 봐라! 네 손을 내 옆구리에 넣어 봐라! 그러면서, 더, 더, 더 가까이 다가오시는 주님. 도마는 깜짝 놀랍니다. 아, 내 마음을 읽으셨구나! 내 믿음 없음을 주님이 다 알고 계셨구나! 도마는 그 자리에서 무너집니다. 그래서 예수님 옆구리에 손을 넣어 보지도 않고, 이렇게 큰 소리로 고백합니다.

> "도마는 예수님께 '나의 주님, 나의 하나님!'이라고 외쳤습니

다.”(요 20:28, 쉬운성경)

자기 눈으로, 자기 손으로, 직접 확인하지 않고는 아무것도 믿지 않던 도마였잖아요? 그 정도로 의심이 깊었기에 이제 확신도 그 정도로 컸습니다. 예수 그리스도께서 “나의 주님, 나의 하나님”이시라는 지상 최고의 신앙고백. 다른 모든 제자보다 가장 큰 믿음의 제자가 바로 도마였던 것입니다!

그때 부활하신 우리 주님께서 말씀하십니다.

“예수님께서 도마에게 말씀하셨습니다. ‘너는 나를 보았기 때문에 믿느냐? 나를 보지 않고 믿는 사람들은 복이 있다.’”(요 20:29, 쉬운성경)

우리 현대 그리스도인들에게 얼마나 큰 위로의 말씀이신지요! 얼마나 큰 희망의 말씀이시지요! 뒤에서 도마를 흉보곤 했지만, 도마보다 나을 게 하나 없는 우리들! 우리가 믿음이 없을 것을 꿰뚫어 보시고 하시는 말씀 같습니다. 나를 보지 않고 믿는 사람들은 복이 있다! 바로 저와 여러분에게 하시는 말씀 아닐까요? 그래서 더 큰 은혜가 됩니다.

사도 도마. 부활하신 주님을 목격한 뒤, 주후 42년, 부활하신 예수 그리스도의 복음을 들고 동쪽 땅끝까지, 이곳 한반도 가야국까지 달려왔던 도마. 우리도 도마처럼 우리 인생의 후반전을 이렇게 매일매일 부활의 확신 속에, 부활의 기적 속에, 살아가야 하지 않았을까요?

그렇다면, 예수님이 이천 년 전 이미 기적적으로 부활하셨다는 것을 확실히 믿으려면, 또 무엇이 필요할까요?

초불확실성 시대, 의심만 하지 말고, 믿음으로 역량을 키우는 것입니다.

지지난주일에, 한 학생이 카이스트에 편입을 했다고, 교회에 찾아왔어요. 너무 반가워서 카이스트 기숙사에 심방을 갔어요. 밥을 사주고, 새가족 등록을 시켰어요. 친구 목사님 아들도 우리 교회 나오려고 했다가, 교통편이 1시간 넘게 갈아타는 등 너무 모호하여 포기한 적이 있어서 신신당부를 했어요. 매주 안 와도 좋으니, 엄마 집밥 생각날 때, 꼭 와서 교회 밥 먹고 가라. 그러겠다고 하더라구요.

밥을 사주면서 물었어요. 카이스트는 공부하는 게 어떠니? 그랬더니 뜻밖에도 아주 재미있다고 하더라구요. 그러면서 인생의 멘토, 학문의 멘토로 삼을 만한, 좋은 교수님들이 있어, 아주 맘에 든대요. 그러면서 본인은 기초과학에 관심이 많아 왔는데, 의외로 인문학적인 과목이 많아 놀랐대요.

카이스트 같은 과학자를 키우는 학교일수록, 인문학적인 소양이 융합이 되어야 한다는 게 카이스트 교수님들의 생각이래요. 그 말을 듣고, 저도 아주 공감을 했어요. 카이스트에 그런 교수님들이 많다는 것에 우리나라의 희망을 보았어요. 요즘 텔레비전에 그런 카이스트 교수님들이 많이 소개되는 데, 다 그런 맥락과 일치하는 말이더라구요.

　예를 들면, 카이스트 문술미래전략대학원 서용석 교수님은 이렇게 말씀하시더라구요. 오늘 우리가 사는 이 시대는, 불확실성 시대를 뛰어넘어, 초불확실성 시대라는 것입니다. 초불확실성 시대라는 것은, 앞으로 어떤 사건들이 터질지 모른다는 것이지요. 아무것도 믿을 수 없다는 거예요. 그것을 엑스-이벤트(X-EVENT)라고 하더라구요. 코로나19 사건, 챗GPT, 제미나이, AI의 급속한 진화. 앞으로 어떻게 펼쳐질 것인지, 결코 감을 잡을 수 없는 엑스-이벤트라는 것이지요.

　기후변화, 글로벌 동기화, 급격한 기술 발전, 무엇 하나 이건 이럴 것이다, 믿을 수 없는 시대. 이렇게 미래를 믿을 수 없는 초불확실성 시대를 살아가려면, 꼭 필요한 게 회복탄력성이래요. 영어로는 리질리언스(resilience). 단순히 위기 이전 상태로 돌아가는 것이 아니라, 위기를 기회로 한 단계 더 성장하는 역량을 뜻하는 말입니다. 여기에 기민함도 필요하대요. 영어로는 어질러티(agility). 이 두 단어를 합성시켜서, 초불확실성 시대 첫 번째 필수 역량을 어질리언스(Agilience), 그렇게 말하더라구요. 기민하게 위기를 기회로 한 단계 더 성장시키는 것이지요.

　또 하나, 무엇도 믿을 수 없는 미래 초불확실성 시대, 저와 여러분이 갖추어야 할 두 번째 할 필수 역량은 퓨처 리터러시(Future Literacy). 우리말로는 미래 문해력. 믿을 수 없는 미래 변화를 예측하고, 미래 변화를 주도하며, 미래 최선의 선택을 내릴 수 있는 역량을 뜻합니다. 그 예가 일론 머스크라는 거예요. 테슬라, 자율주행 차로 유명하지요. 미국 처형이 오셔서 하시는 이야기가, 지금

로스앤젤레스는 전체 도로가 다 자율주행으로 바뀌었대요. 택시도 부르면, 자율주행 택시가 온다는 거예요. 다 머스크 작품이에요. 그런데 우리가 얼마 전까지만 해도, 머스크를 미친 사람이라고 깔보았어요. 그런데 다 그대로 되고 있어요. 미래 문해력, 미래 변화를 읽어내는 힘이 탁월했던 거지요.

이렇게 믿을 수 없는 미래, 의심으로 가득 찬 미래를 뚫고 나아가려면, 가장 중요한 것은 '나다움'이라고 말하고 있어요. 나다움이란 무엇인가? 남들 눈치나, 남들 흉내를 내기보다, 가장 나다운, 나만의 강점으로 미래를 준비하라는 말이었습니다. 그게 가장 아름답다는 것 아니겠습니까? 그래서 아름다움이라는 순우리말의 속뜻이 나다움이라고 하나 봅니다.

참 공감이 되었습니다. 다들 미래에 대해서 좀 두렵잖아요. 내 노후는 어떻게 될 것인지? 내 자녀들은 어떻게 될 것인지? 내 미래는 어떻게 될 것인지? 그런 생각을 하면, 믿을 수 있는 게 하나도 없습니다. 나 자신도 믿을 게 못 됩니다. 나 자신도 다 의심투성이인걸요. 믿을 수 있는 건 오직 주님뿐입니다. 그래서 부활하신 우리 주님께서 이렇게 말씀하십니다.

"하나님께 구할 때는 믿고 구해야 합니다. 조금도 의심하지 마십시오. 의심하는 자는 바다 물결같이 바람에 밀려 이리저리 움직이는 것과 같습니다."(약 1:6, 쉬운성경)

바람에 밀려 이리저리 움직이는 바다 물결. 바로 저와 여러분의 자화상 아닙니까? 초불활실성 시대, 이제는 좀 더 강력한 믿음이 있어야 하지 않을까요? 우리 인생의 후반전을 그래서 매일매일 부활의 확신 속에, 부활의 기적 속에, 살아가야 하지 않았을까요?

그렇다면, 예수님이 이천 년 전 이미 기적적으로 부활하셨다는 것을 확실히 믿으려면, 또 무엇이 필요할까요?

내 평생에 하나님의 선하심과 인자하심이 반드시 나를 따를 것을 믿는 것입니다.

> "내 평생에 선하심과 인자하심이 반드시 나를 따르리니 내가 여호와의 집에 영원히 살리로다"(시 23:6)

아무것도 믿을 수 없는 미래 초불확실성 시대. 그런데 양을 지키는 목양견 2마리처럼, 반드시 나를 따르는 것이 2가지가 있을 것이라는 하나님의 약속입니다.

그 한 마리 목양견 이름은 보더 콜리입니다. 보더 콜리는 대단히 영리합니다. 목양견으로서 선천전인 본능이 있습니다. 뛰어난 품종입니다. 사람의 단어 200개 이상의 의미를 정확하게 파악하고 있다는 동물행동학자들의 연구결과도 있습니다.

양몰이 목양견, 보더 콜리의 성경적인 예명이 있습니다. 그 예명이 바로 하나님의 선하심입니다.

> "내 평생에 선하심과 인자하심이 반드시 나를 따르리니 내가 여호와의 집에 영원히 살리로다"(시 23:6)

여기서 하나님의 선하심이 히브리어 성경원어로 토브입니다. 창세기 1장에 수없이 나와 있는 단어지요. 태초에 하나님이 내게 주고자 하셨던 에덴의 아름다운 행복. 우리 교회가 비전으로 선포한 행복플러스의 핵심신학. 우리 양들이 이 행복을 되찾고 누리고 전하는 길로 가도록 계속 뒤에서 따라오시며 몰아가시는 양몰이 목양견이, 바로 선하신 하나님이십니다.

다른 한 마리 목양견 이름은 셔틀랜드 쉽독입니다. 셔틀랜드 쉽독은 셀티라는 애칭으로 부릅니다. 양몰이 목양견 치고는 작고 예쁩니다. 요즘 이 셀티는 가정 애완견으로 많이 사랑을 받고 있지요.

양몰이 목양견 셔틀랜드 쉽독도 성경적인 예명이 있습니다. 그 예명이 바로 하나님의 인자하심입니다.

“내 평생에 선하심과 인자하심이 반드시 나를 따르리니 내가
여호와의 집에 영원히 살리로다”(시 23:6)

여기서 하나님의 인자하심이 히브리어 성경원어로 헤세드입니다. 호세아서에 수없이 등장하는 단어이지요. 바람나 집을 뛰쳐나가 딴 남자 품에 안긴 아내를 아무런 비난 없이 다시 받아주는 남편의 변함없는 사랑. 이처럼 하나님의 길에서 벗어나 우상의 품에 안겨 온갖 허무에 시달리는 길 잃은 양들을 아무런 비난 없이 다시 받아주시며 하나님 품으로 다시 돌아오도록 계속 뒤에서 따라오시며 몰아가시는 양몰이 목양견이, 바로 인자하신 하나님이십니다.

　내 평생에 이 두 마리 목양견, 하나님의 선하심이라는 보더 콜리와 하나님의 인자하심이라는 셔틀랜드 쉽독, 이 두 마리 하나님의 목양견이 반드시 나를 따를 것입니다. 이 사실을 믿으십니까? 의심 많은 미래, 저와 여러분이 저 초불확실성 미래에 대해서 믿을 수 있는 게 하나도 없다 하더라도, 이 약속의 말씀만은 믿어야 하지 않겠습니까? 내 평생에 하나님의 선하심과 인자하심이 반드시 나를 따르리니! 이 약속의 말씀만은 믿어야 하지 않겠습니까? 그래야 부활하신 주님의 기적이 나의 현실이 되지 않겠습니까?

나는 길 잃은 나그네였네

죄악 중에 헤메이는데

사랑의 왕 내 목자 예수

나를 집으로 인도하네

진실로 선함과 그 인자하심이

날마다 함께 하시리라

진실로 선함과 그 인자하심이

날마다 함께 하시리라

영원토록 주 안에 내가 거하리라

영원토록 주 안에 나 안식하리라

진실로 선함과 그 인자하심이

날마다 함께 하시리라

16
빅 미라클

"이르시되 너희는 가서 저 여우에게 이르되 오늘과 내일은 내
가 귀신을 쫓아내며 병을 고치다가 제삼일에는 완전하여지리
라 하라"(눅 13:32)

1988년, 조용하기만 하던 알래스카 작은 마을이 갑자기 소란스
러워집니다. 엄마고래 아빠고래 아기고래, 먹이를 찾아 북극까지
와버린 회색고래 세 마리가 빙벽에 갇혀 버린 것입니다. 우연히 이
를 발견한 뉴스 리포터 아담. 그를 통해 회색고래 가족의 딱한 상
황이 전국에 알려집니다.

사랑하는 성도 여러분, 과연 이 세 마리 고래가족에게 미라클,
기적이 일어날까요? 아니, 저와 여러분에게도 미라클, 기적이 일어
날까요? 불안한 현실, 답답한 미래, 사방이 빙벽으로 갇혀 버린 지
금, 그럼에도 불구하고, 미라클, 주님의 기적은 가능할까요?

그렇다면, 부활주일 이 아침, 빅 미라클, 큰 기적을 맛보려면, 어
떻게 해야 할까요?

내 영혼이 왜 이렇게 피곤한지를 알아야 합니다.

방송을 본 그린피스 자원봉사자 레이첼이 고래가족 구출작전에 합류합니다. 그리고 주지사에게 도움을 청합니다. 그러나 돌아오는 대답은 노우. 레이첼은 직접 바닷속으로 들어가, 고래가족들의 상황을 살펴봅니다.

아기고래 꼬리에 걸린 그물. 그래서 아빠고래, 엄마고래도 그 주변을 떠나지 못했던 것. 그래서 고래가족 세 식구가 그토록 방황하고 주리고 목말라했던 것. 다 사연이 있었던 것.

그런 의미에서, 오늘 성경말씀은 매우 의미가 있습니다.

"그들이 광야 사막 길에서 방황하며 거주할 성읍을 찾지 못하고 (5) 주리고 목이 말라 그들의 영혼이 그들 안에서 피곤하였도다"(시 107:4-5)

여기 보면, 그들의 영혼이 그들 안에서 피곤한 사연이 있습니다. 광야 사막 길에서 영혼이 방황하며, 거주할 성읍을 찾지 못하고, 주리고 목이 말랐기 때문입니다. 방황하는 영혼, 주리고 목마른 영혼! 그래서 내 영혼이 이리도 피곤했던 것입니다.

사랑하는 성도 여러분, 지금 이 시간 여러분의 영혼도 피곤하십니까? 불면증으로 잠 못 이루느라 피곤하십니까? 자녀양육 때문에 피곤하십니까? 아니면 일, 일, 일 때문에 피곤하십니까? 다 사연이 있으시겠죠.

그러나 우리 영혼이 피곤한 가장 중요한 이유는, 내 영혼이 내 인생의 광야 사막 길에서 방황하고 있기 때문입니다. 내 영혼이 아직도 거주할 성읍을 찾지 못하고 있기 때문입니다. 그래서 아직도 내 영혼이 주리고 목마르기 때문입니다. 이 영혼의 방황과 굶주림과 목마름을 해결해 주실 분은, 오직 사망 권세 이기시고 다시 사신, 우리 주 예수 그리스도, 한 분뿐이십니다.

바로 그분이 이 시간, 저와 여러분에게 부활절 인사를 보내십니다.

> "[굿모닝 미라클!] 내가 주는 물을 마시는 자는 영원히 목마르지 아니하리니 내가 주는 물은 그 속에서 영생하도록 솟아나는 샘물이 되리라"(요 4:14)

부활주일 이 아침, 주님 주시는 생명수, 영원히 목마르지 않는 샘물을 공급받아, 내 영혼의 피곤을 싹 치유하시기를 주님의 이름으로 축원합니다.

그렇다면, 부활주일 이 아침, 빅 미라클, 큰 기적을 맛보려면, 또 어떻게 해야 할까요?

예수님이 곧 그 길이라는 것을 아는 것입니다.

구출작전이 지연되면서 결국 아기고래는 숨을 못 쉬고 죽고 맙니다. 이제 시간이 없습니다. 엄마아빠 고래도 곧 죽을 수 있습니다. 그러나 얼음의 길이는 무려 5마일. 8킬로미터.

425개의 얼음구멍. 정말 대단하지 않습니까! 얼음 속에 갇힌 고래가 숨을 내쉴 수 있도록, 바다 끝까지 장장 425개의 얼음구멍을 뚫다니! 정말 기적이 아니고 무엇이란 말입니까! 얼굴도 다르고 생각도 다르고 주장도 다르지만, 모두가 한마음이 된 425개의 얼음구멍, 그것은 바닷길로, 바른길로 인도하는 기적의 얼음구멍들이었습니다.

그런 의미에서, 오늘 성경말씀은 매우 의미가 있습니다.

“이에 그들이 근심 중에 여호와께 부르짖으매 그들의 고통에서 건지시고 (7) 또 바른길로 인도하사 거주할 성읍에 이르게 하셨도다”(시 107:6-7)

여기 보면, 그들이 근심 중에 여호와께 부르짖으매, 고통에서 건지시고, 바른길로 인도하셨다는 대목이 나옵니다. 거주할 성읍에 이르게 하는 바른길!

여러분, 우리 영혼이 이토록 피곤한 것은, 아직도 내 영혼이 거주할 성읍에 이르지 못했기 때문입니다. 그 거주할 성읍에 이르게 하는 바른길, 그 길이 어디일까요?

한 눈먼 사람이 소리쳤네
한 눈먼 사람이 소리쳤네
어디가 길이냐 어디가 길이냐
말해다오 오오오 말해다오
예수님 그에게 대답했네

예수님 그에게 대답했네
내가 곧 길이다 내가 곧 길이다
내게 오라 아아아 내게 오라

사랑하는 성도 여러분, 내 피곤한 영혼이 거주할 성읍, 그곳에 이르게 할 바른길은, 사망 권세 이기시고 다시 사신, 오직 우리 주 예수 그리스도, 한 분뿐이십니다.

바로 그분이 이 시간, 저와 여러분에게 부활절 인사를 보내십니다.

"예수께서 이르시되 [굿모닝 미라클!] 내가 곧 [너희가 찾는 그] 길이요 [그] 진리요 [그] 생명이니 나로 말미암지 않고는 아버지께로 올 자가 없느니라"(요 14:6)

부활주일 이 아침, 주님의 인도하심 따라, 피곤한 여러분의 영혼이 거주할 성읍, 영원한 천국에 이르게 되기를 주님의 이름으로 축원합니다.

그렇다면, 부활주일 이 아침, 빅 미라클, 큰 기적을 맛보려면, 또 어떻게 해야 할까요?

큰 기적을 간절한 마음으로 기대하는 것입니다.

고래가족 구출작전! 결국 회색고래 부부를 구해내려는 몸부림들이 국제적인 이슈로 떠오르게 됩니다. 그런데 때는 1988년, 서울 올림픽이 열리던 시점, 아직도 서로를 향해 냉전의 칼날을 세우고 있던 미국과 소련. 그런데 미국의 레이건 대통령이 소련의 고르바초프 대통령에게 전화를 겁니다. 사고지점 가장 가까이 있던 소련의 쇄빙선을 좀 보내달라고 요청합니다. 과연 소련의 반응은?

<빅 미라클>. 영화제목입니다. 우리말로 큰 기적. 놀랍게도 레이건 대통령의 전화 한 통화에, 소련의 고르바초프 대통령이 쇄빙선을 보내온 것입니다. 그리고 고래가족을 마침내 구해냈습니다. 실화입니다. 전무후무한 사건. 당시로서는 빅 미라클, 큰 기적이 벌어진 것입니다!

그런 의미에서, 오늘 성경말씀은 매우 의미가 있습니다.

"여호와의 인자하심과 인생에게 행하신 [큰] 기적으로 말미암아 그를 찬송할지로다 (9) 그가 사모하는 영혼에게 만족을 주시며 주린 영혼에게 좋은 것으로 채워주심이로다"(시 107:8-9)

인생에게 행하신 기적. 사모하는 영혼에게 만족을 주시며, 주린 영혼에게 좋은 것으로 채워주시는, 하나님의 기적. 그런데 그 기적이 한 번만 일어나는 게 아닙니다.

"여호와의 인자하심과 인생에게 행하신 [큰] 기적으로 말미암아 그를 찬송할지로다"(시 107:15)

"여호와의 인자하심과 인생에게 행하신 [큰] 기적으로 말미암

아 그를 찬송할지로다"(시 107:21)

"여호와의 인자하심과 인생에게 행하신 [큰] 기적으로 말미암
아 그를 찬송할지로다"(시 107:31)

4번이나 기적을 말씀하십니다. 4번이나 기적을 언급하시는 것은
보통 기적이 아니라 큰 기적에 대한 조짐입니다. 여러분의 인생에
큰 기적이 일어날 것을 말씀하시는 것입니다.
영어성경에는 이렇게 되어 있습니다.

"So thank GOD for his marvelous love, for his miracle
mercy to the children he loves."(시 107:31, MSG)

하나님께서는 자신이 사랑하는 자녀들에게 기적적인 사랑, 기적
적인 자비, 큰 기적을 베푸신다!

사랑하는 성도 여러분, 하나님은 기적의 하나님이십니다. 하나
님은 성경에서만 기적을 베푸시는 게 아닙니다. 오늘 저와 여러분
에게도 기적을 베푸십니다. 그리고 그 기적은 보통 기적이 아닙니
다. 빅 마라클, 큰 기적이 될 것입니다. 그러므로 빅 미라클, 큰 기
적을 기대하십시오.
바로 그분이 이 시간, 저와 여러분에게 부활절 인사를 보내십니
다.

"[굿모닝 미라클!] 나는 너를 애굽 땅에서 인도하여 낸 여호와
네 하나님이니 네 입을 크게 열라 내가 채우리라 하였으나"(시
81:10)

부활주일 이 아침, 저와 여러분의 입을 크게 열어, 빅 미라클, 큰
기적, 맛보시기를 주님의 이름으로 축원합니다.

빅 미라클. 큰 기적. 그렇다면 세상에서 가장 큰 기적은 무엇일
까요? 바로 오늘 아침, 굿모닝 미라클, 예수님이 죽음을 이기시고
부활하신 사건입니다. 예수님은 살아생전, 이미 자신이 사망 권세
깨트리고 부활하실 것을 예언하셨습니다.

"이르시되 너희는 가서 저 여우에게 이르되 오늘과 내일은 내
가 귀신을 쫓아내며 병을 고치다가 제삼일에는 완전하여지리
라 하라"(눅 13:32)

제삼일에는 완전하여지리라. 십자가에 죽은 지 3일 만에 다시
살아나리라는 예언이셨던 것. 그런데 제자들이 못 믿었을 뿐입니
다.

부활하신 예수님께서는 오늘도 저와 여러분에게 빅 미라클, 큰
기적을 준비하고 계십니다. 제삼일에는 완전하여지리라. 마침내 이
겨내리라. 마침내 웃게 되리라. 마침내 잘 되리라. 마침내 완치되리
라. 마침내 부활하리라.

빅 미라클. 큰 기적. 부활의 큰 기적을 보여주신 예수님께서 이 아침 여러분에게 인사하십니다. 따라합시다. 굿모닝 미라클! 나는 기적이다! 그러시면서 여러분에게 또 이렇게 인사하십니다. 따라합시다. 굿모닝 미라클! 너도 기적이다! 예수님의 말씀 뜻 아시겠지요? 이제 여러분이 기적입니다.

아까운 당신, 수고 많으셨습니다!

"오직 여호와를 앙망하는 자는 새 힘을 얻으리니 독수리의 날개 치며 올라감 같을 것이요 달음박질하여도 곤비치 아니하겠고 걸어가도 피곤치 아니하리로다"(사 40:31, 개역한글)

요즘 우리나라 드라마 하나가 전 세계를 울리고 있는데 보셨나요? 폭싹 속았수다! 이 말은 본디 제주도 방언입니다. 무슨 뜻인지 아세요? 예, 맞습니다. 너무너무 고생하셨습니다! 옆 사람과 한번 따라해 봅시다. 폭싹 속았수다! 제주도에 이런 말이 있다는 게 신기했습니다.

그렇다면, 이 한국 드라마가 이렇게 전 세계를 울린 이유는, 무엇일까요?

애순이와 관식이처럼 저와 여러분도 피곤한 고생길을 가고 있기 때문입니다.

　이 드라마의 주인공은 애순이와 관식이입니다. 제주도 유채꽃을 배경으로 펼쳐지는 지고지순한 사랑 이야기. 정말, 보는 내내, 감동의 쓰나미입니다.

　아빠가 고기 잡으러 배 타고 나가셨다가 영영 못 돌아오십니다. 태풍에 사고가 난 것. 가장을 잃은 가족. 엄마는 생계를 위하여 새로 시집을 갑니다. 그래서 애순이는 할머니가 계시는 작은아버지 집에서 자라게 됩니다. 갖은 멸시와 수모를 당하면서 고생길을 걸어갑니다.

　그런데, 애순이의 그 고생길을 알아주는 같은 반 아이가 있습니다. 바로 생선가게집 어린 관식이입니다. 제 가슴에 가장 먼저 기록된 장면은, 애순이 집에 관식이가 조기를 배달하는 장면입니다.

　작은아버지는 항상 조기를 사되, 5마리만 삽니다. 관식이는 그게 속상합니다. 이 집에 입은 6갠데, 왜 5마리만 사지? 애순이가 못 먹고 있다는 것을 압니다. 그래서 항상 5마리 주문하면, 6마리를 가져다줍니다. 애순이 것까지. 애순이의 고생길을 관식이가 알아주는 겁니다. 그 맛에 애순이는 삽니다. 아니, 살아냅니다. 아니, 그 고생길을 버텨냅니다. 여러분에게도 이런 관식이가 있습니까? 여러분의 고생길을 알아주는?

　그다음 또 하나, 제 가슴에 기록된 장면이 더 있습니다. 4명의 이모들. 그 무뚝뚝한 애순이 엄마가 남편을 바다에 묻고 그 고생길을 걸어갈 때, 결코 외롭지 않았던 건, 4명의 해녀 이모들 때문이었습니다. 친자매들보다 더 가깝습니다. 서로 고생길을 알아주기 때문입니다. 모이기만 하면 투덜투덜, 뭔 소리를 해도 다 받아줍니다. 서러운 눈물, 함께 울어줍니다. 같이 바다에 뛰어들고, 같이 나눠 먹고, 제주도 해녀의 삶이 이런 것이구나! 가슴이 찡하게 울렸습니다.

그런 애순이 엄마가 병으로 이 4명의 이모들보다 먼저 하늘나라로 소풍을 떠납니다. 마지막 부탁은 언제나처럼, 우리 애순이, 우리 애순이, 애순이 부탁입니다. 이모들은 약속합니다. 걱정 말아라. 이제는 우리가 애순이를 키우마. 그리고 이모들은 그 어려운 해녀살이를 하면서도 넷이서 애순이를 돌봅니다. 애순이 엄마의 기댈 언덕이 되어 준 것처럼, 애순이에게도 기댈 언덕이 되어 줍니다. 애순이의 서러운 눈물, 함께 울어줍니다. 애순이의 시시껄렁한 이야기, 다 들어줍니다. 애순이가 하는 일이라면, 동네 이장, 조합장, 아니, 대통령까지 만들어 줄 태세입니다. 애순이와 항상 일심동체. 애순이가 웃으면 이모들도 같이 웃고, 애순이가 울면 이모들도 같이 울고, 애순이가 당하면 이모들이 나서서 같이 싸워주고. 그 맛에 애순이는 삽니다. 아니, 살아냅니다. 아니, 그 고생길을 버텨냅니다. 여러분에게도 이런 이모들이 있습니까? 여러분의 고생길을 알아주는?

사람들이 고생길을 걸어가면서, 가장 힘든 것은 고생 그 자체가 아닙니다. 내가 이 고생하는데 아무도 몰라준다는 느낌, 그것이 가장 힘듭니다. 내 고생, 아무도 몰라준다! 그럴 때 한없이 외로워집니다.

성경의 사람들도 그랬습니다.

"야곱아 네가 어찌하여 말하며 이스라엘아 네가 어찌하여 이르기를 내 사정은 여호와께 숨겨졌으며 원통한 것은 내 하나

님에게서 수리하심을 받지 못한다 하느냐"(사 40:27, 개역한글)

이것을 공동번역개정판에서는,

"야곱아, 네가 어찌 이런 말을 하느냐? 이스라엘아, 네가 어찌 이런 주장을 펴느냐? "야훼께서는 나의 고생길 같은 것은 관심도 두지 않으신다. 하느님께서는 내 권리 따위, 알은 체도 않으신다.""(사 40:27, 공동번역)

그런데, 여러분, 이렇게 푸념하는 저와 여러분에게, 이 시간 하나님께서 들려주시는 음성이 있습니다.

"주께서 인생으로 고생하며 근심하게 하심이 본심이 아니시로다"(애 3:33, 개역한글)

저와 여러분이 이렇게 고생하는 것, 주님의 본심이 아니시라는 거예요. 그러면 주님의 본심은 뭘까요?

"무리를 보시고 민망히 여기시니 이는 저희가 목자 없는 양과 같이 고생하며 유리함이라"(마 9:36, 개역한글)

여기서 민망히 여기신다는 말은 창자가 끊어질 듯이, 그 사람의 아픔 속으로 들어가 불쌍히 여긴다는 뜻입니다. 목자 없는 양과 같이 고생하며 기진하는 저와 여러분을 보시고 이렇게 창자가 끊어질 듯이 불쌍히 여기시는 마음. 이게 주님의 본심이시라는 거예요.

그러면서 주님께서 저와 여러분에게 이 시간 하시는 말씀이 있어요.

> "야곱아 너를 창조하신 여호와께서 이제 말씀하시느니라 이스라엘아 너를 조성하신 자가 이제 말씀하시느니라 너는 두려워 말라 내가 너를 구속하였고 내가 너를 지명하여 불렀나니 너는 내 것이라"(사 43:1, 개역한글)

고생길을 걸어가는 저와 여러분에게, 두려워하지 말라고 하셔요. 내가 너를 지명하여 불렀나니, 너는 내 것이라. 저와 여러분이 주님의 것이라니! 주님이 책임지신다는 거예요. 이보다 더 큰 위로가 어디 있겠습니까? 저와 여러분은 주님의 것, 주님께 속해 있습니다.

그러면 우리의 고생길, 문제가 완전히 달라집니다. 어떻게 달라질까요?

> "그러나 하나님의 견고한 터는 섰으니 인침이 있어 일렀으되 주께서 자기 백성을 아신다 하며 또 주의 이름을 부르는 자마다 불의에서 떠날지어다 하였느니라"(딤후 2:19, 개역한글)

저와 여러분의 이 고생길을 다 알고 계신다는 말씀입니다.

저는 땅끝 외딴 산골에서 자랐습니다. 목사님도 전도사님도 없는 시골 판자교회, 중학교 2학년. 어느 주일아침, 교회학교 선생님이 저를 앞으로 나오라고 하셨습니다. 그러면서 제 손을 잡고 울면서 기도하셨습니다. 하나님, 제가 이번 주말에 시집갑니다. 이 교회는 누구에게 맡겨야 하나요? 여기 현복이에게 맡길게요. 그때부터 설교를 시작했습니다. 땅끝에도 서점이 하나 있었는데, 기독교교육 잡지, 새벗 잡지를 사면, 뒤에 부록으로 한 달 치 교회학교 설교가 실려있었습니다. 달달 외워서 형들 누나들 앞에서 바들바들 떨며 설교했습니다. 최선을 다했습니다.

어른들은 그런 저를 보고, 목사님 목사님 하시면서 신학교에 들어가 목사님이 되라고 축복해 주셨습니다. 그래서 신학교에 들어갔는데, 당시 경기도 오산 한신대는 너무나 썰렁해서 땅끝 시골교회와 별반 차이가 없었습니다. 그래도 최선을 다했습니다. 6년간 학부, 대학원, 수석을 한 번도 놓치지 않았습니다.

그리고 군목으로 들어갔습니다. 24년간, 전후방 13개 군인교회를 섬겼습니다. 매주 15,000명에게 복음을 전하며, 2년간 14만 4천 명에게 세례를 베풀었던 논산 육군훈련소 연무대군인교회. 한번에 9,514명에게 세례를 베풀어 세계기네스북에 등재되기도 했습니다. 태풍에 지붕이 날아간 교회, 165억 새예배당 건축을 시작해서 지금은 한 번에 5,000명이 예배를 드리고 있습니다. 그리고 체감온도 영하 54도, 5,000계단을 걸어 올라갔던 강원도 인제 산악3군단 기린대교회. 고급간부만 3,000명, 자녀들이 1,000명, 세계에서 가장 큰 군인교회였던 계룡대 육군해군공군 3군 본부교회. 아시아 최대 초급간부 교육기관인 전남 장성 상무대교회. 정말 영혼 구원을 위하여 최선을 다했습니다.

특히 자살충동을 겪는 병사들을 치유하기 위하여, 자살예방 비전캠프를 육군최초로 연구개발해서 시연을 하고 전군에 보급하고, 매달 3박 4일씩, 11년을 함께 울었습니다. 자살자가 200명대에서 60명대로 떨어졌습니다. 정말 한 생명이라도 더 살려보려고 최선을 다했습니다.

그 후속 프로그램으로, 열악한 환경에서 직무스트레스로 고생하는 이들을 위한 초급간부 행복플러스, GP/GOP/격오지 병사들을 위한 찾아가는 행복플러스, 외로운 군인가정 행복플러스, 고급간부 리더십 행복플러스를 개발해서 전군에 확대실시했습니다. 허리가 끊어져라 정말 최선을 다했습니다.

그런데 군종병과 최고계급인 대령진급에서 떨어지고 말았습니다. 이만큼 고생했으니, 당연히 될 줄 알았거든요. 아, 죽기 살기로 최선을 다한다고, 되는 게 아니구나. 내 고생, 아무도 몰라주는구나! 하나님은 살아계시는가? 내가 뭘 잘못 믿고 있는 건 아닌가? 너무나 낙심이 되었습니다.

그러다가, 어느 날, 오늘 성경 본문을 보고, 다시 정신이 번쩍 들었습니다. 오늘 본문은 이렇게 이어지고 있었습니다.

"너는 알지 못하였느냐 듣지 못하였느냐 영원하신 하나님 여호와, 땅끝까지 창조하신 자는 피곤치 아니하시며 곤비치 아니하시며 명철이 한이 없으시며 (29) 피곤한 자에게는 능력을 주시며 무능한 자에게는 힘을 더하시나니 (30) 소년이라도 피곤하며 곤비하며 장정이라도 넘어지며 자빠지되 (31) 오직 여호와를 앙망하는 자는 새 힘을 얻으리니 독수리의 날개치며

올라감 같을 것이요 달음박질하여도 곤비치 아니하겠고 걸어
가도 피곤치 아니하리로다"(사 40:28-31, 개역한글)

나는 이 고생길, 아무도 몰라준다고 푸념하고 있었는데! 그래서 만사가 귀찮고 힘들고 다 때려치우고 싶고, 너무 피곤하다고만 생각했는데, 하나님은 정반대 말씀을 주시는 거예요. 제 마음속을 꿰뚫고 계시는 거예요. 현복아, 힘들지? 피곤하지? 내가 그 마음 다 안다!

사랑하는 성도 여러분, 오늘 서울 폭염이 37도네요. 어제는 38도. 숨쉬기도 힘드시죠? 그런데 이 여름, 폭염보다 더 힘든 건, 저처럼 피곤한 고생길을 가고 있기 때문은 아니신지요? 진학과 진로와 진급의 고생길, 건강과 물질과 관계의 고생길, 부모와 자녀와 부부의 고생길, 취업과 직장과 사업의 고생길, 만남과 교제와 결혼의 고생길, 신혼과 임신과 태아의 고생길, 출산과 육아와 갈등의 고생길, 중년과 노년과 죽음의 고생길. 이 고생길을 남편도, 아내도, 자식들도, 몰라 준다구요? 그런데 더 속상한 건, 주님께서도 내 고생길을 몰라 주신다구요? 아닙니다. 여러분 마음속을 꿰뚫고 계십니다.

힘들고 지쳐 낙망하고 넘어져
일어날 힘 전혀 없을 때에......

아들아, 힘들지? 딸아, 지치지? 내가 안다! 이제는 나한테 맡겨라. 내가 책임질게. 이것이 오늘 아침, 여러분에게 주시는 주님의

복음입니다.

그렇다면, 이 한국 드라마가 이렇게 전 세계를 울린 이유는, 또 무엇일까요?

애순이처럼 저와 여러분도 어린 시절 꿈이 있기 때문입니다.

애순이는 어렸을 때부터 시를 참 잘 썼습니다. 관식이가 같은 반에서 그 증인입니다. 초등학교 어린애가 그냥 긁적이기만 해도 아름다운 시가 됩니다. 예를 들면, 이런 시입니다.

허구한 날 점복 점복
태풍 와도 점복 점복
딸보다도 점복 점복

꼬루룩 들어가면 빨리나 나오지
어째 까무룩 소식이 없소
점복 못 봐 안 나오나,
숨이 딸려 못 나오나,

똘내미 속 다 타두룩
내 어망 속 태우는
고놈의 개 점복.

점복 팔아 버는 백 환.
내가 주고 어망 하루를 사고 싶네.
허리 아픈 울 어망
콜록대는 울 어망

백 환에 하루씩만
어망 쉬게 하고 싶네

  애순이의 꿈은 이런 시들을 모아, 시집을 한 권 출판하는 것입니다. 애순이가 그 꿈을 이루도록, 평생을 옆에서 응원하며 도와주는 이가 있었으니, 바로 관식이입니다.
  그리고 마침내 그 꿈을 이루게 된 날. 자신의 시집을 바라보며, 애순이는 너무너무 좋아합니다. 덩실덩실 춤을 춥니다. 아, 살다 보니, 이런 날도 오는구나!
  그리고 그 시집에서 제 가슴을 울린, 가장 압권은, 남편 관식이를 떠나보내며 지은, 바로 이 시였습니다.

어렸을 땐 손 붙들고 있어야 따신 줄을 알았는데
이제는 당신 없어도 계신 줄을 압니다.

이제는 내게도 아랫목이 있어,
당신 생각만으로도 온 마음이 데워지는 걸.
낮에도 달 떠있는 거 알듯이 살겠습니다.

그러니, 가려거든 너울너울 가세요.
오십 년 만에 훌훌, 나를 내려두시고

아까운 당신, 수고 많으셨습니다.
아꼬운 당신, 폭싹 속았수다.

저는 이 시를 읽고 왜 이렇게 가슴이 시린지!
여러분은 어떻습니까? 옆사람에게 이렇게 한번 위로해 드립시다.
아까운 당신, 수고 많으셨습니다!
우리, 이 마음 가지고, 이 고생길, 이 천로역정의 고생길을 가야 하지 않겠습니까? 우리가 가야 할 길이 어디인지, 그 길이 어떻게 펼쳐질 것인지, 우리는 장담할 수 없습니다.
오직 지금 우리가 고백할 수 있는 건, 사도 바울의 이 고백뿐입니다.

"내가 이미 얻었다 함도 아니요 온전히 이루었다 함도 아니라 오직 내가 그리스도 예수께 잡힌 바 된 그것을 잡으려고 좇아가노라 (13) 형제들아 나는 아직 내가 잡은 줄로 여기지 아니하고 오직 한 일 즉 뒤에 있는 것은 잊어버리고 앞에 있는 것을 잡으려고 (14) 푯대를 향하여 그리스도 예수 안에서 하나님이 위에서 부르신 부름의 상을 위하여 좇아가노라"(빌 3:12-14, 개역한글)

애순이의 어린 시절 꿈이 시집 한 권 내는 것이었던 것처럼, 저에게도 어린 시절 소박한 꿈이 있었습니다. 한신대 입학했을 때 촌놈인 저를 아낌없이 품어주셨던 그 인격적인 교수님들처럼, 나도 인격적인 교수가 되는 꿈. 세계교회 신학의 안테나 역할을 하시면서, 한국교회 신학을 선도해 가셨던 그 탁월한 교수님들처럼, 한국교회를 위하여 좋은 책을 내고 좋은 강의를 하는 꿈. 그래서 이 시대 선지자들을 키우는 한신대 선지 동산에서 예배와 설교, 목회와 영성, 실천신학을 공부한 훌륭한 제자들이, 한국교회와 세계교회 곳곳으로 뻗어나가, 예수님 말씀처럼 사람 낚는 어부가 되는 꿈. 그것은 나의 꿈 너머 하나님의 꿈. 저는, 이 꿈을 이 가슴에 품고, 이제 남은 소명을 다하려 합니다.

사랑하는 성도 여러분, 여러분도 애순이처럼 어린 시절 꿈이 있으셨지요? 어떤 꿈이었습니까? 여러분도 저처럼 남은 소명을 향한 꿈이 있지 않으신가요? 그 꿈은 무엇입니까? 이 여름, 비록 힘들고 지치지만, 그래도 그 가슴 뛰는 꿈을 향하여, 하나님이 위에서 부르신 부름의 상을 위하여, 우리, 뚜벅뚜벅, 좇아가야, 달려가야 하지 않겠습니까?

그렇다면, 이 한국 드라마가 이렇게 전 세계를 울린 이유는, 또 무엇일까요?

관식이처럼 저와 여러분도 육체에 가시가 있기 때문입니다.

평생을 애순이바라기, 애순이밖에 모르고 살던 관식이. 그런데 관식이에게 청천벽력이 떨어집니다. 암이라는 것.

관식이는 애순이에게 인생의 마지막 부탁을 남깁니다. "애순아, 나 부탁 하나 있는데, 나 막판에, 너무 울지마. 오애순이가 울면, 나는 그렇게 죽을 맛이데. 그럼, 나 너울너울 못 가."

애순이가 눈물을 그치지 않자, 관식이가 말합니다. "말도 안 들어."

그러자 애순이가 말하죠. "두드려."

관식이가 애순이 등을 마지막으로 두드려줍니다. "자장, 자장, 우리 애순이." 자장가를 불러줍니다.

세상은 왜 이렇게 가혹할까요? 하나님은 도대체 무슨 생각이실까요? 우리 둘째아들이 이 드라마를 보면서 펑펑 울었다는 게 비로소 이해가 되었습니다. 아, 우리 아들 명이가 관식이를 통해서 이 아빠를 보았구나. 아이에게 너무 미안해졌습니다.

하나님께서는 3년 전, 제 육체에도 암이라는 가시를 주셨습니다. 관식이처럼. 당시 의사는 1달이면 사망이라고 하셨습니다. 넋이 나갔습니다. 아니, 내가 왜? 그때 제가 붙잡은 말씀이 있습니다.

"여러 계시를 받은 것이 지극히 크므로 너무 자고하지 않게 하시려고 내 육체에 가시 곧 사단의 사자를 주셨으니 이는 나를 쳐서 너무 자고하지 않게 하려 하심이니라 (8) 이것이 내게서 떠나기 위하여 내가 세 번 주께 간구하였더니 (9) 내게 이르시기를 내 은혜가 네게 족하도다 이는 내 능력이 약한 데서 온전하여짐이라 하신지라 이러므로 도리어 크게 기뻐함으로 나의 여러 약한 것들에 대하여 자랑하리니 이는 그리스도의 능력으로 내게 머물게 하려 함이라 (10) 그러므로 내가 그리스도를 위하여 약한 것들과 능욕과 궁핍과 핍박과 곤란을 기뻐하노니 이는 내가 약할 그 때에 곧 강함이니라"(고후 12:7-10, 개역한글)

깨끗하게 고쳐주시면 좋으련만! 제가 세 번만 주께 간구했겠습니까? 번번이 주께서 하시는 말씀. 현복아, 조급해하지 마라. 내 은혜가 네게 족하도다! 이는 내 능력이 현복이 네가 약한 데서 온전하여짐이라.

그래서 사도 바울처럼, 이제 저도 암만 묵상하지 않기로 했습니다. 도리어 암을 주신 주님을 크게 기뻐하기로 마음먹었습니다. 사도 바울처럼, 나의 여러 약한 것들에 대하여 자랑하리니! 암을 자랑하며 간증하기로 했습니다. 지금 저에게는 사도 바울처럼 놀라운 능력이 머물러 있습니다. 그리스도의 치유하시는 능력입니다. 그리스도께서 치유하시는 이 능력을 한국교회와 전 세계교회에 간증하고 다닐 것입니다.

사랑하는 성도 여러분, 이 여름, 여러분도, 육체에 가시들이 있으시지요? 가시는 저주가 아닙니다. 가시는 변장된 축복입니다. 가시는 간증거리입니다. 그렇게 남은 삶, 간증의 삶을 살다가, 우리 훗날, 천국에서 다시 뵈어야 하지 않겠습니까?

애순이와 관식이. 이 드라마의 마지막 멘트가 제 가슴을 울렸습니다. "너무나 어렸고, 여전히 여린 그들의 계절에, 미안함과 감사, 깊은 존경을 담아. 폭싹 속았수다."

제가 오늘 드리고 싶은 인사말도 바로 이 말입니다. 여러분, 지난 세월, 너무너무 고생하셨습니다. 제주도 방언으로, 폭싹 속았수다!

사랑하는 성도 여러분, 이 교회가 보통 교회입니까? 여러분이 보통 장로님이십니까? 여러분이 보통 안수집사님, 권사님, 집사님, 성도님들이십니까? 여러분이 보통 청년들입니까? 여러분이 보통 자녀들입니까? 여러분이 이 교회를 지켜오시느라 얼마나 고생하고 계시는지, 남들은 다 몰라줘도, 주님은 아십니다. 그런 마음으로, 우리도 서로 옆사람의 고생을 알아드리면 어떨까요? 손을 내밀고 이렇게 옆사람을 축복합시다. 아까운 당신, 수고 많으셨습니다!

아침영성지도연구원은 한국교회 목회현장에서 꼭 필요로 하는 다양한 목회자료와 영성자료들을 연구개발하기 위하여 1999년에 설립되었습니다. 앞으로도 <예배설교시리즈>, <치유기도시리즈>, <영성생활시리즈> 등 목회현장과 교인들에게 꼭 필요한 자료들을 연구개발하고자 기도하며 추진 중입니다. 한국교회와 국내외 선교에 아름다운 발자취를 남길 것으로 기대됩니다. 이에 연구원 활동에 대한 따뜻한 시선과 아름다운 후원을 부탁드립니다.

*후원: shb50817235@gmail.com